LES BOIS-BRULÉS

LE

VOLADERO

PAR

GUSTAVE AIMARD

DEUXIÈME ÉDITION

PARIS

E. DENTU, LIBRAIRE-ÉDITEUR

PALAIS-ROYAL, 17 ET 19, GALERIE D'ORLÉANS

1876

Tous droits réservés

LES BOIS-BRULÉS

LE VOLADERO

OUVRAGES DE GUSTAVE AIMARD

PUBLIÉS PAR LA MÊME LIBRAIRIE

La Forêt vierge............	I. Fanny Dayton, 3ᵉ édit...	1 vol.
	II. Le Désert, 3ᵉ édit....	1
	III. Le Vautour-Fauve, 3ᵉ édit.	1
Aventures de Michel Hartmann.	I. Les Marquards, 3ᵉ édit..	1
	II. Le Chien noir, 3ᵉ édit...	1
Cardenio............	Scènes et récits du Nouveau Monde............	1
Les Scalpeurs blancs.......	I. L'Énigme.........	1
	II. Le Sacripant........	1
La Belle-Rivière.........	I. Le Fort Duquesne....	1
	II. Le Serpent de Satin...	1
Les Bois brûlés...........	I. Le Voladero........	1
	II. Le Capitaine Kild....	1
	III. Le Saut de l'Élan....	1

SOUS PRESSE

Le Chasseur de Rats.......	I. L'Œil-Gris.........	1 vol.
	II. Le Mulâtre.........	1
Les Vauriens du Pont-Neuf...	I. Le Capitaine d'aventure..	1
	II. La vie d'estoc et de taille.	1
	III. Diane de Saint-Hyrem..	1
Les Rois de l'Océan.........	I. L'Olounais.........	1
	II. Vent-en-Panne......	1
Récits d'Europe et d'Amérique.		1

F. Aureau. — Imprimerie de Lagny

LES BOIS-BRULÉS

LE VOLADERO

I

PAYSAGES DE LA RIVIÈRE DU VENT

Le 27 novembre 1859, entre deux et trois heures de l'après-dîner, un homme apparut à l'angle d'une sente étroite de bêtes fauves, dont les capricieux méandres s'élevaient graduellement en contournant les pics les plus élevés de la Sierra de la Rivière du Vent ; c'est-à-dire, un des points les plus sauvages et les plus inexplorés de ces immenses et redoutables Cordillères, qui traversent l'Amérique tout entière dont elles semblent être l'épine dorsale, et auxquelles dans cette région l'on a donné le nom caractéristique de montagnes Rocheuses.

Après avoir tourné l'angle du sentier qu'il suivait, l'homme dont nous avons parlé, s'arrêta, jeta machinalement un regard autour de lui, puis il laissa tomber à terre la crosse de son fusil, appuya les deux mains croisées sur la bouche du canon, et, pendant quelques instants, il sembla se plonger dans une profonde rêverie.

Nous tracerons en quelques mots le portrait de cet homme, appelé à jouer, sinon le premier, du moins un des premiers rôles dans l'histoire que nous entreprenons de raconter au lecteur.

L'inconnu était d'une taille au-dessus de la moyenne, admirablement proportionné et solidement charpenté. Ses traits étaient beaux; il avait le front large, découvert, traversé par des rides, sillons indélébiles, profonds stigmates, creusés par l'effort de la pensée ou l'intensité de la douleur, plus encore que par l'âge.

Ses yeux bleus à fleur de tête, grands et bien ouverts, regardaient droit, et laissaient, quand ils s'animaient, échapper entre leurs longs cils fauves des effluves magnétiques d'une irrésistible puissance.

Son nez long, un peu recourbé, aux ailes mobiles comme ceux des félins, retombait sur une bouche largement fendue, admirablement meublée, bordée de lèvres un peu épaisses et d'un rouge sanglant; du reste, cette bouche disparaissait presque entièrement sous l'épaisse barbe d'un blond ardent, entremêlée de fils d'argent, qui cachait tout le bas de son visage.

La physionomie de cet homme respirait la franchise, la bonté et la bravoure; il y avait en lui quelque chose de sympathique qui attirait forcément: dès qu'on se trouvait en contact avec lui, on reconnaissait qu'on était en face d'une organisation puissante, d'une nature d'élite.

Il semblait avoir dépassé de plusieurs années déjà le milieu de la vie : les longs cheveux blonds qui s'échappaient de dessous son bonnet en peau de renard bleu, et retombaient en désordre sur ses épaules, commençaient à se mélanger de nombreux fils d'argent; cependant il était droit, ferme et semblait ne rien avoir perdu d'une vigueur qui, selon les apparences, devait être herculéenne.

C'était avec une fierté et une désinvolture toutes juvéniles, qu'il portait le gracieux et pittoresque costume des chasseurs blancs des prairies.

Ce costume des plus simples se composait d'un bonnet de drap fourré de renard bleu, d'une chemise de flanelle rouge, fermée au cou par une cravate de soie noire, négligemment attachée avec une longue épingle d'or enrichie d'un magnifique diamant. Cette chemise disparaissait à demi sous une blouse de toile écrue, agrémentée de soutaches bleues et serrée aux hanches par un large ceinturon de peau de daim, auquel étaient suspendus, d'un côté, un sabre-baïonnette qu'il pouvait au besoin ajuster au bout de son fusil, de l'autre, une petite hache, en tout semblable à celle des marins : de plus, une cartouchière et une paire de longs pistolets à six coups. Ces admirables revolvers à crosse d'épaulement, ce qui permet au besoin de mettre en joue comme avec une carabine, et dont les balles à pointe d'acier ont une puissance et une précision supérieures à celles des meilleurs fusils, sortaient des ateliers de Galand, le célèbre armurier, et étaient alors presque complétement inconnus en Amérique. Un pantalon de peau de daim, qui à partir du genou disparaissait dans des guêtres attachées à de magnifiques *mocksens* indiens, complétaient, avec un fusil à canons tournants, sortant aussi de chez le même armurier, le costume excentrique et l'armement formidable de l'homme que nous avons essayé de décrire. Nous ne parlerons que pour mémoire d'une carnassière très-rebondie, qu'il portait en bandoulière, et qui sans doute renfermait des vivres.

Tel qu'il paraissait, cet homme devait, selon les circonstances, être un redoutable ennemi ou un puissant auxiliaire.

Après quelques minutes, l'inconnu releva lentement la tête, passa la main sur son front comme pour chasser les tristes pensées qui l'avaient subitement assailli, puis, d'une voix basse comme un souffle, il murmura ces trois mots qui devaient avoir une signification terrible :

— Il le faut !

De l'endroit où il s'était arrêté, le regard de cet homme planait sur une immense étendue de pays ; et, si blasé qu'il fût, par suite de sa longue existence au désert, sur les divers aspects de la nature vierge au milieu de laquelle il vivait, il ne put cependant retenir un cri d'admiration à la vue du paysage grandiose qui, de même qu'un kaléidoscope magique, se déroulait alors sous ses yeux.

Devant lui, au-dessous de lui, autour de lui, s'étendaient dans un chaos sublime les crêtes chenues et la plupart couvertes de neiges, des montagnes de la Rivière du Vent, ce réservoir immense dont les sources, les neiges fondues, les lacs, donnent naissance à quelques-uns de ces fleuves puissants, qui, se précipitant du haut de ces sommets, vont, après avoir parcouru des milliers de kilomètres à travers les contrées les plus diverses, se perdre enfin, les uns dans l'Atlantique, les autres dans le Pacifique.

Le long des pentes abruptes des montagnes, rebondissaient, en vertigineuses cascades, ces eaux d'un blanc pâle, que les rayons du soleil semaient d'un fouillis de diamants, tombant de roc en roc, de précipice en précipice, pour fuir enfin cachées sous les hautes herbes de la savane.

Les regards de l'inconnu se fixaient surtout sur un ravin profond, d'un aspect à la fois sauvage et sublime.

Quatre voyageurs, trois hommes et une femme, montés sur des *mustangs* ou chevaux sauvages des prairies, gravissaient péniblement ce ravin, traversant et retraversant le lit écumeux d'un torrent, où leurs chevaux manquaient à chaque pas de se briser les jambes; passant sous des cascades, dont l'eau tombait d'une si grande hauteur, qu'elle arrivait au fond du ravin comme une large pluie battante; en d'autres endroits, ils côtoyaient des torrents dont les eaux s'élançaient d'un roc à l'autre, en éparpillant des flots d'écume avec un épouvantable fracas.

Les regards de l'inconnu suivaient obstinément les quatre voyageurs, qui, malgré les difficultés en apparence insurmontables du chemin qu'ils suivaient, continuaient cependant à gravir le ravin et à se rapprocher de plus en plus de l'endroit où il avait fait halte.

Tout à coup un bruit, insaisissable pour tout autre que pour un habitant des frontières, se fit entendre à quelques pas à peine de l'inconnu.

Celui-ci se redressa vivement, s'embusqua derrière le quartier de roc près duquel il se trouvait, et, armant son fusil, il pencha le corps en avant.

— Hug! dit une voix rude avec un accent guttural.

Sans doute le son de cette voix était connu du chasseur, car il désarma son fusil et reprit nonchalamment sa première pose.

Presque aussitôt un homme parut.

Ce nouveau personnage était un guerrier indien, peint et armé comme s'il se fût trouvé sur le sentier de la guerre.

C'était un homme de haute taille, aux traits refrognés et hautains, à la physionomie sombre et impassible, mais dont les yeux noirs, enfoncés sous l'orbite, pétillaient d'intelligence et de finesse.

Bien qu'il soit presque impossible de reconnaître l'âge d'un Indien, celui-ci devait avoir près de cinquante ans.

Ses armes étaient absolument les mêmes que celles

du chasseur et sortaient de chez le même armurier.

— Vous voilà, chef, dit l'inconnu en lui tendant la main.

— Hug! fit l'Indien en répondant par une vigoureuse étreinte.

— Pourquoi donc mon frère a-t-il tant tardé à revenir? poursuivit le chasseur.

— L'ours gris est fort, mais l'opossum est rusé, Curumilla voulait voir.

— Qu'est-ce que le chef voulait voir?

— Le campement des visages pâles.

— Eh quoi, vous vous êtes risqué jusque-là?

— Les Yankees sont des chiens, dont les enfants indiens se moquent, Curumilla est entré dans le camp, il a visité les *wigwams*, les *toldos* et les *callis*.

— Quelle imprudence! Chef, êtes-vous sûr au moins de n'avoir pas été reconnu?

— Un corbeau avait senti un ennemi, il s'était mis sur sa piste; mais il ne parlera pas, ajouta-t-il avec un sourire ironique, que mon frère regarde!

Il écarta sa robe de bison et montra une chevelure sanglante pendue à sa ceinture.

— Il chasse maintenant dans les prairies bienheureuses de son peuple, continua-t-il.

— Bon débarras! fit le chasseur avec insouciance, c'est un coquin de moins; il n'en manque pas d'autres dans la prairie.

Le chef hocha affirmativement la tête.

Il y eut un instant de silence.

Ce fut le chasseur qui reprit l'entretien.

— Pourquoi Belhumeur n'est-il pas avec mon frère? dit-il.

— Le chasseur est au camp, répondit le chef.

— Comment! s'écria l'autre avec surprise, vous avez abandonné notre ami au milieu de ces coquins?

L'Indien sourit.

— Mon frère ne comprend pas, dit-il; Belhumeur prépare le repas du soir.

Le chasseur fit un geste de mécontentement.

— Pourquoi attendre ici? reprit l'Indien, la route est mauvaise, les visages pâles ne viendront pas, mon frère le sait.

— Cependant, pour rentrer dans leur camp, il leur faut passer par ici?

L'Indien secoua la tête d'un air de dénégation.

— Ils ont découvert une autre sente beaucoup plus longue mais moins dangereuse.

— Vous en êtes sûr, chef?

— Curumilla a vu; rien ne presse à présent; que le grand chasseur pâle suive son ami, bientôt il verra.

— Soit, j'y consens, chef; mais hâtons-nous, nous n'avons pas un instant à perdre.

— La tête de mon frère est grise, ses pensées sont jeunes; le chef sait ce qu'il dit; l'opossum a des yeux pour voir.

Le chasseur jeta un dernier regard sur le ravin, fit un geste de résignation, et, jetant son fusil sur l'épaule :

— Allons donc, puisque vous le voulez, dit-il.

Et il suivit l'Indien qui s'était déjà mis en route.

Quand on voyage dans les hautes latitudes des grandes chaînes de montagnes, il est presque impossible, à moins d'une longue habitude, de calculer exactement les distances.

En effet, à mesure que l'on s'élève, la raréfaction de l'air donne à l'atmosphère une limpidité telle que l'horizon semble se rapprocher ; la vue s'étendant à l'infini dans toutes les directions sans obstacles, et ne distinguant les masses d'ombres que comme des taches jetées sans transition et sans décroissance sensibles en pleine lumière, ne trouve plus aucun point de repère au-dessous d'elle pour établir d'une façon certaine la distance qui existe entre deux points placés sur la même ligne et qui semblent presque se toucher et se confondre lorsque, au contraire, ils sont en réalité très-éloignés l'un de l'autre.

De plus, les vapeurs qui, arrivées à une certaine hauteur, se condensent autour des pics secondaires, forment des nuages dont le dessous est presque opaque, mais qui, vus d'en haut, reflètent en larges et vigoureuses taches toutes les nuances du prisme, imprimant ainsi aux accidents grandioses du paysage des montagnes un aspect fantastique qui achève de dérouter complétement tous les calculs.

Aussi rien n'est-il plus facile que de s'égarer dans les Cordillères et autres chaînes alpestres du nouveau et du vieux monde. Ce n'est qu'après de longues années

1.

et au prix de fatigues et de périls sans nombre que l'on parvient à acquérir l'expérience indispensable pour se diriger avec certitude au milieu de ces magnifiques montagnes qui bossellent le monde, et bien souvent le guide le plus expérimenté devient victime de la certitude qu'il croit avoir acquise de la connaissance des lieux qu'il parcourt.

Depuis plus de vingt ans Valentin Guillois, le chasseur blanc, et Curumilla, le chef indien, que nous avons mis en scène, erraient de compagnie dans les grands déserts américains; depuis le cap Horn jusqu'à la baie d'Hudson, ils avaient imprimé la trace de leurs pas sur le sable de tous les déserts, l'herbe de toutes les savanes, l'humus de toutes les forêts vierges et le sommet neigeux de toutes les sierras de la majestueuse Cordillère qui traverse les deux Amériques dans toute leur longueur.

Certes, il aurait été, sinon impossible, du moins difficile, de rencontrer deux coureurs des bois plus expérimentés et plus résolus; et pourtant Valentin Guillois quand il suivait du regard la marche des quatre voyageurs dont nous avons parlé, s'était trompé, non-seulement sur la distance à laquelle ils se trouvaient de lui, mais encore sur la direction qu'ils suivaient réellement, double erreur qu'il ne tarda pas à reconnaître, et qui le remplit intérieurement de confusion.

Les deux chasseurs suivaient, non pas côte à côte, mais l'un à la suite de l'autre, un sentier étroit et tournant qui descendait en pente douce et finissait après plusieurs détours par aboutir à une épaisse forêt de chênes noirs séculaires mêlés de cèdres gigantesques.

Le soleil baissait rapidement à l'horizon, il restait à peine une heure de jour; sans hésiter, les deux hommes entrèrent dans la forêt, et, après quelques pas, ils se trouvèrent plongés dans une obscurité presque complète.

Mais cette obscurité ne semblait en aucune façon les inquiéter : ils ne ralentirent pas leur marche, on aurait dit qu'à défaut de leurs yeux, qui ne pouvaient plus les servir, les chasseurs se guidaient par les autres sens.

Ils franchissaient d'un pas sûr les gradins sur lesquels s'étageait la forêt si pittoresquement, et bientôt ils atteignirent un torrent dont ils suivirent la pente.

Cependant, arrivés à un endroit où le torrent, arrêté par un rocher, se séparait en deux branches et bondissait par-dessus cet obstacle en formant une cascade de près de vingt mètres de haut, ils s'arrêtèrent comme d'un commun accord.

Le bruit de la chute, ressemblant au roulement continu de plusieurs mitrailleuses, rendait toute conversation impossible.

Valentin marchait le premier, il se détourna à demi et posa la main sur l'épaule de Curumilla ; puis, après avoir soigneusement enveloppé dans un pan de sa blouse la batterie de son fusil, le chasseur descendit dans le lit du torrent, dont l'eau lui arriva presque jusqu'aux genoux, il se courba ensuite, et, s'élançant en avant, il disparut sous la masse d'eau qui formait la cataracte.

Curumilla, toujours impassible, avait attentivement suivi les mouvements de son compagnon, dès qu'il fut seul, il sauta à son tour dans le torrent; mais ce ne fut qu'après avoir soigneusement effacé les traces de ses pas et redressé les buissons, qu'il s'engagea sous la chute.

Valentin attendait son ami, derrière un chaos de rochers qui masquaient l'entrée d'une grotte que du dehors il était complétement impossible d'apercevoir.

Les deux hommes reprirent leur marche.

Cette grotte, ou plutôt ce souterrain, formait un boyau large de quatre pieds à peine, haut de sept, parfaitement étanche, et qui, par des fissures invisibles, devait recevoir l'air extérieur, car on y respirait facilement; le sol était formé d'un sable très-fin et très-friable.

Les chasseurs, après avoir marché pendant environ vingt minutes dans ce souterrain sur lequel s'ouvraient plusieurs galeries qui semblaient s'enfoncer sous terre à de grandes distances, se retrouvèrent tout à coup en plein air : ils étaient au fond d'un vaste entonnoir formé par des rochers qui, de tous les côtés, s'élevaient à une hauteur immense.

Pas un brin d'herbe, pas un buisson ne poussait en ce lieu désolé ; le sol raboteux et couvert de blocs de quartz, avait une couleur terne ressemblant à la gomme-gutte.

Ce sol, ces blocs de quartz étaient de l'or, cet entonnoir ignoré, perdu au milieu des montagnes Rocheuses, était tout simplement un des plus riches *plâceres* d'or de toute l'Amérique !

La nuit tombait et teintait de lueurs blafardes ces incalculables richesses accumulées depuis des siècles, et qui, pendant des siècles encore sans doute, resteront vierges de tout travail humain.

Les chasseurs, sans ralentir leur pas hâtif, foulaient du pied avec une indifférence stoïque cet or, cause de tant de crimes et de tant d'actions héroïques.

Après avoir traversé le *placer*, ils s'engagèrent dans un second souterrain qui, après qu'ils eurent traversé deux ou trois galeries, les mena à l'entrée d'une grotte, à l'extrémité de laquelle, par une vaste ouverture, on apercevait le ciel déjà semé d'étoiles brillantes.

Au centre de cette grotte, un homme assis sur un crâne de bison était activement occupé à faire griller sur des charbons ardents de larges tranches de daim qu'il saupoudrait de sel et surtout de piment, tout en surveillant avec soin la cuisson de nombreuses pommes de terre placées sous la cendre ; et cela sans se préoccuper en aucune façon de l'arrivée des nouveaux venus dont les pas, depuis quelque temps déjà, résonnaient à son oreille.

Cet insouciant personnage n'était autre que le chasseur canadien du nom de Belhumeur dont Valentin et Curumilla ont parlé déjà.

Belhumeur était un grand gaillard d'environ quarante ans, maigre comme un échalas, mais dont les muscles semblaient de fer et dont les nerfs saillaient comme des cordes sur ses bras. Il était d'un blond fauve, avait un teint de brique et était doué d'une de ces physionomies intelligentes, railleuses et joviales à la fois, qui du premier coup d'œil éveillent la sympathie.

Peut-être était-ce à son caractère insouciant, dont une philosophie goguenarde formait la base, qu'il devait le surnom de Belhumeur, sous lequel il était généralement connu.

A quelques pas, contre la paroi de la grotte, étendu sur un monceau de feuilles sèches, se trouvait un homme vêtu du costume adopté par les *gambucinos*, ou chercheurs d'or mexicains.

Cet homme, dont on ne pouvait voir les traits, car il avait le visage tourné vers le mur, était solidement garrotté au moyen d'un *lasso* de cuir faisant plusieurs fois le tour de son corps.

Il y avait quelque chose d'étrange et de saisissant dans l'aspect que présentait cette grotte, à peine éclairée par la lueur rougeâtre et vacillante d'une torche en bois d'*ocote*, avec cet homme assis tranquillement auprès d'un feu, cet autre garrotté sur un lit de feuilles, puis, épars çà et là, quelques crânes de bisons, trois ou quatre paquets de fourrures, des trappes, des fusils, des harnais, puis deux barils, une douzaine ou deux de plats en bois, quelques vases en corne et une marmite en fer : tout cela jeté de côté et d'autre, pêle-mêle et dans le plus complet désordre.

A première vue, on se serait cru transporté dans la

caverne d'un de ces bandits légendaires, qui, au moyen âge, faisaient le désespoir des populations où ils exerçaient leurs rapines.

Mais quiconque eût porté ce jugement sévère se serait singulièrement trompé, comme la suite de cette histoire le prouvera.

— Arrivez donc ! cria Belhumeur d'une voix joyeuse, aussitôt que les chasseurs parurent sur le seuil de la grotte ; je commençais à m'inquiéter de votre longue absence.

— Est-il donc si tard ? demanda Valentin, en plaçant près du feu un crâne de bison sur lequel il s'assit.

— Dame ! il est près de huit heures.

— Déjà !

— Oui ; il paraît que le temps ne vous a pas semblé long ?

Valentin ne répondit pas ; il dégaîna son couteau, piqua une tranche de venaison, la posa devant lui sur un plat de bois, retira une pomme de terre de dessous la cendre et commença à la peler.

— Hug ! fit l'Indien d'une voix gutturale.

— Hein ? fit Valentin en relevant vivement la tête, qu'est-ce qu'il y a ?

L'Indien indiqua silencieusement du doigt l'homme étendu sur le lit de feuilles.

— Ah ! ah ! dit Valentin en regardant fixement Belhumeur, qu'est-ce que nous avons donc là ?

— Un prisonnier, répondit laconiquement le chasseur.

— Un prisonnier ou un espion ? reprit Valentin avec un regard interrogateur.

— Oh ! mordieu, fit Belhumeur en haussant les épaules, je ne tiens pas aux mots.

— Non, repartit Valentin avec un sourire, vous tenez aux faits ; il s'est donc passé quelque chose pendant notre absence ?

— Rien qui doive vous inquiéter ; cependant, dans la situation où nous sommes, il est bon que nous soyons sur nos gardes.

— Admirablement raisonné ; qui est cet homme ?

— Je l'ignore ; me voyant seul au campement, j'étais sorti pour tirer un daim.....

— Celui que nous mangeons ?

— Précisément ; depuis une heure, je furetais dans la plaine, quand, tout à coup, il me sembla reconnaître un mouvement insolite dans les buissons, à environ une portée de pistolet de l'endroit où je me tenais embusqué ; j'épaulai mon rifle, et, au moment où j'allais lâcher la détente, un homme surgit au-dessus des branches en me criant : « Eh là-bas ! l'homme au bonnet de castor, ne tirez pas, s'il vous plaît, je ne suis ni un daim, ni une bête fauve ; » et, tout en me disant cela, mon inconnu me couchait en joue de son côté ; qu'auriez-vous fait, vous, Valentin ?

— Pardieu ! moi, j'aurais tiré.

— C'est ce que je fis ; seulement je m'arrangeai de façon à ne pas le blesser : je lui brisai sa carabine, et cela de telle sorte que la crosse seule lui resta entre les mains. Le contre-coup fut si fort que mon homme bondit sur lui-même et retomba en arrière. Dans le premier moment, je crus l'avoir tué roide. Il n'en était rien ; ma foi, je ne fis ni une ni deux ; je le ficelai comme une carotte de tabac avec mon *lasso*, je le bâillonnai pour l'empêcher de crier, il n'y a rien qui m'ennuie comme les lamentations, et vous, Valentin ?

— Je suis comme vous, répondit en riant le chasseur.

— Par surcroît de précautions, je lui enveloppai soigneusement la tête dans ma blouse, et, au moment où j'allais le charger sur mes épaules, je vis pointer la ramure d'un daim à cinquante pas de moi tout au plus ; je laissai retomber mon prisonnier, qui poussa un grognement sourd. Il paraît que mon mouvement avait été un peu brusque. Puis j'abattis l'animal ; en somme, j'ai transporté les deux gibiers, le mort et le vivant, dans la grotte ; j'ai pensé que mieux valait, pour nous, interroger cet individu tant soit peu suspect et savoir à quoi nous en tenir sur son compte. D'ailleurs, nous serons toujours à même, si cela nous convient, de lui loger une balle dans le crâne.

— Belhumeur, mon ami, ceci n'est pas un compliment, croyez-le bien ; mais je vous certifie, sur l'honneur, que, dans cette circonstance, vous avez agi avec une prudence remarquable.

— Pardieu ! je vous remercie de ce que vous me dites là ; Valentin, j'avais peur d'avoir fait une sottise. Que décidez-vous ?

— Avant tout, il importe de savoir à qui nous avons affaire. D'après ce que vous m'avez dit, votre prisonnier ne se doute pas le moins du monde du lieu où il se trouve?

— Non ; je ne lui ai rendu la vue qu'un quart d'heure à peine avant votre arrivée. Entre nous, je crois que j'avais un peu trop serré ma blouse autour de son cou, de sorte qu'il étouffait tout doucement.

— Très-bien ; nous allons procéder à son interrogatoire.

— Maintenant?

— Oui ; mieux vaut en finir tout de suite, nous avons toujours le temps de souper.

— Comme il vous plaira.

Le chasseur se leva pesamment, il se rendit auprès du prisonnier qui n'avait pas fait un mouvement et semblait ne s'être aucunement intéressé à cette conversation qui, du reste, avait eu lieu à demi-voix et en français.

Sans prononcer une parole, le Canadien se pencha sur le prisonnier, le débarrassa prestement des liens qui le garrottaient, puis, après lui avoir enlevé son bâillon :

— Eh! l'homme! lui dit-il, levez-vous, s'il vous plaît, et suivez-moi ; on a besoin de vous par ici.

L'inconnu, sans répondre au chasseur, lui lança un regard farouche, et, d'un bond, se mit sur ses pieds ; mais ses jambes engourdies ne purent le soutenir, et il serait tombé s'il ne se fût appuyé contre la paroi de la grotte.

Deux ou trois minutes s'écoulèrent.

Enfin, l'inconnu, se roidissant par un effort de volonté contre la douleur qu'il éprouvait, se redressa.

— Allons, dit-il.

Et, chancelant encore, il se dirigea vers le feu et s'arrêta en face de Valentin Guillois.

Le chasseur l'examinait avec attention.

Cela lui était d'autant plus facile que la flamme de la torche éclairait complétement le visage de l'étranger.

Celui-ci, du reste, semblait peu se soucier de cette minutieuse inspection : il demeurait froid, impassible, les lèvres légèrement crispées par un sourire railleur, devant les personnes qui s'étaient ainsi, de leur autorité privée, constituées ses juges.

Ce personnage semblait avoir atteint le milieu de la vie.

C'était un homme de taille moyenne, aux formes grêles, mais dont les membres nerveux et bien attachés dénotaient une rare vigueur; ses traits fins, intelligents, son regard noir et profond, son nez légèrement recourbé, sa bouche, large, garnie de dents blanches et bien rangées, son menton carré, ses pommettes un peu saillantes, ses lèvres épaisses et charnues d'un rouge sanglant, son teint olivâtre, imprimaient à sa physionomie un cachet d'étrangeté puissante et faisaient, au premier coup d'œil, reconnaître son origine espagnole.

Une particularité remarquable dénonçait plus que tout la race à laquelle appartenait cet homme : ses mains fines et nerveuses et ses pieds cambrés étaient d'une forme exquise et d'une petitesse toute féminine.

En ce moment où, sans doute, dans l'esprit des gens en face desquels il se trouvait, sa vie ou sa mort était impitoyablement pesée, loin de paraître se préoccuper du sort qui l'attendait, il tordait une cigarette avec une nonchalance et un laisser aller presque incompréhensibles pour qui n'eût pas connu le caractère espagnol.

Après avoir prolongé son examen pendant deux ou trois minutes, Valentin Guillois se décida enfin à rompre le silence.

— Tu es Mexicain, dit-il à l'inconnu ; comment se fait-il que l'on t'ait rencontré si loin des contrées ordinairement fréquentées par tes compatriotes ?

L'inconnu jeta un regard perçant sur le chasseur, haussa presque imperceptiblement les épaules, puis il se baissa, ramassa un charbon et alluma sa cigarette.

— Tu ne veux pas répondre ? reprit Valentin.

— D'abord, dit enfin l'inconnu, de quel droit m'interrogez-vous ? Qui êtes-vous pour prétendre me dicter des lois ? La terre n'est-elle pas à tout le monde ? Vous ai-je attaqués ? Vous ai-je tendu quelque embûche ? Non ; je n'ai fait que vouloir défendre ma vie menacée par l'un de vous. Ceci vous constitue-t-il un droit sur ma personne ?

— Peut-être ? je ne discute pas avec vous, je vous interroge.

— Et si je ne veux pas répondre, qu'arrivera-t-il ?

— Il arrivera !... s'écria Valentin avec violence.

— Que vous m'assassinerez, interrompit-il vivement, parce que vous êtes les plus forts et non parce que le droit est de votre côté.

— Ne perdons pas de temps en discussions vaines, reprit sèchement le chasseur, oui ou non voulez-vous me dire qui vous êtes?

— A quoi bon, reprit-il en haussant dédaigneusement les épaules, si vous ne m'avez pas reconnu déjà?

— Que voulez-vous dire, reconnu? je vous ai donc vu?

— Oui, une fois, il y a cinq ans, pendant cinq minutes à peine, c'est vrai; mais, cependant, notre rencontre eut lieu dans de telles circonstances, que, si courte qu'elle ait été, je m'étonne que vous n'en ayez pas gardé le souvenir.

— Moi!... fit Valentin avec surprise, vous vous trompez sans doute.

L'inconnu hocha la tête.

— Je ne me trompe point, dit-il, n'êtes-vous pas le batteur d'estrades, le chasseur français que, dans les prairies, on a surnommé le Chercheur de pistes?

— En effet; mais vous qui êtes-vous donc?

— Moi! eh bien, puisque vous voulez le savoir, je suis l'homme qui, au péril de sa vie, s'est jeté entre vous et vos bourreaux, seul et presque sans armes, le jour où les Pieds-Noirs vous avaient, sur le rio Gila, attaché au poteau de tortures; mais, ajouta-t-il avec une ironie amère, c'est toujours ainsi dans ce monde : plus le service est grand, plus la mémoire est courte. Vous avez oublié, cela ne m'étonne pas, c'est dans l'ordre, il devait en être ainsi, pourquoi me plaindrais-je? Je me suis souvenu, moi!

— Navaja le gambucino! s'écria Valentin en bondissant sur lui-même et s'élançant vers l'inconnu, vous! ah! je vous reconnais maintenant.

— Enfin! s'écria-t-il.

Et, se reculant d'un pas en redressant fièrement la tête :

— Eh bien! qui vous arrête, señor? reprit le Mexicain, n'avez-vous pas contracté une dette envers moi?

— Oui, reprit Valentin avec émotion, oui, et une dette immense.

— Eh bien! repartit l'autre toujours railleur, l'heure est venue de vous acquitter.

— Certes! fit e chasseur avec feu, et c'est ce que je ferai!

— Je le savais, fit-il en ricanant.

Et d'un mouvement brusque se découvrant la poitrine :

— Tuez-moi donc! s'écria-t-il d'une voix tonnante, puisque c'est ainsi que, vous autres Européens, les gens du nord, vous comprenez la reconnaissance!...

II

LE GAMBUCINO

Les audacieuses paroles prononcées avec tant d'amertume par le Mexicain furent suivies d'un silence plein de colère et de muettes menaces.

Belhumeur et Curumilla, les sourcils froncés, les traits contractés par la colère et les mains crispées sur leurs armes, fixaient leurs regards ardents sur Valentin Guillois, comme pour lui faire comprendre que, dans leur pensée, une telle insulte voulait une réparation immédiate.

Le chasseur sourit avec mélancolie, et, étendant les bras vers ses amis :

— Arrêtez! dit-il.

Et, se tournant lentement vers le Mexicain, qui se tenait sombre, résolu, et les bras croisés sur la poitrine, à deux pas de lui.

— Señor, lui dit-il avec une expression de douceur et de tristesse impossible à rendre, c'est vrai, je vous dois la vie; vous-même l'avez dit il n'y a qu'un instant, à peine nous sommes-nous vus; vous m'avez sauvé sans me connaître; le hasard nous a aussitôt séparés; il y a cinq ans de cela; aujourd'hui ce même hasard nous remet à l'improviste face à face, et cependant, sans explication de ma part ou de la vôtre, vous portez sur moi et tous les hommes de ma race un jugement dont la sévérité ne saurait être justifiée par rien, ni à vos yeux ni aux miens. Sais-je ce qui s'est passé entre mon ami et vous? Sais-je dans quelles intentions vous rôdiez aux environs de cette caverne? Comme moi, vous êtes un vieux coureur des bois, vous savez que l'ennemi le plus implacable de l'homme dans la savane, c'est l'inconnu qu'il rencontre à l'improviste près de son campement. Nous nous sommes jusqu'à présent, mes amis et moi, considérés comme étant en sûreté dans cette retraite, que nous avons choisie parce que nous l'avons crue ignorée de tous. Votre présence à quelques portées de fusil à peine de cette grotte a semblé suspecte à mon ami. Votre premier mouvement en vous voyant découvert a été d'épauler votre carabine contre l'homme qui vous avait aperçu; celui-ci pouvait vous tuer, son coup d'œil est infaillible, jamais il ne manque le but. Il ne l'a pas voulu, au lieu de vous abattre comme un fauve, il s'est contenté de vous désarmer et de vous mettre ainsi dans l'impossibilité de lui nuire. Est-ce donc agir en ennemi cela?

— Mais il s'est emparé de moi, répondit le Mexicain d'une voix sourde, il m'a garrotté comme un bandit yankee ou un voleur peau-rouge, et il m'a porté ici.

— Il devait le faire, la manière hostile dont vous vous êtes présenté à lui, justifie les précautions qu'il a prises. Une nécessité impérieuse exige que notre retraite soit ignorée de tous. En vous transportant ici, l'homme qui s'est emparé de vous assurait, non-seulement sa sécurité et la nôtre, mais encore peut-être le succès de l'entreprise qui nous retient dans ces montagnes. D'ailleurs, il ignorait la dette que j'ai contractée envers vous. Cette explication que nous demandions, vous avez refusé de la donner; je n'insisterai pas davantage pour l'obtenir. Vous feignez de suspecter notre honneur et notre loyauté, nous n'agirons pas de même envers vous: sans même vous demander votre parole de nous garder le secret, nous remettons entre vos mains notre vie et nos intérêts les plus chers, car nous vous connaissons, nous, et nous vous savons homme d'honneur. Señor Navaja, vous êtes libre; désormais vous êtes notre hôte, s'il vous plaît de demeurer près de nous jusqu'au lever du soleil, nous dormirons sans crainte à vos côtés; s'il vous convient de nous quitter immédiatement, voici des armes, choisissez celles qui vous conviendront, je suis prêt à vous conduire moi-même jusqu'à la savane.

Le Mexicain s'inclina gravement devant les trois chasseurs.

Les traits de son visage semblèrent se détendre, et une expression de joie et de franchise éclaira, comme un rayon de soleil passant entre deux nuages, sa physionomie si sombre jusqu'alors.

— Merci de m'avoir parlé comme vous l'avez fait,

señor, dit-il, d'une voix douce, je reconnais avec bonheur que vous êtes bien tel qu'on me l'avait assuré. Je rôdais aux environs de cette grotte, c'est vrai, c'est vous que je cherchais, señor Valentin. Voici deux mois déjà que je suis sur votre piste.

— Vous me cherchiez ?

— Oui, répondit le Mexicain en hochant la tête avec tristesse, car, à mon tour, j'ai un service à vous demander.

— Asseyez-vous, mon hôte, dit Valentin en lui tendant la main, je serai heureux de faire ce que vous désirez de moi.

— Je ne connaissais pas vos compagnons, je vous croyais seul ; ceci vous explique la façon peu amicale dont a eu lieu notre entrevue avec ce brave chasseur que je remercie de ne pas m'avoir tué.

— Oui, oui, murmura Valentin avec amertume, cela se passe toujours ainsi au désert ; ce n'est que le fusil à l'épaule que l'on s'accoste.

— Bah ! fit en riant Belhumeur, les hommes ne valent pas mieux dans les villes, peut-être même sont-ils plus mauvais : ils emploient d'autres moyens, voilà tout ; mais le résultat est toujours le même. Cordieu ! je suis heureux que tout cela finisse ainsi, et, au lieu d'un ennemi, de me trouver avec un ami de plus. Tout est bien qui finit bien. Tenez, notre hôte, mangez cette tranche de venaison et bon appétit ! Nous sommes brutaux en diable, dans la savane, mais au moins nous nous expliquons ; ce qui est impossible avec les juges, les agents de police et autres vermines de la même espèce, qui ne savent quoi inventer pour molester les honnêtes gens.

Valentin et Navaja rirent de cette boutade du chasseur et le souper interrompu recommença ; cette fois il se termina sans encombre.

Les coureurs des bois ont adopté, sans doute à cause de leur frottement continuel avec les Indiens, beaucoup des habitudes des Peaux-Rouges, entre autres celle de ne jamais interroger les gens auxquels ils donnent l'hospitalité, et, si grande que soit la curiosité qu'ils éprouvent, de ne jamais la laisser paraître et d'attendre patiemment qu'il plaise à leurs hôtes de s'expliquer. Ils respectent surtout l'incognito qu'ils veulent garder, et ne leur demandent jamais compte des motifs qui leur font faire telle ou telle chose, si étrange que paraisse leur conduite.

En cette circonstance, Valentin ne se départit pas de ses habitudes indiennes.

Pendant tout le repas, il ne fit pas une seule allusion aux paroles prononcées par le Mexicain. Les trois hommes causèrent gaîment de choses indifférentes.

Nous disons les trois hommes parce que Curumilla, fidèle à ses habitudes de mutisme, ne se mêla pas une seule fois à la conversation.

Belhumeur emplit à l'un des barils un *couï* de vieille eau-de-vie de France, à laquelle les convives firent un excellent accueil ; puis les deux chasseurs allumèrent leurs pipes, Curumilla bourra son calumet, le Mexicain tordit une cigarette, et chacun commença à fumer silencieusement, avec tout le sérieux que les coureurs des bois apportent à cette opération délicate et qui tient une si grande place dans les quelques jouissances de leur vie accidentée.

Pendant assez longtemps pas une parole ne fut prononcée entre eux ; à un certain moment Curumilla se leva ; il secoua sur son pouce le peu de cendre qui restait dans son calumet, puis il prit son fusil, y glissa une cartouche et sans dire mot il quitta la grotte.

— Le chef a senti quelque chose, dit Valentin avec un sourire.

— Oui, reprit Belhumeur sur le même ton, depuis ce matin il semble avoir quelque gibier qui le tourmente, je le crois sur une piste.

— J'en ai croisé deux aujourd'hui même, dit le Mexicain, qui prenait la parole pour la première fois depuis la fin du repas, mais ces pistes ne sauraient nous inquiéter que très-médiocrement.

— Vous les avez relevées ? demanda vivement Valentin.

— Oui ; vous savez, une vieille habitude de chasseur à laquelle je me serais bien donné garde de manquer.

— Et que pensez-vous de ces pistes ?

— Pas grand'chose de sérieux, je vous l'ai dit ; toutes deux se dirigent vers le nord. Du reste les empreintes sont marquées assez clairement pour laisser voir que ce sont des traces de chasseurs et non des pistes de guerre. La seconde, cependant, offre une particularité qui m'a frappé.

— Laquelle ? demanda nonchalamment Belhumeur.

— Au milieu des *mocksens* des Peaux-Rouges, j'ai vu des fers de chevaux et des marques de clous qui m'ont fait supposer que des trafiquants yankees se trouvaient avec les Indiens ; mais sont-ils nombreux ? Voilà ce que j'ignore.

Valentin et Belhumeur échangèrent un regard à la dérobée.

— Ainsi ces deux pistes se côtoyaient ? demanda Valentin.

— Non pas, fit vivement le Mexicain, je crois même pouvoir vous assurer que les gens de la première ne connaissent pas ceux de la seconde ou peut-être même sont leurs ennemis.

— Oh ! oh ! comment cela ?

— La première piste est, à n'en pas douter, une piste d'Indiens Corbeaux ; vous savez que leurs *mocksens* se terminent en pointe, et qu'ils les ornent presque toujours de griffes d'ours gris, qui, s'ils n'y prennent garde, à chaque pas qu'ils font, s'enfoncent profondément dans le sol.

— C'est exact, dit Valentin.

— Quant à la seconde piste, j'ai trouvé un vieux *mocksens*, sans doute abandonné comme inutile et hors d'usage, et qui est un *mocksens* de Pieds-Noirs.

— Ces deux nations sont en effet ennemies, comment ont-elles pu se rencontrer sur le même territoire de chasse ?

— Ah ! quant à cela, je vous avoue que je l'ignore ;

2.

ce n'est qu'hier seulement que j'ai atteint ces parages, et je n'ai encore aucun renseignement sur l'état de la savane.

— Quand avez-vous aperçu ces pistes?

— Vers huit heures du matin ; et comme j'ai constamment marché depuis, c'est à dix lieues d'ici environ que je les ai rencontrées.

— Ainsi, elles ne se dirigent point de ce côté?

— Non; elles suivent une direction diamétralement opposée.

Cette assurance, au lieu de tranquilliser Valentin, sembla au contraire lui causer une certaine inquiétude.

Le Mexicain, tout en s'enveloppant dans l'épais nuage de fumée produit par sa cigarette, semblait examiner curieusement le chasseur; enfin, après un instant, il reprit la parole :

— Voulez-vous que je vous dise franchement mon opinion, Valentin? fit-il.

— Certes !

— Eh bien! reprit-il, je crois que notre pensée à tous trois, et non pas à tous deux, est la même?

— Que voulez-vous dire? s'écrièrent les deux chasseurs.

— Nous sommes amis, n'est-ce pas, maintenant?

— Oui, et amis dévoués, dit Valentin.

— Eh bien, puisque probablement nous allons faire cause commune et que les intérêts de l'un deviendront ceux des autres, nous devons, il me semble, n'avoir rien de caché entre nous.

— C'est mon avis, dit Valentin.

— Et le mien, ajouta Belhumeur.

— Vous et moi nous connaissons la savane mieux que personne ; il n'y a pas de diablerie indienne que nous ne devinions du premier coup ; toutes les ruses des Peaux-Rouges, nous les savons sur le bout du doigt ; mon avis, sur les deux pistes dont je vous ai parlé, le voici : ces pistes sont fausses, elles ont été laissées avec intention. Les Indiens sont trop astucieux et trop adroits pour laisser derrière eux des traces aussi visibles lorsqu'ils sont sur le sentier de la chasse et qu'ils retournent à leurs villages. L'habitude est une seconde nature ; j'ai vu des Indiens qui allaient trafiquer dans les comptoirs ou même dans les villes mexicaines, prendre le plus grand soin d'effacer leurs traces. Je ne sais pas quels motifs vous ont conduits dans ces régions, j'ignore ce que vous avez à attendre de bien ou de mal de la part des Indiens ; mais je suis convaincu que, si vous êtes en expédition contre eux, ces pistes ont été laissées pour vous donner le change.

— C'est aussi notre pensée, dit Valentin, et je serai franc à mon tour. En ce moment, nous sommes effectivement en expédition, non-seulement contre les Indiens, mais encore contre les trafiquants yankees ; mais nous faisons bonne guette, ce ne sont pas des ruses aussi faibles et aussi usées qui nous tromperont.

— Nous savons fort bien, ajouta Belhumeur, que nos ennemis sont proches, voilà pourquoi, lorsque je vous ai aperçu, j'ai voulu m'emparer de vous.

— Vous m'avez pris pour un de leurs espions?

— Ma foi oui.

— Je n'ai rien à dire à cela, fit Navaja en riant; vous étiez dans votre droit. Permettez-moi, à ce sujet, de vous faire observer, señores, que malgré la prudence et la vigilance dont vous vous vantez, vous me semblez, en ce moment même, agir avec une très-grande légèreté!

— Comment cela?

— Dame! pour de vieux chasseurs, vous en prenez un peu à votre aise; je suis étonné que vous n'ayez pas encore reçu trois ou quatre balles, depuis que nous sommes là à causer tranquillement de nos affaires; il n'est pas possible de présenter une plus belle cible à ses ennemis; nous sommes assis en pleine lumière à l'entrée de cette grotte; un enfant nous tirerait à coup sûr.

— Vous croyez? dit Valentin en riant.

— Caraï! je fais plus que de le croire, j'en suis certain.

— Eh bien! reprit Valentin toujours riant, vous vous trompez, señor, nous sommes ici parfaitement en sûreté, nul ne peut nous apercevoir.

— Ah! cuerpo de Cristo! voilà qui est fort, par exemple!

— Voulez-vous vous en assurer?

— Oui, pour la rareté du fait.

— Eh bien! levez-vous et suivez-moi.

Les trois hommes quittèrent le feu et s'approchèrent de l'ouverture.

— Prenez garde, dit Valentin, ne vous penchez pas au dehors ; la nuit est claire, que voyez-vous ? Regardez bien.

— Je vois le ciel parsemé d'étoiles, c'est vrai, mais pas autre chose.

— Vous n'apercevez pas d'arbres, pas de rochers ?

— Non, rien ; fit le Mexicain, qui regardait avec la plus sérieuse attention.

— Attendez.

Valentin ramassa une énorme pierre et la lança au dehors.

— Il y eut un court silence.

— Avez-vous entendu quelque chose ?

— Rien ! répondit le Mexicain ; on croirait, Dieu me pardonne ! que cette pierre est tombée dans un gouffre sans fond.

— Sans fond, serait beaucoup dire, reprit Valentin en riant, mais elle est tombée à plus de cinq mille pieds de profondeur.

— Je ne vous comprends pas !

— C'est cependant bien simple ; à la suite d'un cataclysme qui remonte peut-être à des milliers d'années, cette montagne a été coupée de ce côté, non pas à pic ainsi que vous pourriez le supposer, mais en forme d'arc, dont l'extrémité recourbée serait en l'air et s'avancerait dans l'espace : de sorte qu'à l'endroit où nous sommes, nous nous trouvons à plus de cinq mille pieds au-dessus de la plaine.

— Alors, c'est un *voladero* ?

— Précisément. Vous croyez-vous en sûreté, maintenant?

— Caraï! je comprends que vous ne preniez aucune précaution de ce côté, du moins; mais, outre cette fenêtre, fort bien placée du reste, cette grotte a une entrée?

— Elle en a plusieurs, mais ces entrées sont disposées de telle façon que, quelle que soit l'astuce des Indiens, il leur serait impossible de les découvrir.

Tout en causant ainsi, ils étaient revenus s'asseoir près du feu.

— Vous avez sans doute besoin de repos, señores? dit Navaja au bout d'un instant.

— C'est selon? répondit Valentin.

— Comment, c'est selon?

— Mais oui; supposons que nous ayons quelque chose de très-sérieux à faire, nous oublierons notre sommeil et le remettrons à un autre moment pour, d'abord, nous occuper de ce qui nous intéresse; sinon, comme il fait nuit, et que nous avons beaucoup marché, nous prendrons quelques heures de repos, afin de nous retrouver demain dispos et en état de vaquer à nos travaux de chaque jour : voilà tout simplement, señor, ce que je voulais vous faire comprendre.

— Hum! fit le Mexicain, j'aurais pourtant bien voulu causer avec vous pendant quelques instants.

— Qu'à cela ne tienne, señor, nous causerons avec vous tant que cela vous plaira.

— C'est que je ne voudrais nuire en aucune façon à

votre repos, et, cependant, je vous avoue que ce que j'ai à vous dire, est très-sérieux et surtout fort intéressant, non pour vous, peut-être, mais, certainement, pour moi.

— Oh! oh! s'écria Valentin, voilà qui change la question, señor; du moment qu'il s'agit de vous, parlez sans retard; ne m'avez-vous pas dit que vous me cherchiez parce que vous aviez un service à me demander?

— C'est la vérité, señor.

— Un service important sans doute? vous n'êtes pas homme à vous mettre ainsi, pour une vétille, à la recherche d'un ami que vous ne savez où rencontrer et que le hasard peut s'obstiner à jeter pendant plusieurs mois, hors de votre route.

— Vous m'avez bien jugé, señor. Du service que j'ai à vous demander, dépend le bonheur de ma vie entière, répondit Navaja en laissant tomber avec accablement sa tête sur sa poitrine.

— Oh! s'il en est ainsi, parlez vite, cher señor; mais avant tout, retenez bien ceci : quoi que vous me demandiez, je suis prêt à l'entreprendre; quels que soient les obstacles qui s'opposent à la réussite de vos projets, rien ne m'arrêtera pour vous servir; et, avec l'aide de Dieu, si votre cause est juste, et elle doit l'être, nous réussirons. Maintenant, parlez sans crainte, mes deux amis et moi nous sommes entièrement à vous.

— Peut-être serait-il mieux que j'attendisse à demain, avant de vous faire cette confidence?

— Non pas. Eh mon Dieu, mieux que personne, vous

le savez, au désert, seul, le moment présent nous appartient ; l'avenir n'est jamais à nous. Un abîme pour nous sépare le jour qui finit de celui qui commencera dans quelques heures ; qui vous dit que demain nous serons encore nos maîtres ? Non, non, parlez maintenant.

— Vous l'exigez ?

— Je n'ai rien à exiger de vous, je vous en prie.

— Soit ; écoutez-moi donc alors.

Le Mexicain sembla pendant quelques instants recueillir ses pensées et rappeler ses souvenirs, puis, se penchant vers Valentin auquel il paraissait s'adresser de préférence :

— Il est bon, señor, dit-il, que vous sachiez mon histoire tout entière, afin que vous compreniez bien à la suite de quels événements, je me suis vu forcé de me mettre à votre recherche, pour réclamer votre aide ou, pour parler plus franchement, votre protection :

« Je suis originaire du territoire de Cinaloa, j'appartiens à la race indienne presque pure ; à peine quelques gouttes de sang espagnol coulent-elles dans mes veines.

» Aussi loin que s'étendent mes souvenirs, et que je puis me le rappeler, d'après les récits que j'écoutais avec avidité dans mon enfance, et que mon père, quand, après une course de plusieurs mois, il venait passer quelques jours dans notre misérable *rancho*, nous faisait le soir à la veillée, j'appartiens à une de ces familles qui semblent maudites de Dieu et des hommes, et qu'on ne trouve qu'au Mexique ; une de ces familles en un mot, qui sont invinciblement attirées par l'or ;

qui le sentent, le devinent instinctivement dans les entrailles de la terre : familles misérables si jamais il en fut, dont la mission ingrate consiste à mettre au jour et à lancer dans la circulation ce métal odieux, cause de tant de meurtres, de tant de crimes, et qui n'apparaît à la clarté du soleil que pour le malheur du genre humain. Je suis *gambucino*, en un mot, c'est vous dire que je ne suis pas un de ces chercheurs d'or vulgaires, qui veulent s'enrichir par la découverte d'un *placer*. L'or m'attire et me repousse à la fois; je le hais et je l'aime; je le cherche, non pour m'en servir, mais pour le voi, étinceler au soleil.

» Depuis quarante ans que je suis au monde, j'ai découvert peut-être vingt *placeres ;* je n'ai usé d'aucun; j'ai accompli constamment ma mission de *gambucino*r telle qu'à ma naissance Dieu me l'a imposée; mais, après les lions, viennent les chacals ; après les gambucinos arrivent les chercheurs d'or qui les suivent à la piste, et s'emparent des richesses qu'ils ont mises au jour : en vous disant que je suis pauvre, je ne vous apprendrai donc rien que vous ne sachiez déjà.

» A peine avais-je dix ans que je commençai, à la suite de mon père, mes courses dans la savane. Ah! cette existence a des charmes que les habitants des villes ne sauraient comprendre; des jouissances ineffables qui ne peuvent ni se dire ni s'analyser, mais qui laissent bien loin derrière elles les plaisirs trompeurs que peut inventer la civilisation la plus raffinée. Oui, j'ai enduré d'horribles souffrances, et pourtant aujourd'hui encore, s'il m'était donné de recommencer ma vie et de choisir à ma guise une carrière, sans hésiter, je me ferais gambucino. »

— Ce que vous dites est vrai, señor, et je le comprends, répondit Valentin d'un air pensif : j'ai connu plusieurs gambucinos, j'ai vécu assez longtemps avec quelques-uns d'entre eux, tous parlaient comme vous venez de le faire.

» — Dans les premiers mois de 1848, je me trouvais avec mon père à San-Francisco, j'avais alors vingt-deux ans, j'étais un homme ; vous vous rappelez, señor, l'histoire de la découverte merveilleuse des *placeres* californiens. Le contre-coup de cette découverte fut ressenti dans le monde entier, avec une force décuplée encore par les récits mensongers de quelques chercheurs d'or favorisés qui, partis pauvres de chez eux, y étaient retournés riches.

» Ce fut une fureur, une folie sans nom ; de tous les points du globe les plus éloignés, les émigrants affluèrent, poussés comme par la fatalité vers ce pays perdu, presque ignoré et à peine mentionné sur les cartes.

» Ces gens avaient tout oublié, tout abandonné dans leur patrie : les établissements qu'ils y possédaient, leurs amis, leurs familles, et les yeux brûlants de convoitise, ils se ruaient par milliers sur les placeres en criant : 'De l'or ! de l'or !

» Ils n'avaient plus d'humain que l'apparence ; c'étaient des bêtes féroces, des fous furieux, au cœur desquels il ne restait plus qu'une passion, la plus ignoble de toutes : l'avarice !

» Alors cette contrée, si paisible pendant des siècles, où tant de milliers d'hommes s'étaient tout à coup agglomérés, poussés par le même but, devint un véritable champ de carnage. La loi du plus fort prima toutes les autres : le couteau, le poignard, le rifle et le poison, régnèrent en maîtres. La plus mince parcelle de cet or maudit, que ces misérables venaient arracher de si loin à la terre, fut le prix d'un meurtre et ramassée dans une boue sanglante.

» Mon père et moi, nous connaissions la plupart des placeres qui devinrent tour à tour la proie de ces bandits; mais nous avions obstinément gardé secrètes toutes nos découvertes, et nous demeurions spectateurs désolés de cette horrible orgie de la fièvre de l'or, déplorant non-seulement les crimes qui se commettaient sous nos yeux, mais ceux plus terribles encore que causeraient ces incalculables richesses en s'éparpillant à travers le monde.

» Contraints, à cause de certaines raisons que j'ai oubliées, de demeurer quelque temps à San-Francisco, mon père et moi, nous occupions nos loisirs, soit à chasser les ours très-nombreux à cette époque dans ces parages, soit à pêcher dans le *Sacramento* ou dans le *Rio Joaquin*.

» Afin d'éviter autant que possible les chercheurs d'or, dont la vue nous répugnait, nous avions construit un rancho dans un endroit isolé sur le bord même du

Sacramento; ce n'était qu'à notre corps défendant et pour nous procurer les choses indispensables : poudre, balles, etc., que nous nous risquions dans la nouvelle ville de San-Francisco, qui avait surgi comme par enchantement à la place d'un misérable presidio, presque en ruines, que l'on y voyait auparavant.

» Je vous demande pardon d'entrer dans tous ces détails, señores, mais vous reconnaîtrez bientôt qu'ils sont indispensables pour la parfaite intelligence des faits qui vont suivre. »

— Laissez parler vos souvenirs, señor, dit Valentin. Dans un récit comme le vôtre tout détail est intéressant. D'ailleurs, rien ne nous presse, le sommeil a fui loin de nos paupières; votre récit, dût-il durer plusieurs heures encore, nous l'écouterons avec la plus sérieuse attention.

— Je vous remercie, señores, et je reprends :

» Un soir, c'était un samedi, la date est restée bien fixée dans ma mémoire, ce jour-là mon père s'était rendu à San-Francisco pour renouveler nos provisions de poudre et de balles presque épuisées, et acheter en même temps quelques vêtements dont nous avions besoin. Moi, selon mon habitude, j'étais allé à la chasse.

» Entraîné à la poursuite d'un ours monstrueux que j'avais déjà blessé, je m'éloignai insensiblement du rancho beaucoup plus que je ne l'avais supposé.

» Lorsque je réussis enfin à abattre l'animal, le soleil était près de se coucher; j'enlevai la peau de l'ours, je lui coupai les quatre pattes, le train de derrière, et, abandonnant le reste de ma chasse aux fauves dont j'entendais les hurlements au fond des fourrés, je me mis en route pour regagner ma demeure.

» Bien que je fusse assez pesamment chargé, je marchais cependant d'un bon pas; j'avais dépassé de beaucoup l'heure à laquelle j'avais coutume de rentrer, et je craignais que mon père fût inquiet de mon absence.

» Pourtant, si grande que fût ma diligence, il était près de neuf heures lorsque j'atteignis le rancho.

» La nuit était sombre : d'énormes nuages chargés d'électricité roulaient lourdement au ciel; le vent, soufflant par rafales, sifflait entre les branches des arbres, qui s'entre-choquaient avec fureur ; tout présageait un de ces orages terribles que l'on nomme *cordonazos*, si fréquents dans cette contrée.

» Aucune lumière ne brillait dans le rancho. Cela ne me donna aucune inquiétude ; je supposai que, fatigué de m'attendre, mon père s'était couché et endormi.

» Je soulevai la claie qui servait de porte au rancho, j'entrai, et, après avoir jeté mon gibier à terre, je cherchai mon *mechero* pour allumer du feu et avoir de la lumière.

» En ce moment une voix faible balbutia, non loin de moi, ces quelques mots :

» — Est-ce toi, José ?

» Cette voix était celle de mon père.

» Une sueur froide inonda mon front, un frisson

parcourut tous mes membres et glaça mon sang dans mes veines. J'eus le pressentiment d'un malheur.

» — Oui, mon père, répondis-je, c'est moi.

» — Ah! pourquoi n'es-tu pas rentré une heure plus tôt! murmura-t-il d'une voix qui s'affaiblissait de plus en plus.

» En une seconde j'eus battu le briquet et allumé une torche.

Alors un spectacle affreux s'offrit à mes regards.

» Mon père gisait, étendu sur l'aire du rancho.

» Ainsi que je l'appris plus tard, il avait fait de vains efforts pour s'étendre sur sa couche, mais il n'avait pas réussi à l'atteindre. Ses traits étaient livides, deux blessures, dont l'une était un coup de feu, étaient béantes sur sa poitrine. De plus il avait été scalpé. Le sang coulait en abondance de ces horribles blessures et formait une mare autour de son corps.

» — Mon Dieu! m'écriai-je en tombant à genoux près de mon père et essayant de lui porter secours, mon Dieu! qu'est-il donc arrivé?

» En vain j'essayai d'arrêter le sang, tous les moyens me manquaient pour tamponner ces affreuses blessures.

» — Laisse-moi, me dit mon père, je sens que la mort approche, rien ne saurait me sauver ; je remercie Dieu qui a permis que je vive jusqu'à ton retour, essuie tes larmes, sois homme et écoute-moi.

» — Oh! vous ne mourrez pas, mon père, m'écriai-je en sanglotant.

» —Tu te trompes, mon enfant; dans une demi-heure je serai mort; mais, si tu veux m'écouter, du moins ce ne sera pas sans vengeance.

» — Parlez, mon père, dis-je d'une voix sourde en essuyant mes larmes, parlez; et, si cette promesse peut rendre plus calmes vos derniers moments, je vous le jure sur mon honneur, par mon amour pour vous et sur tout ce qu'il y a de plus sacré au monde, je vous vengerai.

» — Bien, mon enfant, me dit-il, je retiens ta promesse. Maintenant écoute-moi, car je sens que mes forces s'épuisent et que je n'ai plus que quelques instants à vivre.

» Alors il se tourna vers moi avec effort, et, malgré la souffrance qu'il éprouvait, d'une voix raffermie par la haine et la certitude d'être vengé, il commença son récit : voici en substance ce qu'il me raconta, pendant qu'un sombre sourire crispait ses lèvres pâlies.

» Mon père, ainsi que je vous l'ai dit, señores, était parti vers six heures du matin pour San-Francisco; il voulait être de retour au rancho de bonne heure, afin de tout mettre en ordre et préparer le repas pour le moment de ma rentrée.

» Il ne lui avait fallu que très-peu de temps pour terminer ses achats, et il allait quitter la ville, quand le hasard lui fit rencontrer un de ses amis intimes, qu'il n'avait pas vu depuis longtemps et dont il ignorait la présence à San-Francisco.

» Cet homme, un de nos proches parents, possède,

à Cosala, de riches mines d'argent qu'il fait exploiter; il était venu en Californie dans le but d'étudier les moyens d'extraction employés par les Américains du Nord, afin, s'ils étaient préférables à ceux dont il se servait, de les utiliser dans ses mines.

» Les deux parents, heureux de se revoir et désirant causer longuement, étaient entrés dans une espèce d'hôtellerie, qu'un Américain des États-Unis avait fondée depuis quelques mois et à laquelle il avait donné le nom de *la Polka*.

» A cette époque il n'existait pas d'autre hôtellerie que *la Polka* dans toute la ville de San-Francisco : aussi tous les mineurs, tous les négociants, en un mot tous les aventuriers, s'y donnaient rendez-vous.

» Mon père et son ami s'assirent à une table, firent placer une bouteille d'aguardiente entre eux deux, et, sans se préoccuper des gens qui les entouraient, ils se mirent tranquillement à causer de leurs affaires, avec cet abandon de deux hommes qui s'aiment et savent par expérience qu'ils peuvent compter l'un sur l'autre..... »

A ce point de son récit, le Mexicain sentit une main qui se posait doucement sur son épaule.

Il tressaillit et tourna vivement la tête.

Curumilla, debout derrière lui, la crosse de son fusil reposant à terre, le regardait avec une expression sindulière en même temps qu'il appuyait l'index de sa main droite sur ses lèvres, comme pour lui recommander le silence.

— Qu'y a-t-il ? demanda Valentin.
— Venez ! répondit laconiquement le chef.
Les trois hommes se levèrent et prirent leurs armes.

III

FIN DU RÉCIT DU GAMBUCINO

L'histoire de la liaison de Curumilla avec Valentin Guillois était assez singulière : nous en dirons ici quelques mots pour ceux de nos lecteurs qui n'ont lu ni *le Grand chef des Aucas*, ni *le Chercheur de pistes*, ouvrages dans lesquels ces deux personnages jouent des rôles très-importants.

Une vingtaine d'années environ avant l'époque où commence notre présent récit, Valentin Guillois, fort jeune alors et depuis très-peu de temps en Amérique, s'était rendu en Araucanie.

Là, oubliant ses habitudes européennes, il s'était mêlé aux tribus des Moluchos ou Araucans, s'était fait adopter par eux et avait pris toutes leurs coutumes.

Le hasard l'avait un jour mis face à face avec Curumilla, qui était alors, bien que très-jeune lui aussi, un des chefs les plus renommés de sa nation.

La première entrevue des deux hommes fut loin d'être amicale.

Curumilla s'était persuadé, on ne sait pourquoi, que Valentin Guillois était un sorcier, et il avait tout simplement essayé de le faire mettre à mort par le grand conseil des chefs ; peu s'en était fallu même qu'il réussît à le faire condamner.

Mais, grâce à Dieu, Valentin avait échappé à ce danger terrible, et alors il était arrivé que Curumilla, reconnaissant qu'il s'était trompé et que le Français n'était pas plus sorcier que lui-même, était revenu à de meilleurs sentiments, et, avec cette versatilité particulière aux Indiens, il lui avait juré une amitié à toute épreuve.

Depuis lors, Curumilla s'était fait le serviteur et pour ainsi dire le chien de garde de son ami. Tout était devenu commun entre eux. Les pensées de l'un étaient celles de l'autre ; les amis de Valentin étaient ceux de Curumilla, ses ennemis de même : enfin l'homme civilisé et le sauvage s'étaient si bien mêlés et si bien confondus l'un dans l'autre que toute séparation était désormais impossible ; ils vivaient ainsi depuis plus de vingt ans côte à côte, partageant la bonne comme la mauvaise fortune, les joies et les douleurs, sans que jamais un mot, un reproche, un froncement de sourcil même fût survenu entre eux.

Les Peaux-Rouges sont peu causeurs de leur nature, Curumilla, lui, avait singulièrement outré cette qualité ou ce défaut, selon qu'il plaira au lecteur, dans des conditions telles qu'il s'était, de lui-même, condamné à un mutisme presque complet.

Il ne parlait plus que lorsque les circonstances l'exigeaient impérieusement, ou quand il avait affaire à des étrangers ; mais alors un Spartiate même eût été jaloux de son laconisme.

Les Peaux-Rouges, je crois l'avoir déjà dit autre part, emploient généralement deux langues : la langue mimée et la langue parlée. Les prodiges accomplis par l'abbé de l'Épée et ses successeurs pour amener les muets à se faire comprendre, ne sont rien, comme clarté et surtout comme rapidité, lorsque l'on compare les gestes employés par leurs élèves et les signes de convention dont ils se servent à ceux dont usent les Peaux-Rouges.

Chez eux la langue mimée exprime tout.

Ils s'en servent habituellement lorsqu'ils sont sur le sentier de la chasse, sur celui de la guerre, ou quand ils désirent ne pas être compris des étrangers en présence desquels ils se trouvent. Et cette langue est d'autant plus incompréhensible, particulièrement pour les blancs, que chaque nation indienne a la sienne qui lui est propre.

Aussi, malgré le mutisme obstiné de son ami, Valentin Guillois et lui s'entretenaient et s'entendaient parfaitement, sans que personne pût deviner ce qu'ils se disaient, ce qui dans certaines circonstances leur était très-avantageux.

De plus Curumilla avait pour habitude de toujours agir à sa guise et sans jamais consulter son ami, il allait et venait ainsi sans prendre l'avis de Valentin ; mais comme le chef était un homme doué d'une prudence extrême et d'une finesse remarquable, le Français le laissait parfaitement libre de ses actions, et ne s'inquiétait jamais des démarches faites par son associé, d'autant plus qu'à un moment donné, il reconnaissait toujours que celui-ci avait exactement fait ce qu'il aurait fait lui-même, tout calculé, tout prévu, et assuré ainsi le succès de l'entreprise qu'ils avaient tentée en commun.

Maintenant que nous avons présenté Curumilla au lecteur, nous prions celui-ci de nous pardonner cette digression indispensable, et nous reprendrons notre récit au point où nous l'avons interrompu.

Les trois chasseurs s'étaient levés; prêts à répondre à l'appel du chef, ils attendaient un signal de lui.

Celui-ci échangea un regard d'intelligence avec son ami, et, sans même paraître se préoccuper de savoir si ses compagnons le suivaient, il quitta la grotte de ce pas gymnastique et cadencé particulier aux Indiens et qui lui était habituel.

Valentin choisit une des carabines appuyées aux parois de la grotte, et, après en avoir fait jouer les batteries deux ou trois fois afin de s'assurer qu'elle était en état, il la remit au Mexicain en lui disant d'une voix affectueuse :

— Prenez cette arme, señor, nous ignorons où le chef nous conduit, vous pouvez en avoir besoin.

Avec la carabine, il lui offrit un couteau, une poire à poudre, enfin toutes les armes nécessaires en cas de lutte ou de surprise.

Ainsi précautionnés, les deux hommes se hâtèrent de rejoindre leurs compagnons qui s'étaient engagés dans un boyau assez étroit qui s'ouvrait sur la principale artère du souterrain, à gauche, à cinq ou six pas de l'entrée de la grotte.

Les trois hommes, précédés par Curumilla, marchèrent ainsi en file indienne pendant environ dix minutes, puis ils arrivèrent à un endroit où le souterrain paraissait brusquement se terminer.

Un trou d'une largeur de six pieds carrés s'ouvrait dans le sol et interceptait complétement le passage ; même avec la torche que Belhumeur tenait à la main, il était impossible de juger de la profondeur de ce trou au fond duquel on entendait bouillonner des eaux souterraines.

Près de l'orifice de ce gouffre, se trouvait un immense bloc de pierre.

Sur un geste de Curumilla, Belhumeur passa un lasso autour de la pierre, puis il se laissa glisser dans le trou et disparut presque instantanément.

A peine le chasseur eut-il disparu, que Valentin Guillois se laissa glisser à son tour.

— Hug ! dit le chef en élevant la torche que Belhumeur lui avait remise, et lançant un regard au Mexicain.

La pantomime de l'Indien était excessivement facile à comprendre.

Navaja était brave comme un lion, il savait de plus qu'il n'avait rien à redouter de ses compagnons, il n'hésita pas, il empoigna le lazo à deux mains et se laissa glisser.

Mais, presque aussitôt, il se sentit retenu et vigoureusement attiré vers les parois du trou.

— Courage ! vous y êtes, lui dit Valentin.

En effet, il sentit que ses pieds reposaient sur un sol solide.

Bientôt Curumilla parut à son tour.

Le Mexicain reconnut alors, à la lueur de la torche tenue par le chef, que lui et ses compagnons se trouvaient dans une galerie inférieure du souterrain.

— Caraï ! dit-il, il n'est pas facile de pénétrer dans votre grotte, est-ce donc par ici que vous entrez et sortez habituellement ?

— Mon Dieu oui, répondit Valentin en riant, les autres entrées sont beaucoup plus dangereuses.

— Diablos ! je vous fais mon compliment bien sincère. S'il en est ainsi, vous êtes bien véritablement dans une forteresse imprenable ; mais où allons-nous donc en ce moment ?

— Oh ! quant à cela, je l'ignore entièrement ; le chef seul pourrait le dire, et, vous le savez, il n'est pas causeur ; mais rassurez-vous, nous ne tarderons pas à être renseignés.

Tout en causant ainsi entre eux à demi-voix, ils continuaient leur marche.

Le chef leur faisait suivre plusieurs galeries qui semblaient s'enchevêtrer les unes dans les autres et former un réseau inextricable.

Tout à coup la torche fut éteinte, et le Mexicain, sans savoir comment il y était arrivé, se trouva en plein air.

Il se retourna aussitôt pour reconnaître l'entrée du souterrain; mais ses recherches furent inutiles, il ne put la découvrir, d'ailleurs ses compagnons marchaient toujours; force lui fut de les suivre.

— Oh! oh! murmura-t-il à part lui, j'ai affaire à de rusés compagnons. Allons, je ne regrette pas de les avoir rencontrés. Chacun de ces hommes-là en vaut dix; nous ferons, je l'espère, de rude et bonne besogne ensemble.

Les chasseurs se trouvaient en pleine forêt.

Toujours marchant en file indienne, selon la coutume du désert, ils suivaient une sente de bêtes fauves assez distinctement marquée sur la terre.

Au bout de vingt minutes à peu près, Curumilla s'arrêta, et, sans parler, il échangea quelques signes rapides avec Valentin.

Cette conversation muette dura quelques minutes entre les deux hommes; puis le chasseur, se tournant vers ses compagnons qui suivaient avec une anxieuse curiosité les signes qu'ils voyaient échanger et auxquels ils ne comprenaient rien:

— Señores, leur dit-il à voix basse, le chef nous annonce qu'à trois portées de fusil de l'endroit où nous nous trouvons, dans la direction de l'Est, il a découvert cette nuit un campement, dont il n'a pu s'approcher très-près, mais qu'il suppose être celui d'une caravane d'émigrants. Ces gens semblent être une centaine au moins : ils ont avec eux des wagons couverts, des charrettes, des chevaux, des mules, et une quantité assez considérable de bestiaux, je veux diré de bœufs qu'ils emploient sans doute à traîner les wagons. Maintenant quels sont ces gens? A quelle nationalité appartiennent-ils? Que font-ils dans ces parages? Voilà ce que j'ignore.

— Hum! fit Belhumeur, nous avons là des voisins qui peuvent devenir dangereux, je crois qu'il est important pour nous de savoir à quoi nous en tenir sur leur compte.

— Qu'est-ce qui fait supposer au chef, demanda le Mexicain, que ces gens sont des émigrants?

— Il croit être certain qu'il y a parmi eux des femmes et des enfants ; mais ce n'est pas tout, continua Valentin, à deux portées de fusil de ce premier campement, le chef en a découvert un second. Quant à celui-là, le chef ne conserve pas le moindre doute sur les gens qui le composent ; c'est un fort parti d'Indiens Corbeaux, commandés par un des plus redoutables chefs de leur nation nommé *Ahnemiki*, c'est-à-dire le *Tonnerre*. Ce chef, jeune encore, très-vain de sa longue chevelure, des avantages de sa personne et de sa bravoure indomptable, est d'une avarice sordide : il passe avec raison, pour un des plus dangereux pillards de la prairie. Sa troupe est campée, ou plutôt embusquée, au fond d'un ravin, il lui est facile de surveiller attentivement tous les mouvements de ses voisins les *Longs Couteaux*, nom que les Indiens donnent généralement à tous les Américains des États-Unis et aux individus qui viennent de ce pays. Le chef suppose que les deux pistes que vous avez vues ce matin, señor Navaja, peuvent avoir été laissées par ces deux troupes dont l'une surveille attentivement l'autre, jusqu'à ce que le hasard lui offre l'occasion favorable de l'anéantir.

— Tout est possible, répondit le Mexicain, je ne serais pas éloigné d'être de l'avis du chef; et maintenant que comptez-vous faire?

— *Tha is the question!* reprit Valentin en riant. Comme nous nous trouvons ici à égale distance des deux troupes, tout en étant en dehors du cercle dans lequel elles doivent se mouvoir, que par conséquent nous sommes en sûreté, je crois que nous ferons bien de nous arrêter et de tenir un *conseil médecine*, afin de nous entendre sur la détermination qu'il nous convient de prendre.

Les chasseurs répondirent par un geste d'assentiment et les quatre hommes s'assirent en cercle à l'endroit où ils se trouvaient.

Afin de ne pas donner l'éveil aux espions de l'un ou de l'autre camp qui, sans doute, rôdaient aux environs, les chasseurs n'allumèrent pas de feu et ne firent point passer le calumet, cérémonie qui précède ordinairement tout conseil tenu dans la prairie.

— En votre qualité de nouveau venu parmi nous, señor Navaja, dit Valentin, veuillez je vous prie parler le premier et nous donner votre opinion.

— Soit, señores, puisque vous le désirez, je parlerai, répondit le gambucino; vous et moi, nous sommes venus certainement dans ces parages, dans le but de terminer des affaires très-importantes, et qui réclament tous nos soins. Je crois donc, sauf meilleur avis, que peu nombreux comme nous le sommes, isolés dans cette contrée, nous aurions tort de nous mêler sans y être contraints à des affaires qui ne nous regardent pas; que notre intervention dans des débats qui nous sont complétement étrangers pourrait nous créer des embarras nouveaux, dont peut-être nous aurions peine à sortir, et qui, dans tous les cas, nuiraient à l'accomplissement, et peut-être au succès de l'expédition, que vous et moi, nous avons entreprise.

— Eh vous, Belhumeur, que pensez-vous de cette affaire?

— Quant à moi, répondit le Canadien avec insouciance, j'ai toujours eu pour habitude de ne pas me mêler de ce qui ne me regardait pas. Cependant, je vous avoue que cela me chagrine de voir des gens de ma couleur exposés à être pillés et assassinés par ces chiens de Corbeaux. Tous les blancs doivent être frères dans la prairie, n'importe à quelle nationalité ils appartiennent; si cela ne dépendait que de moi, ajouta-t-il en frappant sur le canon de son fusil, si nombreux que soient ces pillards, et quelque danger que je puisse courir, j'aurais bientôt entamé avec eux une conversation, dont plusieurs se souviendraient. Du reste, je vous ai donné ma parole, quoi que vous décidiez, je le ferai.

Valentin se tourna alors vers Curumilla.

— Et vous, chef? lui demanda-t-il.

— Ahnemiki, voleur, Corbeaux très-cruels, tuer les *papoes* — enfants; — et les *ciualts* — femmes, — très-méchants Indiens.

Après avoir prononcé ces paroles avec l'accent guttural qui lui était habituel, le chef retomba dans son mutisme ordinaire.

Valentin réfléchit pendant deux ou trois minutes, puis à son tour il prit la parole :

— Compagnons, dit-il, j'ai pesé avec le plus grand soin les différents avis que vous avez émis ; nous sommes en effet venus dans cette contrée dans le but d'accomplir une expédition excessivement dangereuse, et qui, pour que nous en obtenions un bon résultat, réclame de nous une prudence extrême jointe à un courage à toute épreuve. Ainsi que l'a dit le señor Navaja, nous sommes isolés dans ce pays, dont tous les habitants nous sont hostiles ; nous agirions comme des fous, si nous allions de gaieté de cœur, nous mêler de choses qui ne nous regardent pas et nous créer des difficultés, dont peut-être nous aurions bien de la peine à sortir.

Navaja et Belhumeur firent un geste d'assentiment ; seul Curumilla demeura impassible comme s'il eût été étranger à ce qui se disait.

— Mais, continua Valentin, nous avons à lutter contre des ennemis puissants ; l'isolement dans lequel nous sommes peut nous créer des obstacles insurmontables, et empêcher ainsi la réussite de nos projets : donc ce que nous devons chercher avant tout, c'est de nous faire des amis, contracter des alliances, qui, à l'occasion, puissent nous être utiles, et qui faites avec des hommes sûrs, auxquels nous aurons rendu des services importants, nous permettront, au besoin, de réclamer leur concours. Je crois que, dans la circonstance actuelle, c'est Dieu qui a permis que nous nous trouvassions sur la route de ces émigrants, pour les sauver, et les amener ainsi à une alliance offensive et défensive. Les Corbeaux sont nos ennemis implacables, vous le savez : nous n'avons à attendre d'eux, s'ils nous surprennent, que d'être scalpés ou attachés au poteau de tortures. En défendant les hommes de notre couleur, nous ferons à la fois une bonne action en protégeant des femmes et des enfants, et passez-moi l'expression, une opération utile et lucrative, puisque nous nous créerons l'appui qui nous manque pour combattre nos ennemis avec avantage, en obligeant ceux que nous aurons sauvés à nous défendre à notre tour.

— Pardieu! dit Belhumeur, vous avez parfaitement raison; il n'y a pas à hésiter, tombons sur les Corbeaux. Ces coquins ne méritent aucune pitié.

— Señor Valentin, dit Navaja, vous seul de nous tous, avez envisagé la question sous son jour véritable. L'égoïsme est un mauvais conseiller; je me range entièrement à votre opinion. Ordonnez, je suis prêt à vous suivre.

— Bravo! dit Valentin en riant, voilà parler en homme et non en femme timide, ou en marchand cupide : je ne demande pas l'avis du chef, c'est inutile, lui et moi, nous sommes toujours de la même opinion.

A ce compliment Curumilla esquissa un sourire qui, de la part de tout autre, aurait pu passer pour une affreuse grimace, mais qui, de la sienne, prouvait une très-grande satisfaction.

— Voici, compagnons, continua Valentin, ce qu'il nous convient de faire. Personne ne soupçonne notre présence ici ; il nous faut donc y rester sans donner l'éveil, et attendre, blottis comme des lièvres au terrier, les événements quels qu'ils soient, qui, soyez-en convaincus, ne tarderont pas à surgir. Il est tout au plus dix heures du soir ; si les Indiens ont, comme je les en soupçonne, l'intention de surprendre les blancs, ils n'agiront pas avant deux ou trois heures du matin ; ils voudront laisser à leurs ennemis le temps de se plonger dans un profond sommeil, afin d'en avoir meilleur marché. Pendant que nous demeurerons cachés ici, le chef poussera une reconnaissance du côté du campement des Corbeaux, et il nous avertira dès que ceux-ci se mettront en mesure d'exécuter la surprise qu'ils méditent. Est-ce bien entendu comme cela ?

Les trois hommes inclinèrent affirmativement la tête.

— Alors, nous n'avons plus qu'à attendre.

— Et à dormir en attendant, dit Belhumeur.

— Soit, mon ami, dormez si vous croyez avoir besoin de repos, quant à moi, si le señor Navaja ne se sent pas trop fatigué, je serais heureux d'entendre la fin du récit qu'il avait commencé dans la grotte.

— Ma foi, vous avez raison, Valentin, dit Belhumeur, je n'ai pas autrement envie de dormir, je serais curieux, moi aussi, d'entendre la fin de cette histoire qui, je l'avoue, m'intéresse fort.

— Puisque vous le désirez, señores, je suis à vos ordres.

Curumilla s'était levé, sans prononcer une parole, comme toujours, il s'était glissé au milieu des buissons et n'avait pas tardé à disparaître.

— Lorsque je me suis interrompu, dit le Mexicain, j'ai laissé mon père et son ami assis tous deux dans l'hôtellerie de *la Polka*, et causant de leurs affaires tout en buvant de l'aguardiente.

« La salle où ils se trouvaient regorgeait de buveurs, pour la plupart bandits de la pire espèce. Plusieurs de ces individus semblaient, comme à plaisir, rôder avec affectation autour de la table où les deux amis étaient assis. Quelques-uns même essayèrent plusieurs fois de lier conversation avec eux. Tous ces hommes connaissaient mon père de réputation; ils savaient qu'aucun des placeres existant dans un réseau de plus de cent lieues autour de San Francisco, n'était ignoré de lui; plusieurs fois auparavant déjà, en diverses circonstances, des Américains, des Français, des Allemands, et même des Mexicains, lui avaient proposé des associations que mon père avait toujours repoussées avec mépris. Ces bandits nourrissaient donc contre lui une haine secrète, ils n'attendaient qu'une occasion pour la laisser éclater au grand jour.

» Parmi ceux qui détestaient le plus mon père, se trouvait un Français qui avait, disait-il, fait partie de la garde mobile, en 1848 à Paris, et que l'on avait surnommé *Lingot,* parce qu'il était arrivé en Californie aux frais d'une société fondée en France et appelée loterie du Lingot-d'Or.

» Ce Lingot était un petit homme d'aspect débile et souffreteux, jaune comme un citron, aux yeux gris, percés comme avec une vrille, au front fuyant, aux cheveux plats, d'un blond fade, et dont le visage taillé en lame de couteau, avait une indicible expression de méchanceté basse et railleuse.

» Cet homme s'était associé à deux coquins de son espèce, dont l'un était un Prussien gigantesque, espèce de brute, d'une force herculéenne et d'une férocité de tigre, qui se faisait appeler le Chacal.

» Le second était un Yankee sang-mêlé, aux traits ignobles, ancien pirate des prairies, qui avait commis je ne sais combien de meurtres, et s'était donné le surnom caractéristique de *Matamas.*

» Ces trois dignes compagnons avaient essayé en plusieurs circonstances d'obtenir de mon père la révélation de l'un des placeres qu'il connaissait.

» Celui-ci avait toujours repoussé leurs avances; ils avaient juré de se venger de lui.

» S'ils ne l'avaient pas fait plus tôt, c'était à cause de la terreur que leur inspirait mon habileté extraordinaire à jouer du couteau.

» Mon père, vous ai-je dit, ne venait que très-rarement

à San-Francisco. [C'était moi d'ordinaire qui me chargeais de faire cette course; le bruit avait même couru à plusieurs reprises que le fameux gambucino avait quitté le pays.

» En le rencontrant à l'improviste à la *Polka*, ces trois hommes sentirent probablement leur haine se réveiller, et, bien que tout le temps qu'il resta dans l'hôtellerie, ils ne se fussent pas une seule fois approchés de lui, cependant ils ne le perdirent pas un instant de vue.

» Après avoir assez longtemps causé avec son ami, mon père le quitta enfin, et, comme la journée s'avançait, il se hâta de reprendre le chemin du rancho, où cependant il n'arriva qu'à la nuit tombante.

» A peine eut-il pénétré dans sa demeure, qu'il fut attaqué à l'improviste par trois hommes dont l'obscurité l'empêcha de distinguer les traits.

» Ces hommes se ruèrent sur lui comme des fauves, le renversèrent et le menacèrent de le tuer s'il ne leur révélait pas un gisement d'or ; cependant il crut reconnaître, à leurs vêtements et aux paroles du seul qui parlât, avoir affaire, sinon à des Indiens, du moins à des gens qui en avaient pris le costume.

» Mon père était très-vigoureux ; la colère décuplait ses forces, il opposa une énergique résistance à ses assassins. Deux fois même il faillit se débarrasser de leurs étreintes ; il avait pu saisir son couteau, et il s'en escrimait avec une force désespérée contre ses agresseurs.

1.

» Ceux-ci, exaspérés par cette résistance à laquelle ils étaient loin de s'attendre, ne conservèrent plus de ménagements : ce ne fût qu'après s'être assurés que leur victime était morte, qu'ils abandonnèrent le rancho.

» Mon père avait eu le courage de simuler la mort pour donner le change à ses bourreaux.

» En se débattant, il avait réussi à s'emparer d'un reliquaire en cuir que l'un des bandits portait suspendu à son cou, il avait balafré avec son couteau le visage d'un autre et ouvert la cuisse du troisième.

» Peu après m'avoir donné ces précieux renseignements et remis le sachet qu'il avait conservé entre ses doigts crispés, mon père expira entre mes bras en me répétant jusqu'au dernier moment qu'il avait été assassiné par les trois bandits dont il avait fait la rencontre à *la Polka*.

» Je pris à peine le temps nécessaire pour rendre les derniers devoirs à mon père et lui creuser une tombe ; la nuit même, malgré l'orage terrible qui grondait depuis longtemps et avait éclaté tout à coup avec une violence extrême, je me rendis à San Francisco.

» Mais ce fut en vain que je fouillai tous les bouges les plus honteux pour retrouver les meurtriers, nul ne put me renseigner, personne ne les avait vus, ils avaient subitement quitté la ville sans laisser de traces.

» Cependant je ne me décourageai pas ; je continuai mes recherches. Les obstacles qui surgissaient à chaque pas devant moi ne faisaient qu'exciter mon désir de vengeance et redoubler mon ardeur à les poursuivre. Ces hommes, qu'une fatalité étrange semblait s'obstiner à protéger contre moi, m'avaient, eux aussi, voué une haine implacable. En plusieurs occasions je faillis tomber victime des piéges qu'ils ne cessaient de me tendre ; et chaque fois, comme pour me railler, ils avaient soin de me faire connaître, soit d'une façon, soit d'une autre, que c'étaient eux qui avaient voulu m'assassiner.

» La guerre continua ainsi entre nous sans trêve ni merci : ils n'attendaient pas plus de pitié de moi que je n'en attendais d'eux.

» Quelque temps après la mort de mon père et par son ordre exprès, j'avais épousé une jeune fille que j'aimais depuis longtemps. La haine de mes ennemis semblait se ralentir, depuis plusieurs années je n'avais plus entendu parler d'eux, j'espérais qu'ils s'étaient lassés de me poursuivre et qu'ils avaient quitté le pays.

» Il y a quatre mois, un voyageur français me pria de lui servir de guide; il avait l'intention de visiter l'Orégon, je ne me souciais pas de quitter ma femme ; cependant comme ce voyage ne devait durer que deux mois, je me laissai séduire par le prix qui m'était offert et je partis.

» Notre voyage durait depuis dix jours lorsqu'un matin le Français me dit :

» — Définitivement j'ai changé d'avis, je préfère retourner en France ; quel est le port le plus proche ?

» — San Blas, lui répondis-je, intérieurement satisfait de redevenir si promptement mon maître.

» — Eh bien, conduisez-moi à San Blas, me dit-il, je

trouverai probablement là quelque navire sur lequel je pourrai retourner dans mon pays.

» Je ne fis aucune difficulté, comme bien vous le pensez, et, quatre jours plus tard, j'arrivais en effet à San Blas, où je prenais congé de mon voyageur.

» — Bon voyage, me dit-il en me quittant, je souhaite qu'en y rentrant vous trouviez tout en ordre dans votre maison.

» Peut-être me trompai-je ; mais il me sembla lorsqu'il me parla ainsi reconnaître dans la voix de cet homme un accent d'ironie qui me fit mal. J'eus comme le pressentiment d'un malheur.

» Douze jours plus tard j'atteignais le pueblo que j'habitais.

» Mon pressentiment ne m'avait pas trompé.

» De mon rancho il ne restait plus que des cendres ; ma femme était folle et mon enfant, âgé de douze ans à peine, avait disparu. »

En prononçant ces dernières paroles, le Mexicain cacha sa tête dans ses mains et éclata en sanglots.

Les deux chasseurs demeuraient sombres, immobiles, fixant les yeux, avec une indicible pitié, sur cet homme si fort, et qui, brisé par la douleur, pleurait comme un enfant.

Enfin, après quelques instants, le gambucino releva brusquement la tête.

— Cette fois, dit-il, c'en était trop. Je jurai de tenir le serment que j'avais autrefois fait à mon père et de venger cruellement mes injures et les siennes.

» Après avoir confié ma malheureuse femme à un de mes parents, je montai à cheval et je partis ; je me rendis tout droit à San Blas.

» Comment ai-je fait ce trajet ? Je l'ignore. La douleur me tuait.

» Mon premier soin en arrivant au port fut de m'informer du voyageur français auquel j'avais servi de guide.

» Je n'aurais pu dire pourquoi, mais je me figurais que cet homme devait être pour quelque chose dans mon malheur.

» L'étranger était parti depuis la veille, non pas sur un navire, mais à cheval.

» Sans même prendre une heure de repos, je me remis en route ; marchant tout droit devant moi et sans suivre aucun chemin tracé, je ne m'arrêtai qu'à la nuit noire, à la porte d'un rancho isolé.

» Sans frapper à la porte je levai le loquet et j'entrai. Deux hommes assis sur des escabeaux, devant un feu mourant, causaient et riaient entre eux. Ces deux hommes étaient Matamas et le Français auquel j'avais servi de guide. Je poussai un cri de joie, un rugissement de tigre à la curée.

» Je ne sais comment cela se fit ; la fureur sans doute décuplait mes forces, car, malgré une résistance désespérée, au bout de cinq minutes, les deux hommes gisaient sur le sol, garrottés et dans l'impossibilité de faire un mouvement.

» — Maintenant, leur dis-je en même temps que je dégaînais ma navaja, nous allons régler nos comptes.

» Et, m'adressant au Français :

» — Combien vous a-t-on payé, señor, lui dis-je, pour vous engager à brûler mon rancho, tuer ma femme et enlever mon enfant ?

» — Tuer votre femme! s'écria le Français avec stupeur.

» — C'est vrai, répondis-je, je me trompe, elle n'est pas morte, elle n'est que folle.

» — Oh! oh! s'écria le Français, est-ce donc là la plaisanterie que vous prétendiez faire à votre compère, señor Matamas ?

» Le misérable ne répondit pas ; il tremblait de tous ses membres.

» Le Français, qui se sentait en mon pouvoir et qui comprenait que je serais sans pitié, ne fit aucune difficulté pour m'avouer le rôle qu'il avait joué dans toute cette affaire, rôle presque passif et dont ce ne fut que par moi qu'il comprit toute l'horreur.

» Matamas, qu'il ne connaissait pas, l'avait rencontré dans une *pulqueria* d'Hermosillo ; tout en buvant, la connaissance n'avait pas tardé à devenir plus intime et, comme c'était un pauvre diable qui mourait à peu près de faim, il avait accepté avec joie la proposition qui lui avait été faite par le sang-mêlé de lui servir de canard d'attrape pour m'attirer hors de chez moi.

» Le silence de Matamas me prouva que cet homme avait dit vrai.

» Je défis ses liens, je le remis sur son cheval, et lui indiquant de la main la route qui s'étendait devant nous :

» — Partez sans retourner la tête, lui dis-je, marchez tant que votre cheval pourra vous porter, prenez garde que nous nous retrouvions jamais face à face, car ce jour-là je serais sans pitié pour vous.

» Et, après avoir donné un vigoureux coup de *chicote* sur la croupe de son cheval, qui partit au galop, je rentrai dans le rancho.

» Matamas n'avait pas fait un mouvement pour essayer de rompre ses liens ; je le retrouvai dans la même position où je l'avais laissé.

» Sans prononcer un mot, je pris une des grosses pierres qui servaient de foyer, je la posai près de mon prisonnier, et, tenant toujours ma navaja à la main :

» — Ami Matamas, lui dis-je en m'asseyant près de lui, n'avez-vous rien à me dire ?

» — Rien, me répondit-il d'une voix sourde.

» — Très-bien.

» Et, saisissant sa main droite, je la plaçai sur la pierre et, d'un seul coup de navaja, je lui abattis le pouce.

» — Ainsi vous n'avez rien à me dire ? repris-je froidement.

» — Non, fit-il d'une voix étouffée.

» D'un second coup je lui abattis l'index.

» Cette fois la douleur fut plus forte que la volonté, il poussa un hurlement terrible.

» — Tue-moi ! cria-t-il.

» — Bon, nous avons le temps ; causons d'abord.

» — Je ne dirai rien, démon ! fit-il en grinçant des dents.

» — A ton aise, cher ami.

» Et le médium alla rejoindre le pouce et l'index.

» — Oh! démon! pourquoi me martyrises-tu ainsi? tu ne sauras rien! rien, rien! s'écria-t-il avec rage.

» — Pour te délier la langue, cher ami, j'ai un moyen.

» — Et si je parle?

» — C'est selon ce que tu diras.

— Me donneras-tu la vie?

» — Pour cela non, répondis-je nettement.

» — Eh bien! alors, quel sera mon bénéfice?

» — Je te tuerai d'un seul coup. C'est quelque chose, cela, il me semble.

» — Je ne parlerai pas, fit-il avec une sombre résolution.

» — A ton aise.

» Et je commençai froidement à lui scier le poignet avec mon couteau, j'eus de la peine, mais j'y parvins.

» Matamas s'était évanoui comme une femmelette. »

— Oh! fit Valentin avec tristesse, comment, vous si brave, si généreux, avez-vous eu la cruauté d'infliger de si horribles tortures à ce misérable?

— Ce misérable, ainsi que vous le nommez, señor, répondit le gambucino avec un accent de haine implacable, ce misérable était le bourreau de toute ma famille; j'aurais voulu le couper par morceaux, le déchiqueter pièce à pièce; mais il était lâche, il n'eut pas le courage d'endurer la douleur.

« Il me confessa en pleurant tous ses crimes.

» C'est alors que j'appris que ses deux complices, qu'il

se proposait de rejoindre quand je le rencontrai dans le rancho, avaient cherché un refuge dans les montagnes Rocheuses, au milieu de bandits de leur espèce, et qu'ils avaient contraint mon fils à les accompagner.

» Après avoir plongé ma navaja dans le cœur de ce monstre, je traînai son cadavre dans la savane afin qu'il devînt la proie des gypaètes, et, sans plus m'arrêter, je pris la direction des montagnes Rocheuses.

» Il y a un mois, j'appris par hasard d'un chasseur blanc nommé le *Castor*, qui se propose de vous rejoindre bientôt, que vous vous trouviez dans ces parages, où vous tentiez une expédition dont seul vous connaissiez le but.

» Ce chasseur m'avait à peu près indiqué la direction que vous suiviez; je me mis aussitôt sur votre piste, résolu à vous demander franchement votre aide pour retrouver mon enfant et vous offrir, en retour, mon concours dévoué à l'expédition que vous faites.

» Maintenant, je n'ai plus rien à ajouter, señor, vous savez tout, j'attends votre décision. »

— Ma décision, vous la connaissez, señor, vos intérêts deviennent les miens, de même que les miens sont les vôtres. Votre cause est juste, je la défendrai. Voici ma main, nous sommes alliés, nous sommes frères.

— Et voici la mienne! dit Belhumeur en riant, tout est désormais commun entre nous.

Ainsi fut scellé entre les trois hommes ce pacte qui devait amener des événements étranges, encore cachés sous les voiles sombres de l'avenir, et dont aucun d'eux ne pouvait prévoir les émouvantes péripéties.

IV

LE DÉFILÉ

Nous abandonnerons provisoirement les chasseurs, et, rétrogradant de quelques heures en arrière, nous reviendrons aux quatre voyageurs dont, lorsque nous l'avons mis en scène, Valentin Guillois paraissait suivre la marche avec un si vif intérêt.

Ces quatre voyageurs étaient, ainsi que nous l'avons dit, trois hommes et une femme.

Ces trois hommes portaient le costume adopté par les Américains quand ils vont dans les prairies trafiquer avec les Peaux-Rouges : costume bizarre, demi-sauvage, demi-civilisé, mais dans lequel la nationalité yankee domine et empêche que les Américains du Nord puissent être confondus avec les chasseurs ou trafiquants appartenant à d'autres pays et qui, comme eux, parcourent le désert.

La morgue américaine ne se plie à aucune concession ; il faut que partout et toujours ces descendants de la race anglo-saxonne restent eux-mêmes.

Deux de ces voyageurs paraissaient âgés de trente à trente-cinq ans. Leurs traits étaient durs, leur physionomie brutale et hargneuse, leur taille élevée, leur apparence robuste.

Le troisième, plus âgé d'une quinzaine d'années que ses compagnons, avait la barbe et les cheveux d'un blanc sale et jaunâtre, le front bas, les yeux gris et perçants, les traits heurtés ; bref, la physionomie d'un fieffé coquin, physionomie dans laquelle se trouvaient à doses égales l'astuce, la bassesse et la méchanceté.

Ces trois hommes étaient armés jusqu'aux dents, et, selon toutes probabilités, ils auraient opposé une vigoureuse résistance aux rôdeurs, quels qu'ils fussent, auxquels serait venue la malencontreuse pensée d'essayer de leur barrer le passage.

La femme qu'ils conduisaient au milieu d'eux, car elle ne paraissait point les accompagner de son plein gré, tant était active et incessante la surveillance qu'ils exerçaient sur elle, était une jeune fille, presque une enfant, elle avait seize ans à peine.

Autant qu'il était possible de s'en assurer à cause de la position affaissée que la lassitude ou l'ennui lui avait fait prendre sur son cheval, sa taille était au-dessus de la moyenne, svelte, élancée, cambrée comme un arc et admirablement proportionnée ; ses pieds et ses mains étaient d'un irréprochable modelé et d'une extrême petitesse.

Cette jeune fille portait un costume de voyage qui se rapprochait beaucoup de celui adopté par les Mexicaines de la haute classe, un *rebozo* en soie couvrait sa tête, une partie de son visage, et, après s'être croisé sur sa poitrine, venait s'attacher à sa taille mince et flexible. A cause du froid, sans doute, un épais manteau à capuchon avait été jeté sur ses épaules et l'enveloppait complétement.

Parfois, avec une brusquerie coquette et enfantine, elle rejetait en arrière le capuchon du manteau, et quelques minutes après elle le replaçait soigneusement sur sa tête.

Le peu qu'il était possible de voir de son visage, c'est-à-dire, deux grands yeux bleus, doux et rêveurs, bordés de longs cils de velours et couronnés par des sourcils d'un noir de jais dessinés comme avec un pinceau, tranchait avec la blancheur mate et transparente de sa peau et laissait supposer qu'elle était admirablement belle.

Parfois deux perles liquides tombaient sur ses joues blêmies par le froid, un soupir gonflait sa poitrine; mais elle essuyait ses larmes en silence, se redressait sur sa monture et essayait tant bien que mal d'imiter l'impassibilité ou plutôt la morgue hautaine de ses sombres compagnons.

Après avoir franchi plusieurs passages difficiles, la petite troupe atteignit enfin un sentier assez large qui montait en contournant la montagne, et dans lequel toutes les difficultés matérielles autres qu'une pente assez rude avaient presque complétement disparu.

Les voyageurs mirent pied à terre, afin sans doute de

délasser leurs chevaux, et, les conduisant par la bride, ils commencèrent à marcher l'un près de l'autre en s'entretenant à voix basse.

La jeune fille, seule, n'avait pas quitté sa monture, au mouvement de laquelle elle se laissait aller, sans remarquer le nouveau mode de locomotion adopté par ses compagnons ou plutôt ses gardiens.

— By God! master Cornick, dit un des voyageurs en s'adressant à celui qui, par son âge du moins, paraissait être le chef de la troupe, voilà un beau temps pour voyager; mais quel triste pays, by God!

— Ah! dame! répondit celui auquel on avait donné le nom de Cornick, le pays n'est pas agréable, pour sûr; mais, comme nous ne pouvons pas le refaire, nous sommes forcés de l'accepter comme il s'offre à nous.

— Le fait est, dit alors le troisième voyageur d'un air goguenard, que nous ne sommes pas ici au Kentucky, n'est-ce pas Joë Smith?

— Laisse-moi donc tranquille, Bloodson, reprit l'autre, est-ce que tu connais le Kentucky, toi? Est-ce que tu es capable d'en apprécier les beautés?

— Si j'en juge d'après l'échantillon que j'ai sous les yeux, reprit Bloodson en riant, les hommes ne doivent pas y être d'une beauté achevée.

— Écoutez, master Bloodson, dit le Kentuckien en fronçant le sourcil, je suppose que vous n'êtes qu'un Virginien mal appris, pour me parler ainsi que vous le faites, et je calcule, foi de Joë Smith, qui est mon nom, que, si vous ne vous taisez pas, je vais vous briser les os.

— Oh ! oh ! je ne vous supposais pas si rageur, master Smith. Eh bien, moi, je vous dirai, en un mot comme en dix, que vous devez croire, vous aussi, que je me moque parfaitement de vous, et si vous ne me faites pas des excuses, je calcule que vous aurez bientôt dans votre jaquette une jolie collection d'os malades, vous m'entendez, n'est-ce pas ?

— Aoh ! oui, je vous entends, et nous allons voir qui de nous deux fera des excuses à l'autre.

Tout en parlant ainsi, le Kentuckien avait ramené en avant le rifle qu'il portait en bandoulière, mouvement, constatons-le, scrupuleusement imité aussitôt par son compagnon.

Tout présageait une querelle sérieuse entre les deux hommes, lorsque leur compagnon, plus âgé, jugea à propos d'intervenir.

— Allons, la paix ! dit-il brusquement. Que signifie cette sotte querelle ? Sommes-nous ici pour nous disputer ? N'avons-nous pas des choses plus importantes à faire, que de nous *rifler* comme des Peaux-Rouges ivres de *mezcal* ?

Et comme ses compagnons ne semblaient pas disposés à lui obéir :

— La paix ! vous dis-je, reprit-il en frappant du pied avec colère. Kentuckien ou Virginien, vous êtes aussi sots et aussi brutes l'un que l'autre ; prenez modèle sur moi. Je suis Louisianais, voilà le pays des belles manières ! Mais assez sur ce sujet et tâchez de rengaîner votre colère tout au moins jusqu'à ce que nous arrivions au camp; vous ne voyez pas, idiots que vous êtes, que vous effrayez la señora? Quelle opinion va-t-elle avoir de nous?

— Quant à cela, dit Joë Smith en ricanant, je suis tranquille; son opinion sur nous est faite et bien faite.

— Qu'entendez-vous par là, maître Joë Smith? Je suppose que vous n'avez pas l'intention de me blesser.

— Ma foi non! répondit l'autre toujours railleur, car en le faisant, je m'insulterais moi-même.

— Je calcule que vous allez vous expliquer, fit maître Cornick d'un ton rogue.

— Je ne demande pas mieux.

— J'attends que vous vous expliquiez.

— Eh bien, sauf votre respect, maître Cornick, je suppose que la señora doit avoir de nous une opinion exécrable, et nous croire tout simplement d'affreux bandits, voilà !

— Ne jugez pas témérairement, jeune homme, reprit le vieillard d'un ton sentencieux ; nous ne sommes que des instruments, nous autres, nous ne faisons qu'exécuter les ordres que l'on nous donne; s'il y a blâme c'est sur nos chefs et non sur nous qu'il doit retomber.

— By God! vous raisonnez comme un ministre, master Cornick. *God blessme!* voilà ce que j'appelle parler ; mais je calcule que, si concluant que soit votre raisonnement, il ne l'est pas encore assez pour convaincre la señora.

— Tant pis pour elle! mon garçon; quant à moi, je me lave les mains de cette affaire, et je vous engage à en faire autant.

— Oui, dit Bloodson avec un haussement d'épaules significatif, que nous fait l'opinion de cette femme? Nos vues sont droites, et nous avons pour nous notre conscience.

— C'est cela, fit en riant Cornick, notre conscience est assez large, pour que nous puissions au besoin la charger de cette affaire et de bien d'autres ; mais nous voici à la fin de la montée, à cheval, garçons, et un temps de galop ; avant une demi-heure nous serons arrivés, alors le soin de la señora ne nous regardera plus.

— Je crois me souvenir que vous nous aviez annoncé, maître Cornick, que quelques-uns de nos amis devaient venir à notre rencontre?

— En effet, le capitaine Griffiths me l'avait promis ; mais je suppose que quelque événement l'aura empêché de tenir sa promesse.

— Je calcule que, peut-être, nos amis sont en retard et que bientôt nous les verrons accourir au-devant de nous.

Les trois hommes se mirent en selle, et, après s'être groupés autour de la jeune femme, ils fouettèrent leurs chevaux et partirent bon train.

Ils traversaient en ce moment une de ces étroites vallées comme on en rencontre tant dans les montagnes, et qui sont le plus souvent séparées en deux parties presque égales par un mince filet d'eau fuyant sous les hautes herbes et qui, le plus ordinairement, se terminent soit par un ravin soit par un défilé.

Les cavaliers allaient atteindre l'extrémité du vallon

et s'engager dans un ravin assez profond, lorsque Cornick leur ordonna d'un geste de ralentir l'allure de leurs chevaux, ce qu'ils firent immédiatement.

— Qu'y a-t-il? demanda Bloodson, pourquoi s'arrêter?

— Parce que, cher ami, reprit le vieil aventurier, d'un air sournois, j'aime voir bien clair dans ce que je fais, et que, sauf meilleur avis, je ne serais pas fâché, avant que de m'engager dans ce ravin, de le reconnaître un peu.

— Bah! pourquoi cela?

— Je ne sais pas; peut-être un pressentiment. Depuis ce matin nous avons cheminé, Dieu me pardonne, aussi tranquillement que si nous allions de la Nouvelle-Orléans à Bâton-Rouge, cela me semble suspect.

— Allons donc, vous êtes fou, master Cornick.

— Je ne dis pas non; mais que voulez-vous, je suis comme ça, rien ne m'effraye comme un calme trop profond : c'est plus fort que moi.

— Ah! par exemple, voilà une bonne plaisanterie!

— Je ne dis pas le contraire, mais, tenez, croyez-moi, je calcule que l'un de vous deux ne ferait pas mal d'aller un peu voir ce qui se passe là-bas.

— Bon, soyez tranquille, maître Cornick, j'y vais moi, dit le Kentuckien en haussant les épaules; bientôt je vous rapporterai des nouvelles.

— C'est cela, mon garçon, c'est cela, allez-y ; mais, croyez-moi, soyez prudent, la prudence ne nuit jamais ; et puis, dame! en ce monde, on ne sait ni qui vit ni qui meurt.

— Eh! maître Cornick, fit le Kentuckien, qui s'était mis en marche, en arrêtant son cheval, pas de mauvaises plaisanteries, s'il vous plaît! Est-ce que vous supposeriez, par hasard, que l'on peut m'égorger là-dedans?

— Non pas, mon garçon, seulement je calcule que vous ne ferez pas mal d'agir avec prudence : voilà tout.

Joë Smith examina un instant avec une expression de physionomie singulière la mine sournoise et renfrognée du vieux Cornick; sans doute cet examen le rassura, car, après avoir haussé les épaules avec insouciance, il fouetta son cheval et il s'éloigna en sifflant entre ses dents le *Yankee doodle*.

— C'est égal, voilà un garçon résolu, dit Bloodson en jetant un regard narquois sur son compagnon, qui se trouvait déjà assez loin de l'endroit où ils s'étaient arrêtés.

— Oui, oui, le gaillard ne manque pas de courage, fit Cornick avec son ricanement habituel; mais c'est égal, je crois que j'ai eu raison de l'expédier en avant.

Le Kentuckien avait une trop longue habitude du désert pour ne pas savoir, lorsque le cas l'exigeait, prendre certaines précautions indispensables.

Les paroles prononcées par Cornick, l'air narquois avec lequel le vieillard lui avait parlé, avaient éveillé ses soupçons d'un danger probable, ou tout au moins possible.

Aussi ne fut-ce qu'après avoir bien pris toutes ses

précautions qu'il se décida, mais avec une répugnance extrême, à entrer dans le défilé.

Ce défilé était assez large pour que six cavaliers pussent y marcher de front. Les bords, à droite et à gauche, en étaient boisés et ils s'élevaient en pente douce jusqu'à une assez grande hauteur.

L'aventurier s'avançait lentement, regardant avec soin autour de lui, prêt à faire feu au moindre mouvement suspect dans les buissons.

Mais un calme complet continuait à régner partout : rien ne bougeait, ni en avant ni en arrière, ni à droite ni à gauche.

Le défilé faisait plusieurs coudes ; l'aventurier les franchit tous sans rencontrer le moindre obstacle, et il déboucha dans une plaine immense, à l'extrémité de laquelle un nuage de fumée lui fit reconnaître l'emplacement du camp que lui et ses compagnons se proposaient d'atteindre.

— Allons ! murmura-t-il à part lui, je suppose que le vieux Cornick a rêvé ou que sa vue commence à se brouiller. Du diable ! si je vois rien d'inquiétant, au contraire. Que le diable emporte le vieux fou, et les lubies qui lui passent par la tête. Nous serions déjà sur le point d'arriver au camp, où, si j'en juge par cette bienheureuse fumée, nos compagnons se préparent à faire bonne chère. Le diable soit du vieux poltron qui nous fait ainsi perdre notre temps !

Tout en grommelant ainsi et en envoyant du plus profond de son cœur son compagnon à plusieurs centaines de charretées de diables, le Kentuckien, complétement rassuré, désarma son fusil, le rejeta derrière son épaule, puis il fit volter son cheval et rentra à pas lents dans le défilé.

A peine avait-il fait une cinquantaine de pas, qu'un lasso siffla dans l'air, s'abattit sur ses épaules, et l'Américain roula à demi étranglé sur le sol, sans même avoir pu jeter un cri de détresse.

En même temps, plusieurs individus bondirent hors des buissons, quelques-uns d'entre eux se hâtèrent d'arrêter le cheval qui essayait de fuir, tandis que les autres se ruaient sur le prisonnier, qui, en un instant, se vit dépouillé de ses vêtements, bâillonné et garrotté de façon à ne pouvoir faire un mouvement.

Puis, deux des assaillants prirent l'aventurier par les pieds et par la tête, et le portèrent au milieu des buissons, où ils le laissèrent tomber comme un sac.

Pendant ce temps, un des inconnus avait vivement revêtu le costume du Kentuckien, s'était emparé de ses armes, et, après s'être mis en selle, s'était dirigé vers l'endroit où se tenaient les aventuriers en attendant le retour de leur éclaireur.

Tous les individus qui, un instant auparavant, encombraient le défilé, avaient disparu comme par enchantement.

Dès que le remplaçant du Kentuckien atteignit l'entrée du défilé, il fit halte, et, après avoir jeté un rapide regard autour de lui, il ôta son bonnet, et, l'élevant au dessus de sa tête, il fit signe aux trois voyageurs de s'approcher.

Ceux-ci étaient toujours immobiles à la même place.

La distance qui les séparait du défilé était trop grande pour qu'il leur fût possible de distinguer nettement les traits de l'homme qui leur faisait des signes, mais pas assez cependant, pour les empêcher de le reconnaître à ses vêtements.

— Eh! dit Bloodson en riant, voilà, si je ne me trompe, notre ami Joë Smith qui nous fait signe d'aller le rejoindre. Eh! eh! il n'a pas perdu de temps en route.

— Eh! eh! fit Cornick d'un air soucieux, il est même revenu bien vite.

— Pourquoi, diable, restez-vous là planté comme une bûche, maître Cornick? Ne voyez-vous pas notre ami?

— Si, si, je le vois parfaitement, au contraire.

— Eh bien! alors, pourquoi ne le rejoignons-nous pas?

Le vieux routier se gratta la tête à plusieurs reprises.

— Pourquoi? dit-il.

— Oui, pourquoi?

— Eh bien, c'est qu'il me semble que ce n'est pas lui.

— Comment, pas lui? Que diable voulez-vous dire?

— Oui, répondit Cornick en secouant la tête, il me semble que Joë Smith était plus grand que cela?

— Comment, *était?*... Voilà un passé peu consolant pour le pauvre garçon, ne voyez-vous pas qu'il est

5.

courbé sur son cheval ? Tenez, le voilà encore qui nous fait signe.

— Pourquoi, au lieu de s'obstiner à rester là-bas, ne vient-il pas nous rejoindre ? cela serait plus simple.

— Allons donc ! à quoi bon faire tout ce chemin ! Tenez, maître Cornick, cela m'ennuie, à la fin ; by God ! il est bon d'être prudent, mais il ne faut pas pousser la prudence à l'excès, parce qu'alors, on ne fait plus rien qui vaille ; le diable m'emporte, vous avez peur de votre ombre ! Ma foi, tant pis ! je vous avertis que je ne veux pas perdre plus de temps. Si vous voulez vous obstiner à rester là, grand bien vous fasse ! quant à moi, je m'en vais.

— Allons donc, puisque vous l'exigez, Bloodson, répondit le vieil aventurier en hochant la tête ; je vous répète que ce cavalier m'est suspect ; j'ai l'intime conviction que ce n'est pas Joë Smith ; il y a là-dessous quelque diablerie pour nous attirer dans un piége. Vous verrez, vous verrez !

— Bah ! vous vous faites des monstres de rien ; allons, venez, je réponds de tout, by God !

Ils se remirent en marche.

Lorsque le cavalier les vit bien décidément arriver, il tourna bride et rentra dans le défilé.

— Là ! que vous disais-je, Bloodson ? fit Cornick, vous le voyez, il ne nous attend pas ?

— Pourquoi, diable ! voulez-vous qu'il nous attende ? nous le rejoindrons dans le défilé.

— Enfin ! murmura l'autre avec doute, vous direz

tout ce que vous voudrez, mais tout cela n'est pas clair.

— Bah! vous êtes fou; vos craintes n'ont ni queue ni tête.

Quelques minutes plus tard, les voyageurs atteignirent la bouche du défilé.

Cornick fit un mouvement instinctif pour retenir son cheval.

— Bon! s'écria Bloodson en riant, cela vous reprend?

L'aventurier rougit de colère, et, fouettant vigoureusement son cheval, il pénétra au galop dans le ravin, suivi de la jeune femme et de Bloodson qui, lui, riait à se tordre, de la mauvaise humeur de son compagnon.

Cependant, ils avaient déjà parcouru près d'un tiers du ravin, sans que rien ne vînt donner raison aux appréhensions du vieux Cornick.

— Vous voyez, dit Bloodson en ricanant, que vous aviez tort de vous effrayer, tout est tranquille autour de nous.

— Possible, répondit Cornick toujours soucieux; mais Joë Smith a disparu bien vite, il me semble.

— Bah! vous le reverrez tantôt, n'ayez peur.

— Hum! c'est égal, je ne serai définitivement rassuré, que lorsque je me retrouverai en rase campagne.

— Oh! alors, ce sera bientôt.

— Qui sait? fit Cornick, en jetant autour de lui un regard soupçonneux.

Au même instant, et comme si le hasard eût voulu lui donner raison, un grand bruit se fit entendre dans les buissons, et plusieurs hommes bondirent au milieu de la route et s'élancèrent sur les aventuriers, qu'ils entourèrent aussitôt, en brandissant leurs armes et poussant des cris de menace.

— Je le savais, s'écria Cornick, sans cependant montrer le moindre effroi à cette attaque subite. Allons, Bloodson, mon fils, c'est ici qu'il faut montrer ce dont nous sommes capables !

— By God ! s'écria l'autre, en saisissant son rifle par le canon et s'en servant comme d'une massue, si ces démons veulent ma peau, ils la payeront cher !

Alors commença, entre les deux aventuriers et les huit ou dix hommes qui les assaillaient, une lutte indescriptible.

Fermes sur leurs étriers, résolus à se faire tuer plutôt que de se rendre, les aventuriers combattaient avec la rage de tigres aux abois, et donnaient fort à faire à ceux qui les pressaient de toutes parts.

Au premier rang des assaillants, deux hommes se faisaient surtout remarquer par leur acharnement à l'attaque.

De ces deux hommes, le premier, âgé de quarante à quarante-cinq ans, aux traits durs, expressifs, à la barbe noire et touffue et aux longs cheveux semés par places de quelques fils argentés, portait le costume des coureurs des bois, et déployait une vigueur et une adresse extraordinaires dans le maniement de ses armes.

L'autre était un jeune homme de vingt-cinq ans au plus, aux traits fins, intelligents, et à la physionomie fière et hautaine ; la teinte légèrement olivâtre répandue sur son visage, dénonçait son origine espagnole. Il portait avec une suprême élégance le riche costume des *haciendéros* américains. Du reste, il montrait un courage à toute épreuve, bien qu'il maniât ses armes avec une vigueur plutôt nerveuse et causée par la surexcitation de la colère que réelle ; car ses membres délicats, ses mains de femme, fines et effilées, ne semblaient pas accoutumés à des exercices aussi violents que celui auquel il se livrait en ce moment avec une rage tenant du délire.

Ce jeune homme s'attachait surtout à séparer la prisonnière des aventuriers qui, eux, s'efforçaient de la flanquer à droite et à gauche, et l'empêchaient ainsi de s'éloigner d'eux.

La jeune femme, en apercevant les assaillants, avait sans doute reconnu au milieu d'eux quelqu'un qui lui était cher, car une rougeur subite avait envahi son visage, un cri de joie s'était élancé de sa poitrine, et, joignant les mains avec ferveur :

— A moi ! Pablo ! à moi ! sauve ta fiancée ! s'était-elle écriée d'une voix déchirante.

— Courage, Dolorès ! avait répondu le jeune Mexicain en redoublant, pour se rapprocher d'elle, les efforts déjà prodigieux qu'il faisait.

— Bon ! avait grommelé le vieux Cornick, à part lui, à cette double exclamation, je sais maintenant de quoi il retourne.

Cependant, les combattants groupés dans un petit

espace et se nuisant les uns aux autres, car le terrain leur faisait défaut, continuaient à lutter avec rage.

Rien ne laissait encore entrevoir quelle serait l'issue du combat.

Plusieurs des assaillants étaient gravement blessés, trois d'entre eux même, ayant toute l'apparence de *peones* mexicains, gisaient le crâne fendu sur le sol et râlaient leur dernier soupir.

Les deux aventuriers, eux aussi, étaient blessés, bien qu'assez légèrement, mais le sang qu'ils perdaient ne laissait pas que de les affaiblir.

Les forces humaines ont des limites qu'elles ne peuvent impunément franchir.

Les efforts des aventuriers devaient fatalement aboutir à une défaite; ils le comprenaient et ils sentaient leur rage redoubler, d'autant plus que certains diagnostics infaillibles, tels que de sourds bourdonnements d'oreilles, et des nuages de flamme qui, par intervalles, passaient devant leurs yeux, leur faisaient entrevoir un prompt épuisement de leurs forces.

Les assaillants avaient remarqué que leurs coups étaient moins rapides et moins assurés, et ils s'encourageaient les uns les autres à en finir avec ces deux hommes, qui, depuis si longtemps, les tenaient en échec.

Particularité singulière ! bien que les deux partis fussent munis d'armes à feu, ni coups de fusil, ni coups de revolver, n'avaient été tirés soit d'un côté, soit de l'autre.

On n'avait combattu qu'avec le poignard, le *machete* ou la crosse des fusils.

Il est probable que le chef de ceux qui avaient tendu l'embuscade aux aventuriers, redoutant que le bruit des explosions n'éveillât l'attention des chasseurs campés dans la plaine, avait recommandé à ses gens de ne pas faire usage de leurs fusils : recommandation fort sage, mais qui devait être inutile pour le résultat de la lutte.

Cornick était un vieux routier du désert, aussi fin, aussi rusé que brave. Il jugea d'un coup d'œil la situation dans laquelle lui et son compagnon se trouvaient.

Il la reconnut désespérée.

Alors, sans cesser de combattre, se penchant à l'oreille de Bloodson :

— Vous sentez-vous assez de force pour tenir bon cinq ou six minutes encore? lui dit-il d'une voix faible comme un souffle.

— Oui, mais pas davantage! répondit le Virginien d'une voix sourde et haletante.

— C'est bon, écoutez-moi, il faut que, pendant ces six minutes, nous fassions ce que dix hommes ne sauraient accomplir; le salut est au bout. Imitez-moi et je vous réponds que nous serons sauvés.

— Allez et ne craignez rien !

— Alors by God ! nous allons rire !

Le combat reprit aussitôt avec une nouvelle ardeur.

Bloodson tint dignement la promesse qu'il avait faite à son compagnon.

Les deux hommes semblaient se multiplier.

Les coups qu'ils portaient se succédaient avec une rapidité effrayante, leurs forces étaient décuplées: ainsi que l'avait dit Cornick, ils accomplissaient réellement des prodiges.

Soudain, l'aventurier enfonça les éperons aux flancs de son cheval, en même temps qu'il lui rendait la bride. L'animal bondit de douleur, et, s'élançant en avant, de son large poitrail, il écarta ou renversa avec une force irrésistible tous les obstacles qui s'opposaient à son passage.

— Hurrah ! cria Cornick avec un accent de triomphe.

— Hurrah ! répéta Bloodson, en se précipitant à sa suite.

Les assaillants, surpris et déconcertés par cette manœuvre, à laquelle ils ne s'attendaient pas, eurent un moment d'hésitation, dont les fugitifs profitèrent.

Mais cette hésitation n'eut que la durée d'un éclair.

Deux fusils furent épaulés, deux coups de feu éclatèrent.

Bloodson chancela sur sa selle, perdit les étriers et tomba lourdement sur le sol.

Quant à Cornick, il avait disparu.

— Malédiction! s'écria avec colère le chasseur dont nous avons parlé, et qui semblait être le chef de la troupe; ces coups de feu nous perdent, il ne nous reste plus maintenant qu'à fuir au plus vite. Avant un quart d'heure nous aurons le gros de la troupe sur le dos. Pawlet, mon garçon, ajouta-t-il en s'adressant à un chasseur qui se trouvait auprès de lui, va surveiller attentivement la plaine; au moindre mouvement suspect, avertis-moi; sacrebleu! mes enfants, il s'agit de notre peau!

Le chasseur avait déjà disparu dans les méandres du défilé.

Pendant que ceci se passait, don Pablo, le jeune haciendero, que nous avons vu si courageusement combattre, s'était élancé vers la jeune fille, toujours immobile au milieu du ravin, et l'avait reçue haletante dans ses bras.

Les deux jeunes gens, assis côte à côte, sur un arbre renversé, oubliaient le monde entier, pour ne plus songer qu'au bonheur d'être enfin réunis.

Doña Dolorès se croyait sauvée, elle riait et pleurait à la fois.

Ses douleurs passées ne lui apparaissaient plus maintenant que comme un songe, un mauvais rêve.

Hélas! le réveil devait être terrible.

Il ne se fit pas attendre.

Au moment où les jeunes gens, tout à leur bonheur, se laissaient aller à faire, en riant de la tristesse passée, de doux projets d'avenir, le chasseur accourut vers eux, et, laissant pesamment tomber sa main sur l'épaule du Mexicain :

— Alerte! señor! lui dit-il d'une voix rude; alerte! voici les pirates!

— Les pirates! s'écria don Pablo, en se levant vivement.

— Que faire? murmura la jeune fille, en tombant avec désespoir dans les bras de son fiancé.

— Il faut fuir! fuir au plus vite! s'écria le jeune homme, sinon, vous, moi, mes compagnons, nous sommes tous perdus!

— Mon Dieu! n'y a-t-il donc aucun moyen d'échapper à ces misérables?

— Aucun, señorita, répondit le chasseur, les pirates sont plus de deux cents, et nous, voyez, de quinze que nous étions, nous ne restons que dix. Si nous avions nos chevaux, nous pourrions peut-être échapper; mais nous avons été contraints de les abandonner, lorsque don Pablo, se laissant emporter par son amour, et ne voulant céder à aucune de mes prières, a prétendu absolument s'embusquer dans ce ravin, pour y surprendre au passage les bandits qui vous conduisaient à leurs compagnons.

— Pablo! cher Pablo! s'écria la jeune fille avec âme.

— Oui, oui, dit le chasseur en hochant la tête, il vous aime bien réellement. C'est, je dois en convenir, un bon et brave jeune homme; mais il aurait dû suivre mon conseil, nous ne nous trouverions pas dans le guêpier où nous sommes.

— Voyons, mon ami, ne me grondez pas, répondit don Pablo avec un charmant sourire, dites-moi ce qu'il faut faire, et, cette fois, je vous le jure, quoi qu'il arrive, je vous obéirai.

— Il est bientôt temps! grommela le chasseur avec rudesse; enfin, continua-t-il, à la guerre comme à la guerre, je ne vois qu'un moyen, lui seul peut nous sauver.

— Parlez! ce moyen quel est-il? s'écrièrent d'une seule voix les deux fiancés.

— Eh bien... fit le chasseur en hésitant.

La jeune fille lui posa sa main mignonne sur la bouche.

— N'ajoutez pas un mot, dit-elle avec un sourire doux et navrant à la fois, c'est à moi, à moi seule de parler.

Elle se tourna alors vers son fiancé, et, se penchant légèrement vers lui.

— Don Pablo, lui dit-elle, mon bien-aimé, mon fiancé, fuyez, je vous l'ordonne.

— Moi! fuir? jamais! fuir en vous abandonnant aux mains de ces misérables? vous me mépriseriez, Dolorès, si j'avais la lâcheté de vous obéir!

— Non, reprit-elle en hochant d'un air mutin sa tête charmante, non, il le faut; fuyez, partez au plus vite, moi, je ne cours aucun risque. Ces hommes me respecteront, vous, ils vous tueraient; fuir ensemble est impossible, tous deux nous serions perdus; pourquoi vous obstiner à braver une mort certaine? Qui me sauvera si vous mourez?

En ce moment, on entendit comme le roulement d'un tonnerre lointain, le galop des chevaux des aventuriers qui accouraient à toute bride.

— Cordieu! s'écria le chasseur attendri malgré lui, par tant de courage et d'abnégation; j'ai essayé de vous sauver sans vous connaître, señora; mais, sur mon honneur de loyal chasseur, je vous le jure maintenant, je vous sauverai des mains de ces bandits, ou mes os blanchiront dans la savane!

— Merci! oh! merci! s'écria doña Dolorès souriant à travers ses larmes. Voici les ennemis, partez! Hâtez-vous, emmenez-le, au nom du ciel! A bientôt, mon bien-aimé Pablo.

— Oui, à bientôt, dit résolûment le chasseur, à bientôt, je vous le jure.

Et, enlevant dans ses bras le jeune homme accablé par la douleur, et incapable de lui opposer la moindre résistance, il disparut avec lui dans les fourrés, en criant d'une voix forte à ses compagnons :

— En retraite, tous! en retraite!

Au même instant les pirates arrivaient avec la rapidité d'une avalanche.

Le défilé était solitaire.

Tous les chasseurs avaient disparu comme par enchantement.

Doña Dolorès était remontée à cheval.

Elle restait seule et souriante, à l'endroit où la lutte avait eu lieu.

— Soyez béni, mon Dieu! murmura-t-elle, à demi-voix, en apercevant les pirates qui accouraient vers elle, ils sont sauvés, je puis donc espérer encore!

V

LES BOIS-BRULÉS

La guerre de 1758, soutenue avec un égal acharnement par la France et l'Angleterre, avait, à la suite de désastres sans nombre, fait tomber tout le Canada aux mains du gouvernement britannique.

La France compléta cette perte et la rendit irréparable en consentant en 1763, par le traité de Paris, la cession définitive de ses immenses possessions d'outremer à l'Angleterre.

Les héroïques populations de la Nouvelle-France, qui avaient soutenu tant de guerres sanglantes et défendu avec tant de dévouement l'honneur de notre drapeau dans le nouveau monde, apprirent avec un frémissement d'indignation le lâche abandon dont elles étaient victimes.

Honteusement trahies par la France, elles s'obstinèrent à rester françaises quand même.

Ennemis nés des Anglais qu'ils avaient si longtemps combattus, les habitants de ce pays ne voulurent pas accepter la nationalité nouvelle que l'on prétendait leur imposer.

Malgré les offres généreuses que leur firent les nouveaux possesseurs du sol, les habitants les plus pauvres et qui, à cause de cette pauvreté, ne purent s'embarquer pour rentrer en France, ce que toutes les familles riches n'avaient pas hésité à faire, ces pauvres gens, dis-je, dans l'impossibilité de suivre cet exemple, prirent cependant une résolution héroïque et qui montre toute la force de leur patriotisme.

Rassemblant à la hâte les quelques nippes et les misérables meubles qui leur restaient, ils abandonnèrent leurs masures, quittèrent, les yeux pleins de larmes et le front pensif, les pauvres maisons où ils étaient nés, les villes qui, désormais, n'étaient plus françaises, et froidement, simplement, avec cette énergie que, seul, peut donner le désespoir, ils s'enfoncèrent dans les forêts et allèrent demander un abri à ces Indiens contre lesquels ils avaient si longtemps combattu, mais dont cependant ils préféraient l'hospitalité à celle des nouveaux maîtres qu'on leur donnait sans même les consulter.

Jamais, depuis, ces héroïques fugitifs ne franchirent la frontière du pays qui avait été la patrie de leurs pères, sinon en ennemis et le fusil à la main; car, pour leur propre compte, et pour satisfaire leur haine contre les Anglais, ils commencèrent une guerre de partisans qui ne fut jamais interrompue depuis et qui se terminera peut-être, dans un avenir très-prochain, par leur affranchissement général et leur annexion, comme État libre, à la grande République américaine.

Plus de trente mille familles émigrèrent ainsi et se fixèrent définitivement parmi les Indiens.

Ceux-ci les avaient reçus à bras ouverts et avaient accepté, sans arrière-pensée, les lourdes charges que leur imposait la généreuse hospitalité que les fugitifs demandaient à leurs tribus.

Les préjugés de couleur, si puissants cependant en Amérique, n'existaient pas entre les Indiens et les Canadiens qui, depuis longues années, avaient appris à se connaître et à s'estimer.

Pendant leurs courses incessantes à travers le désert, soit comme amis pendant les expéditions de chasse, soit comme ennemis pendant la guerre, les deux races s'étaient habituées l'une à l'autre.

Les émigrants, plus qu'à demi-sauvages eux-mêmes, adoptèrent, sans difficultés, le même genre de vie que leurs nouveaux amis : ils se marièrent dans les tribus, firent épouser leurs filles aux Indiens, et, en moins de quelques années, la fusion fut complète entre les aborigènes de l'Amérique et les Français expatriés.

Ces unions produisirent ces *sangs-mêlés* auxquels on a donné le nom caractéristique de *Bois-Brûlés :* natures énergiques, loyales, vigoureuses ; organisations essentiellement viriles, chez lesquelles le sentiment de la liberté est poussé à son degré le plus extrême, et qui, cependant, conservent précieusement dans leurs cœurs, avec l'horreur d'un joug quelconque, la haine de l'Angleterre, aussi vivace et aussi implaçable qu'au jour même de l'émigration de leurs pères, et l'orgueil inné de leur origine française.

Leurs regards sont constamment tournés vers cette France qui les a abandonnés et méconnus ; ils n'ont jamais cessé d'en parler la langue, et, après tant d'années, ils ne reconnaissent encore qu'une nationalité, celle de cette patrie qui fut cependant si ingrate pour eux.

Le territoire, parcouru bien plus qu'occupé par ces peuples chasseurs et conséquemment nomades, est un des plus sauvages et à la fois des plus pittoresques de toute l'Amérique du Nord.

Il est encore, même aujourd'hui, très-peu connu des voyageurs, qui ne se risquent que très-rarement et avec hésitation à le visiter, à cause du caractère turbulent et guerrier des Indiens qui l'habitent.

Le point le plus sérieusement occupé par les descendants des Francais est : *la Rivière Rouge*.

Cette rivière sort du lac de la Loutre, situé entre les hauts plateaux du Missouri, et, après avoir reçu plusieurs affluents, va se jeter dans le lac *Winipeg* ou, ainsi que le nomment les Peaux-Rouges, *Ouinipio*.

Mais ce territoire, qui borde dans presque toute sa longueur les frontières américaines, et particulièrement l'État de *Minosota*, s'étend jusqu'aux montagnes Rocheuses, à travers des plateaux ondulés, d'immenses savanes, et confine avec l'État de *Vancouver*, qui appartient au Canada.

Ces immenses déserts, sans cesse parcourus par les Peaux-Rouges, les chasseurs et trappeurs blancs de la compagnie des pelleteries de la baie d'Hudson, à part quelques centres de populations très-éloignés les uns des autres, sont presque dans l'état où ils se trouvaient lors de la découverte de l'Amérique, tant la main de l'homme s'y est encore peu fait sentir.

Ce territoire, improprement nommé territoire de la Rivière Rouge, puisque cette rivière ne coule que sur un espace fort restreint de cette contrée, appartient géographiquement, ou plutôt nominalement, aux possessions des Anglais au Canada ; mais, ainsi que je l'ai dit, jamais les Bois-Brûlés, descendants des émigrés français, n'ont consenti à reconnaître cette suprématie : ils sont demeurés indépendants de fait, se sont toujours gouvernés par leurs propres lois, et ils ont formé une espèce de confédération à laquelle ils ont donné le nom de République de la Rivière Rouge.

L'Angleterre n'a pas vu sans dépit cette résistance des Bois-Brûlés. Plusieurs fois, elle a essayé, mais en vain, de les contraindre à l'obéissance. Depuis plusieurs années, la civilisation, l'industrie et le commerce, ayant pris des développements importants, et la population s'étant considérablement accrue sur ce territoire, le gouverneur du Canada a résolu d'en finir avec ces gens qu'il nomme des révoltés.

Un gouverneur a été nommé par lui pour le territoire de la Rivière Rouge, et des troupes ont été expédiées pour réduire cette population insoumise.

Mais les Bois-Brûlés se sont levés en masse, le gouverneur a été chassé, les troupes battues, contraintes à la retraite, et la guerre définitivement déclarée au Canada.

Cependant, comme, malgré leur courage, les Bois-Brûlés se trouvent bien faibles pour opposer une sérieuse résistance aux prétentions de leurs soi-disants maîtres, ils ont tourné leurs regards vers le gouvernement des États-Unis, et ils ont demandé à être annexés à l'Union.

Le gouvernement de Washington, dont nous n'avons pas besoin de faire ressortir l'insatiable ambition et la haine implacable contre ses voisins les Anglais, comprit de quel intérêt il serait pour lui de s'emparer de l'État de la Rivière-Rouge, de celui de Vancouver et de créer, sur le Pacifique, une société des pelleteries qui rivaliserait bientôt avec celle de la baie d'Hudson et même ne tarderait pas à la ruiner, puisque les plus riches territoires de chasse, explorés jusqu'à présent, sans aucune concurrence sérieuse, par la société de la baie d'Hudson, deviendraient sa propriété.

Mais, selon sa coutume invariable et les errements de sa politique hypocrite, le gouvernement américain ne voulut pas lever le masque, faire connaître ses intentions et se mettre en hostilité flagrante avec l'Angleterre.

Il se contenta d'appuyer sourdement les prétentions des Bois-Brûlés, de leur envoyer des agents intelligents, des armes, des munitions, et de les assurer, en dessous main, que, quand ils auraient obtenu des résultats importants, il leur prêterait une aide efficace et annexerait définitivement leur territoire à la grande République américaine.

Voilà quelle est, depuis près de dix ans, la situation politique de cette partie du nouveau monde, situation presque ignorée pendant longtemps, mais à laquelle la découverte de l'or en Californie et l'accroissement incessant de la population de race Anglo-Saxonne sur le Pacifique donnent aujourd'hui une grande importance, et en font, pour les possessions anglaises dans l'Amérique septentrionale, une question réellement vitale.

Aussi doit-on s'attendre quelque jour à voir éclater, entre les Anglais et les Américains, un conflit qui ne finira sans doute que par l'expulsion complète des Anglais de l'Amérique du Nord et l'annexion du Canada tout entier à l'Union Américaine.

A l'époque où se passe notre histoire, les choses n'en étaient pas où elles en sont aujourd'hui ; mais cependant la résistance était déjà solidement établie, et les Bois-Brûlés, bien que sourdement encore, travaillaient activement à assurer leur indépendance.

A peine les chasseurs avaient-ils disparu dans les fourrés, que, tout à coup, une troupe de vingt-cinq ou trente cavaliers se précipita, avons-nous dit, dans le défilé.

En tête de ces cavaliers galopait un jeune homme d'une trentaine d'années au plus, aux traits fins et distingués, à la physionomie franche et ouverte, et qui semblait en proie à une violente colère.

En apercevant doña Dolorès, il se dirigea rapidement vers elle, et, ôtant le sombrero dont les larges bords cachaient son visage :

— Dieu soit loué ! señorita, s'écria-t-il avec joie, vous êtes sauvée !

La jeune Mexicaine fronça légèrement l'arc de ses noirs sourcils, et, après avoir lancé un regard hautain à son interlocuteur :

— Que craigniez-vous donc qu'il m'arrivât, señor Griffiths ? lui dit-elle sèchement.

— Excusez-moi, señora, reprit-il ; mais les gens entre les mains desquels vous avez failli tomber n'ont rien qui puisse inspirer la confiance.

— Ah ! fit-elle avec dédain.

— Certes, reprit-il, ces bandits sans feu ni lieu, qui parcourent les déserts, n'ont pas l'habitude de professer un grand respect pour les dames.

— Je ne sais de quels bandits vous parlez, señor ; les hommes avec lesquels je me suis trouvée, et qui, malheureusement, n'ont pu réussir à m'emmener avec eux, se sont conduits vis-à-vis de moi en gens de cœur. Si vos paroles renferment une plaisanterie, je la trouve de mauvais goût. D'ailleurs, le lieu et l'heure sont mal choisis pour une conversation, telle que celle que nous devons avoir. Veuillez donc, je vous prie, me faire grâce de vos paroles.

— Soit, señora, répondit le capitaine en s'inclinant

devant la hautaine jeune fille, vos moindres désirs ont toujours été pour moi des ordres.

Elle lui fit un geste dédaigneux de la main et poussa son cheval vers l'extrémité du défilé.

— Oui, oui, murmura le jeune homme, en se mordant les lèvres avec dépit et la suivant des yeux, hautaine et dédaigneuse comme une Espagnole ; mais, vive Dieu ! j'en aurai raison !

Après avoir rejoint ses compagnons et leur avoir ordonné de mettre pied à terre et de faire une battue dans les halliers, le capitaine Griffiths prit dans la poche de son dolman une magnifique *cigarera* en paille de Goyaquil, y choisit un cigare et l'alluma; puis, sautant sur le sol, il se mit à réfléchir profondément, tout en se promenant à grands pas de long en large en attendant le retour de ses éclaireurs.

Cornick avait échappé comme par miracle aux coups de feu tirés sur lui, et, abandonnant sans scrupule son compagnon moins heureux, qui avait reçu une balle dans la jambe, il avait continué sa course à travers la prairie.

Le hasard voulut que le capitaine Griffiths fût, ainsi qu'il le lui avait promis, sorti du camp à sa rencontre, et, inquiet des coups de feu qu'il avait entendus, eût pressé la marche de ses compagnons : ce qui fit que le vieux routier les rencontra à deux portées de fusil à peine du défilé et put, par conséquent, revenir presque aussitôt.

Voilà ce qui explique la prompte apparition de la troupe du capitaine sur le lieu du combat.

Quelques minutes s'étaient écoulées, lorsque des cris et des rires se firent entendre, et plusieurs aventuriers reparurent portant entre leurs bras le malheureux Joë Smith plus qu'à demi suffoqué par le bâillon, si solidement serré sur sa bouche, et littéralement moulu par la façon, tant soit peu brutale, dont les chasseurs l'avaient traité.

Lorsque Joë Smith eut été délivré et remis sur ses jambes, le capitaine lui fit subir un interrogatoire.

Malheureusement, le pauvre diable ne savait absolument rien, sinon qu'il avait été saisi à l'improviste, garrotté, bâillonné et aveuglé, sans même savoir à quelle sorte de gens il avait affaire.

Le capitaine promena un regard investigateur autour de lui.

Les chasseurs, pressés de fuir, avaient abandonné les cadavres des leurs tués dans le combat.

— C'est cela, murmura Griffiths.

Et, se tournant vers Cornick, qui se tenait près de lui :

— Vous vous êtes trompé, lui dit-il, les gens qui vous ont attaqués ne sont pas des chasseurs de la prairie, mais des Mexicains.

— Oui, répondit le vieil aventurier, il y avait des Mexicains parmi eux ; mais je vous certifie, capitaine, que l'embuscade était dirigée par des chasseurs.

Le jeune homme haussa les épaules, tourna le dos et s'éloigna d'un air de mauvaise humeur en sifflotant entre ses dents un air que, probablement, il improvisait à mesure.

Cependant les aventuriers revenaient les uns après les autres des infructueuses recherches auxquelles ils s'étaient livrés par ordre de leur chef.

Les chasseurs avaient disparu comme si la terre les eût engloutis, ne laissant derrière eux, ni un buisson foulé, ni une branche cassée, ni une empreinte sur le sol.

Après avoir entendu les rapports de ses éclaireurs avec un dépit manifeste, le capitaine se remit en selle, et, ordonnant à ses compagnons de le suivre, il sortit du défilé.

Le retour au camp se fit en silence.

Le jeune homme galopait, sombre et soucieux, à la droite de doña Dolorès, sans lui adresser la parole et sans même paraître remarquer sa présence près de lui.

De son côté, la jeune fille était trop douloureusement préoccupée par ses pensées pour essayer de lier conversation avec l'homme auquel elle avait si péremptoirement défendu de lui parler.

Et cependant, enlevée brutalement à sa famille qu'elle chérissait, jetée à l'improviste au milieu d'hommes qui, à part leur chef, lui étaient tous inconnus, elle avait le plus grand intérêt à se créer cette protection qui lui manquait pour se faire respecter et traiter avec les égards auxquels elle avait droit.

Mais, en ce moment, elle se sentait brisée par les émotions violentes qu'elle avait éprouvées, et cet espoir si promptement déçu d'être délivrée par celui qu'elle aimait.

Elle se rappelait, avec une tristesse qui ne manquait cependant pas de douceur, les diverses péripéties de la scène dont le succès l'eût rendue si heureuse, et qui, après l'avoir fait passer par tous les degrés de l'espoir, de la crainte et de la douleur, la replongeaient brutalement dans un désespoir plus grand que celui qu'elle éprouvait avant cette terrible rencontre ; car, maintenant, elle n'entrevoyait plus de possibilité prochaine de sortir de la triste position dans laquelle elle se trouvait et d'échapper au sort misérable qui l'attendait, sans doute, au milieu des hommes sans aveu dont elle était la prisonnière.

Aussi la jeune femme, accablée et complétement dominée par sa douleur, s'abandonnait-elle à sa mauvaise fortune, sans même tenter de réagir et d'entamer une lutte qu'elle sentait en ce moment au-dessus de ses forces.

Le capitaine Griffiths, il est temps que le lecteur le sache, n'était ni un bandit ni un pirate.

C'était un jeune homme ardent, plein de cœur, d'audace et de volonté ; né sur les bords de la Rivière Rouge, bien qu'il ne fût pas d'origine française, il était Bois-Brûlé de cœur comme de race.

Ses ancêtres, vieux puritains, avaient, deux siècles auparavant, quitté l'Angleterre en proscrits, et, pour sauvegarder leur croyance, ils s'étaient réfugiés sur les bords de la Rivière Rouge, où plus tard les émigrés français du Canada et de l'*Acadie*, devaient les rejoindre, se confondre avec eux et mettre en commun leur haine de l'Angleterre.

John Griffiths avait toujours résisté aux prétentions du gouvernement britannique ; profondément attaché au sol sur lequel il était né, son seul but était l'affranchissement de sa patrie.

Agé de vingt ans à peine, il s'était distingué parmi les siens par sa haine violente pour l'Angleterre et tout ce qui vient d'elle.

Aussi, lorsque la résistance s'organisa positivement, les chefs du mouvement se hâtèrent de lui confier le commandement de quelques centaines d'hommes : espèce de troupe franche, vivant au jour le jour, dont il était seul responsable et avec laquelle il faisait au gouvernement canadien la guerre la plus terrible de toutes, celle de partisan. Malheureusement, presque indépendant, n'ayant pour ainsi dire aucun compte à rendre de ses actes, ce jeune homme, à l'organisation de feu, et dont la nature abrupte ne pouvait se courber sous aucun joug, ni accepter aucun frein, commettait souvent, dans un but loyal, des actes réprouvés par la saine morale, et qui, dans une autre contrée que celle où il se trouvait, auraient été assimilés à des faits de brigandage et de rapine et sévèrement réprimés.

Mais l'état permanent de guerre dans lequel se trouvait le pays, l'impuissance relative des magistrats choisis pour le gouverner, jetaient un voile épais sur ces actions souvent blâmables et n'en laissaient voir et apprécier que le résultat, qui presque toujours, était profitable à la cause de l'indépendance, que le jeune chef de partisans défendait avec tant d'énergie.

L'enlèvement de doña Dolorès, que plus loin nous raconterons en détail en même temps que plusieurs autres faits de même nature, était au nombre des actes peu justifiables que le capitaine Griffiths avait pris l'habitude de se permettre.

La troupe du capitaine, entièrement recrutée sur le territoire de la Rivière Rouge, se composait de deux cent trente cavaliers, tous hardis chasseurs, habitués de longue date à la vie du désert et qui, en fait de ruses, auraient pu en remontrer aux Peaux-Rouges eux-mêmes.

Tous ces hommes, braves comme des lions, étaient dévoués à la cause qu'ils servaient et professaient pour leur capitaine un amour qui allait jusqu'à la vénération, tant ils avaient confiance en lui et comptaient sur son intelligence et son courage.

Depuis un mois environ, le capitaine Griffiths avait établi son camp en pleines montagnes Rocheuses, dans une position excellente, et précisément sur la route que les caravanes étaient obligées de prendre, soit pour se rendre à Vancouver et autres établissements du Pacifique, soit, enfin, pour aller au Canada ou sur la frontière des États-Unis.

Comptant demeurer longtemps dans la position avantageuse qu'il occupait, le capitaine Griffiths s'y était solidement établi.

Le camp, placé au pied d'un morne presque inaccessible, s'étendait à droite et à gauche en forme d'arc, défendu sur les flancs par des ravins escarpés et sur le devant par des marais presque infranchissables, à moins de connaître les mille détours de l'étroit sentier qui les traversait.

De plus, le camp était défendu par des abattis d'arbres, s'élevant à douze pieds de hauteur, et derrière lesquels une ligne de wagons enchaînés les uns aux autres formait un second retranchement.

Des huttes construites en peau, à la mode indienne, et gazonnées soigneusement par le bas, mettaient les aventuriers à l'abri du froid et de la pluie; des hangars couverts en *vacoi* servaient d'écuries pour les chevaux.

Au centre du camp, sur un monticule et complétement isolée des autres huttes, s'élevait une cabane, vaste, spacieuse, ressemblant bien plutôt à une maison qu'à une habitation provisoire.

Cette cabane, surmontée d'un drapeau aux couleurs de la république de la Rivière Rouge, servait de quartier général aux partisans et était habitée par le capitaine.

Lorsque le jeune homme atteignit les bords des marais qui protégeaient le camp, les cavaliers se mirent sur une seule file, et s'engagèrent, au petit pas, sur le chemin dont leur chef leur indiquait les détours en marchant à leur tête.

Il fallut au détachement près d'un quart d'heure pour traverser sans encombre le dangereux passage.

Lorsque les sentinelles eurent reconnu avec une ponctualité toute militaire les arrivants, ceux-ci pénétrèrent enfin dans le camp, par une issue immédiatement bouchée derrière eux.

Le capitaine Griffiths répondit d'un air soucieux aux chaleureuses félicitations de ses hommes et, après avoir d'un geste ordonné aux curieux de se disperser et de lui faire place, il s'avança, toujours accompagné de doña Dolores, jusqu'à la cabane dont nous avons parlé, et qui lui avait toujours servi d'habitation depuis l'installation du camp.

Arrivé devant la porte, il s'arrêta, mit pied à terre, et, s'approchant de la jeune femme :

— Señora, lui dit-il, en se découvrant et en la saluant avec le plus profond respect, nous sommes arrivés ; soyez la bienvenue dans mon camp ; me permettez-vous de vous aider à descendre de votre monture ?

Sans répondre, la jeune femme lui lança un regard dédaigneux, et, par un mouvement plein de grâce, elle sauta légèrement sur le sol.

Les sourcils du capitaine se froncèrent, il se sentit pâlir ; mais, s'inclinant de nouveau devant la jeune fille :

— Daignez être assez bonne pour me suivre, dit-il.

Et il la précéda dans l'intérieur de la cabane.

Les Américains du Nord sont les hommes qui entendent le mieux le confort véritable, nous ne voulons pas dire l'élégance, ce qui n'est pas du tout la même chose, mais bien ce confort réel, qui, dans le fond des déserts, de même que dans les villes les plus peuplées, fait trouver à l'homme, sous sa main et sans qu'il ait besoin de le chercher, tout ce qui peut rendre l'existence douce, commode, agréable, et ne le priver d'aucun de ces mille riens indispensables cependant au bien-être égoïste de la vie intime.

La cabane, d'apparence si abrupte et si sauvage à l'extérieur, était au dedans distribuée et meublée avec un goût et un soin inouïs. Rien n'y manquait ; il y avait jusqu'à des livres et des instruments de musique.

Dans la première pièce où le capitaine introduisit doña Dolorès de Castelar, tel était son nom, se trouvaient trois jeunes métisses de dix-huit à vingt ans, jolies et assez court vêtues, groupées silencieusement au milieu de la ièce.

— Señora, dit le capitaine en s'adressant toujours avec le même respect à sa prisonnière, vous êtes ici chez vous ; ces trois jeunes filles sont spécialement attachées à votre service ; elles ne recevront d'ordres que de vous, et vous obéiront sur un mot, sur un signe. Personne sans votre permission expresse, et moi tout le premier, ne franchira le seuil de ce logis dont vous êtes dame et maîtresse.

Il s'arrêta comme s'il eût attendu une réponse ; mais, voyant que la jeune femme gardait un silence obstiné :

— Je me retire, señora, continua-t-il, et, puisque ma présence vous semble si odieuse, je ne reparaîtrai devant vous que lorsque vous l'ordonnerez. Adieu, señora. Si des circonstances indépendantes de ma volonté, et dont je ne saurais être responsable à vos yeux, me contraignent à vous retenir pendant quelques jours dans mon camp, soyez convaincue que nul ne manquera aux égards qui vous sont dus et n'oubliera le respect que l'on doit avoir pour vous.

Après avoir prononcé ces paroles, le capitaine s'inclina profondément devant la jeune femme et s'éloigna sans attendre une réponse, qui, sans doute, n'aurait pas été faite.

— Oh! s'écria-t-il avec dépit en se dirigeant vers une autre hutte, qu'il avait fait construire pour s'y loger, cette femme est de marbre; c'est bien une fille de cette orgueilleuse race espagnole dont la volonté est de fer, et qui ne transige jamais avec ce qu'elle croit être son devoir!

Au moment où le capitaine entrait dans sa hutte, un jeune homme à peu près de son âge, aux traits fins et intelligents et à la physionomie railleuse, se présenta à lui.

— Vous avez à me parler, mon cher Margottet, dit le capitaine en souriant.

— Oui, capitaine.

— Je vous avoue, mon ami, qu'en ce moment, je suis d'assez méchante humeur et peu disposé à la conversation; à moins qu'il ne s'agisse d'affaires graves, je vous aurais une obligation réelle de me laisser pendant quelques heures ronger librement mon frein.

— Croyez bien, capitaine, que je ne demande pas mieux que de vous être agréable; malheureusement, il s'agit d'affaires de service, et vous-même m'avez recommandé de ne vous rien laisser ignorer de tout ce que je puis savoir.

— C'est juste, mon cher Margottet, excusez-moi, je suis dans mon tort. Me voici à vos ordres, veuillez entrer, et, s'il vous plaît de partager mon modeste ordinaire, tout en dînant avec moi, vous me donnerez vos nouvelles.

— Ma foi, capitaine, excusez-moi si j'accepte aussi brutalement; mais votre proposition me fait un si grand plaisir, que, au risque de passer pour indiscret ou mal appris, je ne me sens pas le courage de vous refuser.

— Eh bien, voilà qui est dit, mon cher Margottet, nous allons dîner ensemble; j'espère que vous me tiendrez assez joyeuse compagnie pour que j'oublie, au moins pour quelques instants, les ennuis qui me tracassent.

Tout en causant ainsi, les deux hommes avaient pénétré dans la première pièce de la hutte. Le couvert était mis; un aventurier qui servait de domestique au capitaine se tenait prêt à servir.

— Lacour, dit le capitaine à l'aventurier, ajoutez un couvert, M. Margottet me fait l'honneur de dîner avec moi.

Cinq minutes plus tard, les deux hommes assis en face l'un de l'autre faisaient honneur au quartier de venaison posé entre eux sur un plat.

Le capitaine John Griffiths et Hippolyte Margottet étaient un peu parents. Ils avaient été, pour ainsi dire, élevés ensemble, et éprouvaient l'un pour l'autre une sincère amitié.

Devenus hommes, cette amitié s'était accrue encore

par la haine que tous deux portaient à l'Angleterre.

Lorsque Griffiths organisa sa troupe de partisans, il offrit à son ami de lui servir de lieutenant, proposition que le jeune homme accepta avec reconnaissance; depuis quatre ans, leur vie était commune, leur amitié n'avait souffert aucune atteinte, et jusqu'alors, ils n'avaient pas eu un secret l'un pour l'autre.

— Eh bien, dit le capitaine, quand le premier appétit fut calmé, qu'y a-t-il de nouveau? me voici prêt à vous entendre?

— Je préférerais différer encore quelques minutes, mon cher John, répondit le lieutenant : ce que j'ai à vous dire n'a pas une énorme importance, et j'avoue que l'état dans lequel je vous vois me tourmente fort.

— Heu! mon ami, dit le capitaine avec un sourire pâle, ce qui m'arrive est assez commun, et n'a rien qui doive vous inquiéter. Vous avez vu ma prisonnière, n'est-ce pas?

— Dites que je l'ai admirée, mon ami, elle est ravissante; je crois de ma vie n'avoir jamais rencontré une aussi splendide créature.

— Oh! oh! fit le capitaine en regardant fixement son ami, est-ce que vous en seriez déjà amoureux, Hippolyte?

— Hum! fit l'autre avec bonhomie, je ne sais pas.

— Comment, vous ne savez pas?

— Ma foi non; je vous avoue que je l'ignore complétement, et que je ne m'en inquiète guère. Tout ce que je puis vous dire, c'est que cette femme est belle, autant qu'il est possible de l'être. Lorsque, par hasard, son regard est tombé sur moi, il m'a semblé qu'un trait de feu s'enfonçait dans mon cœur; et pourtant, il y a dans cette femme quelque chose d'incompréhensible et qui m'épouvante.

— Oui, vous avez raison, Hippolyte, répondit le capitaine d'un air pensif; cette femme n'est pas une créature comme les autres, c'est un démon.

— Ah! est-ce que vous aussi?...

— Non, fit le capitaine avec un sourire amer, je n'aime pas cette femme, au contraire, je la déteste.

— Hum! alors c'est sérieux; prenez-y garde !

— Hein! quoi? que voulez-vous dire?

— Eh pardieu! une chose connue de tout le monde. La haine, mon cher John, n'est qu'une face de l'amour, plus on hait une femme, plus on l'adore.

— Je vous répète, mon ami, que je hais cette femme parce qu'elle m'a blessé et qu'elle m'a traité comme elle ne traiterait pas ses valets.

— Bon! dans deux jours vous tomberez à ses pieds.

— Cessez, je vous prie, mon ami, ces railleries cruelles; je vous répète, pour la dernière fois, que je n'aime pas, que je n'aimerai jamais cette femme.

— Très-bien, voilà qui est entendu; c'est une affaire convenue entre nous, il est inutile de discuter davantage; répondit le lieutenant qui ne voulait pas pousser plus loin une discussion qui commençait avec une telle violence; voulez-vous que je vous dise mes nouvelles?

— Oui, je vous en prie même ; à votre santé ! ajouta le capitaine en lui passant la bouteille.

— A la vôtre.

Et il but.

— Eh bien ? reprit le capitaine après un instant.

— M'y voici : tous nos batteurs d'estrade sont rentrés ; nous avons à droite de nous une troupe d'Indiens Corbeaux, qui rôdent sur nos approches, à gauche une caravane assez nombreuse de trafiquants.

— Est-ce tout ?

— Pas encore, d'un troisième côté, nous avons un groupe assez inquiétant de chasseurs.

— Oh ! ceux-ci ne peuvent-être nos ennemis.

— Vous croyez ? fit le lieutenant d'un air goguenard.

— Et quoi de plus encore ?

— Une piste d'Indiens du sang a enfin été découverte à deux portées de fusil du camp. Voilà mes nouvelles, comment les trouvez-vous ?

— Il y a du bon et du mauvais, du pour et du contre ; seulement je crois qu'il est prudent de nous tenir sur nos gardes.

— Parfaitement raisonné, capitaine : aussi ai-je eu soin de doubler partout les sentinelles, j'ai même expédié deux batteurs d'estrade au dehors.

— Fort bien ; je vois que dans tout cela, il n'y a rien qui puisse nous porter grand ombrage ; à votre santé !

— A la vôtre, capitaine ; à propos, ne voulez-vous pas savoir qui sont ces chasseurs dont je vous ai parlé ?

— Oh! quelques pauvres diables probablement; est-ce que, par hasard, vous sauriez leurs noms?

— Mais, oui, les noms des principaux d'entre eux, bien entendu. Ainsi par exemple, Valentin Guillois...

— Comment! s'écria le capitaine, Valentin Guillois, le célèbre coureur des bois?

— Oui, celui qu'on a surnommé le Chercheur de Pistes. Il est accompagné de son silencieux ami, le redoutable chef indien, *Sans-Traces*, ou Curumilla enfin.

— Oh! oh! fit le capitaine pensif, voilà qui est grave! Eh quoi! cet homme, que nous cherchons depuis si longtemps, serait si près de nous?

— Je suis certain que son campement n'est même pas à deux lieues du nôtre.

— Mon cher Margottet, dit vivement le capitaine, vous savez quelle énorme influence possède cet homme sur tous les chasseurs blancs et métis de la prairie, du Canada jusqu'au Mexique. Ces démons incarnés, ces aventuriers indisciplinables, professent pour lui un dévouement sans limites. Vous savez quelle importance j'attache à une rencontre avec cet homme et à m'entendre avec lui, puisque c'est spécialement pour ce motif que j'ai, cette fois, poussé si loin mon expédition, et me suis si profondément enfoncé dans les montagnes Rocheuses.

— Oui, je sais tout cela, répondit le lieutenant en hochant la tête.

— Eh bien, supposez-vous donc que, se trouvant aussi près de nous, nous ne puissions le rencontrer?

— Au contraire, je suis convaincu que cela nous sera très-facile, si nous le voulons ; d'autant plus que je crois savoir qu'il nous cherche, et que, lui aussi, est précisément venu dans les montagnes Rocheuses, afin de ne pas nous manquer.

— Alors, dit joyeusement le capitaine, tout va bien ; nous nous entendrons facilement.

— Je ne partage pas votre avis, mon cher John ; s'il faut tout vous dire, apprenez que Valentin Guillois vous considère comme son ennemi, qu'il a contre vous une haine implacable, et que son seul désir est de vous tuer ; mais loyalement, bien entendu, car il est avant tout honnête homme.

— Que m'apprenez-vous là, Hippolyte ?

— La vérité, mon ami, je la tiens de bonne source.

— Ceci est étrange ; je ne connais pas cet homme ; d'où peut provenir sa haine contre moi ?

— Je l'ignore, seulement j'ai acquis la certitude que cette haine existe.

— Il doit y avoir au fond de cette affaire quelque calomnie qu'il importe d'éclaircir.

— C'est probable ; mais, croyez-moi, il faut dans tout ceci agir avec la plus extrême prudence, et ne rien laisser au hasard. Nous sommes en face d'un homme fin, courageux, disposant ou pouvant disposer, en moins de quatre jours, de forces au moins égales aux nôtres, et qui, nous regardant comme ses ennemis, ne se fera aucun scrupule de tomber sur nous à l'improviste, dès qu'il en trouvera l'occasion.

— Ce serait un irrémédiable malheur ; il nous faut à tout prix éviter une collision qui, plus tard, empêcherait une entente entre nous. Laissez-moi réfléchir à cela et venez me voir demain au lever du soleil. Vous n'avez rien de plus à me dire ?

— Une chose seulement.

— Laquelle ?

— On m'a assuré que les Indiens Corbeaux sont embusqués à quelques portées de fusil des émigrants et qu'ils ont l'intention de les attaquer cette nuit pendant leur sommeil, que voulez-vous faire ?

— Rester neutre. Ces émigrants, je ne sais pourquoi, ne m'inspirent aucune confiance, ils ont des allures qui me semblent suspectes, ils me font l'effet de loups couverts de peaux d'agneaux. Tant pis pour eux ! qu'ils s'arrangent avec les Indiens, nous avons déjà assez d'affaires sur les bras, sans aller encore fourrer nos mains dans ce fagot d'épines.

— Ainsi, nous ne bougerons pas quoi que nous entendions ?

— Nous ne bougerons pas. Bonsoir, lieutenant, à demain.

— A demain, capitaine ; bonne nuit.

Le jeune homme sortit, laissant son chef à ses pensées.

VI

LA CONTRE-EMBUSCADE

La brise s'était levée; elle soufflait en foudre à travers les arbres, dont les branches privées de feuilles et blanches de givre s'entrechoquaient avec de sourds et mystérieux murmures.

Le ciel d'un gris jaunâtre, estompé de brume, pesait lourdement sur l'atmosphère.

Depuis deux heures environ, la neige tombait à larges flocons et noyait, sous un blanc linceul, tous les accidents du paysage qu'elle rendait vagues et indécis.

La lune à demi voilée et cerclée d'une auréole d'un jaune sale et livide, laissait tomber sur la terre ses rayons blafards et sans chaleur. Le froid devenait glacial. A l'horizon, les nuages se nuançaient de bandes pâles annonçant la fin prochaine de la nuit et le commencement d'un jour crépusculaire.

Malgré le froid et la neige, dont ils devaient cependant beaucoup souffrir, les deux chasseurs et le Mexicain, accroupis sur le sol et enveloppés dans leurs couvertures, étaient demeurés immobiles au poste qu'ils avaient choisi ; en proie à cette somnolence fébrile, qui n'est ni la veille ni le sommeil, mais une espèce d'engourdissement morbide des sens, et qui cause de si horribles tortures à ceux qui en sont atteints, en leur créant une espèce de cauchemar peuplé de monstres fantastiques : état indescriptible, en un mot, et que connaissent si bien, pour l'avoir subi pendant de longues marches, ou des factions de nuit, ceux qui, pour leur malheur, ont été soldats ou marins, et qui, sortis brusquement par un choc quelconque de cette situation anormale, se sont réveillés brisés et courbaturés cent fois plus que s'ils n'avaient pas fermé les yeux pendant une seule minute.

Depuis combien de temps les trois hommes s'étaient-ils laissé aller à ce quasi-sommeil? C'est ce que, certes, aucun d'eux n'aurait su dire, car ils avaient complétement perdu le sentiment des objets extérieurs, lorsque tout à coup une voix sourde prononça à l'oreille de Valentin Guillois ce seul mot :

— Debout !

Le chercheur de pistes ouvrit les yeux, se redressa, et, fixant son clair regard sur Curumilla :

— Est-il temps? lui demanda-t-il.

— Oui, répondit le chef avec un hochement de tête.

La conversation se continua par un échange de gestes rapides sans qu'un mot de plus fût prononcé entre les deux hommes.

Voici ce que Curumilla apprit à Valentin.

Les Indiens Corbeaux étaient, jusque vers quatre heures du matin, demeurés immobiles et silencieux dans leur camp sans que rien fît supposer qu'ils eussent l'intention d'en sortir.

Pendant la première partie de la nuit, plusieurs éclaireurs des émigrants et des Indiens avaient battu la plaine et fait des reconnaissances dans diverses directions en réussissant à se dissimuler si bien qu'il n'y avait pas eu de rencontre entre eux.

Vers quatre heures et demie du matin, Curumilla, toujours aux aguets aux environs du camp indien, avait cru percevoir un léger bruit semblable au bourdonnement d'une ruche qui s'éveille.

Il s'était alors avancé avec précaution.

Au bout d'un instant, il avait reconnu que, en effet, les Corbeaux prenaient les armes et se rangeaient sous les ordres de leurs différents chefs.

Bientôt Ahnemiki, revêtu de son grand costume de guerre, avait paru au milieu d'eux, avait fait un geste, sur lequel les chefs subalternes l'avaient suivi auprès du feu du conseil.

Là, il leur avait fait un discours dont Curumilla n'avait pas entendu un mot à cause de la distance, mais qui, selon toutes probabilités, était un encouragement aux guerriers de faire leur devoir et les instructions nécessaires pour l'exécution du plan qu'il avait conçu.

Le discours avait été assez long et prononcé avec une emphase et une action qui montraient que le chef des

Corbeaux se croyait sûr du succès ; puis sur un dernier geste d'Ahnemiki, geste qui, sans doute, était un ordre, les chefs secondaires avaient quitté le feu du conseil et rejoint leurs divers détachements.

A leur tour, ils avaient harangué les guerriers, puis un *ikkischota* — sifflet de guerre fait d'un tibia humain — avait donné un signal, et douze détachements de quinze hommes chacun avaient quitté le camp, dans le plus grand silence, et s'étaient dirigés vers celui des émigrants par des routes diverses, de façon à l'envelopper de tous les côtés à la fois.

Arrivés à une portée de fusil environ de ce camp, les Corbeaux avaient fait halte et s'étaient embusqués, soit derrière des arbres, soit derrière des rochers, attendant sans doute pour donner l'assaut l'ordre définitif de leur chef.

Telles furent les nouvelles assez intéressantes que Curumilla donna à son ami.

Sans éveiller ni le Mexicain ni Belhumeur, les deux hommes s'éloignèrent à grands pas.

Les Peaux-Rouges conservaient toujours leurs positions et n'avaient fait aucun mouvement en avant.

Valentin Guillois et Curumilla réussirent à tourner sans être aperçus autour de leurs divers postes.

Quand le chasseur se fut assuré par lui-même de l'exactitude des renseignements que lui avait donnés son ami, il regagna silencieusement l'endroit où il avait laissé ses deux compagnons.

Ceux-ci étaient encore plongés dans le même état

léthargique, et, par conséquent, ne s'étaient pas plus aperçus du départ du chasseur que de son retour.

Valentin les éveilla.

En une minute ils furent debout et prêts à tout événement.

La situation était grave.

Valentin avait besoin de conférer avec ses amis avant de risquer le hardi coup de main qu'il méditait.

Ahnemiki avait sous ses ordres cent quatre-vingt guerriers d'élite choisis par lui entre les plus braves de sa nation.

Valentin n'avait pas supposé que le chef pût disposer de forces aussi considérables. C'était presque de la folie à quatre hommes, si braves qu'ils fussent, d'oser attaquer des forces si importantes ; Valentin Guillois le comprenait, aussi avait-il résolu de ne rien tenter sans l'assentiment de ses compagnons.

Un conseil fut aussitôt tenu.

Valentin fit, en quelques mots, avec sa franchise habituelle, l'exposé de la situation, exposé qu'il termina par ces mots caractéristiques :

— Je ne veux, sous aucun prétexte, vous jeter dans des embarras dont vous ne pourriez que difficilement sortir. Quant à moi, tout en vous rendant votre liberté d'action et vous recommandant même d'agir avec la plus grande prudence et de demeurer neutres, je vous avoue franchement que ma résolution est prise de la façon la plus immuable, c'est-à-dire que, quoi qu'il puisse advenir, je suis résolu à ne pas abandonner ces malheureux émigrants à la rage de leurs ennemis.

Belhumeur se préparait à répondre lorsque, à la stupéfaction générale, Curumilla se leva et prit résolument la parole.

C'était une chose si extraordinaire que d'entendre parler Curumilla que les trois chasseurs demeurèrent littéralement ébahis.

— Guerriers, dit le chef, pas courir grands dangers, visages pâles amis, vu Curumilla cette nuit. Curumilla grand chef, va chercher guerriers visages pâles, vous attendre ici, pas bouger.

Après avoir prononcé ce long discours qui avait dû énormément lui coûter, car, depuis vingt ans, le digne chef n'avait jamais prononcé autant de paroles en une seule fois, Curumilla sourit à ses auditeurs avec une expression railleuse et amicale à la fois, et, saisissant son fusil sans même attendre une réponse, il s'enfonça dans les buissons et s'éloigna à grands pas.

Valentin et ses compagnons ne comprenaient rien à la conduite de Curumilla. Ils se perdaient en conjectures qui, comme toujours, étaient plus erronées les unes que les autres.

Trois quarts d'heure s'étaient écoulés depuis le départ du chef, quand tout d'un coup celui-ci reparut au milieu de ses amis sans que ceux-ci eussent entendu le bruit de ses pas.

— Approchez, Castor, dit Curumilla en s'effaçant à demi, Curumilla est un grand chef, il n'a pas la langue fourchue, voilà le Chercheur de pistes; pas chercher davantage Valentin, le voilà ici, regardez.

Au même instant plusieurs hommes parurent.

Ces hommes étaient ceux qui, quelques heures auparavant, avaient si habilement tendu une embuscade aux aventuriers et avaient failli réussir à leur enlever doña Dolorès de Castelar.

Après avoir échappé aux aventuriers, grâce à leur agilité et à leur connaissance approfondie du désert, ils avaient rejoint quelques-uns de leurs compagnons laissés à la garde des chevaux, et ils s'étaient établis pour la nuit dans une grotte peu profonde, qu'ils avaient rencontrée par hasard, et située au fond d'un ravin, à une portée de fusil au plus de l'endroit où Valentin et ses amis s'étaient arrêtés.

Lorsque Curumilla s'était éloigné au commencement de la nuit afin de pousser une reconnaissance, il avait aperçu, brillant à travers les arbres comme une étoile dans les ténèbres, le feu des chasseurs.

Le chef était un homme trop expérimenté pour ne pas s'assurer par ses yeux de ce que signifiait cette lueur insolite; il s'était approché à pas de loup et avancé assez près pour reconnaître le Castor et la plupart des chasseurs qui l'accompagnaient.

Depuis longues années, par les hasards de sa vie errante, le chef s'était lié intimement avec tous ces coureurs des bois qui étaient des gens honnêtes et pleins de cœur. De plus il savait que quelque temps auparavant, le Castor avait engagé sa parole à Valentin de l'aller rejoindre, aussitôt qu'il aurait réuni quelques-uns de ses compagnons sur lesquels il pouvait compter.

Cette rencontre, surtout dans les circonstances où il se trouvait, causa une vive joie au chef. Cependant il ne jugea pas qu'il fût utile de se montrer en ce moment, et il s'éloigna sans révéler sa présence, se réservant de faire connaître plus tard à son ami la découverte qu'il avait faite, afin que celui-ci pût agir en toute liberté selon qu'il le jugerait convenable.

Sans doute le chef aurait continué à garder le silence, mais lorsqu'il entendit Valentin déclarer qu'il était résolu à attaquer seul s'il le fallait les Indiens, il jugea avec raison que l'heure était venue de lui révéler la vérité. Ce qu'il fit aussitôt, mais selon son habitude, avec une diplomatie dont, quoi qu'il arrive, les Peaux-Rouges ne veulent jamais se départir.

En quittant Valentin, Curumilla s'était rendu à la grotte; les chasseurs l'avaient reçu avec une surprise joyeuse; en deux mots il les avait mis au courant de ce qui se passait.

Les coureurs des bois s'étaient aussitôt levés pour rejoindre Valentin; ils n'avaient pris que le temps nécessaire pour donner à leurs chevaux des vivres indispensables pour deux jours; puis, après avoir bouché la grotte, avec des branches et des ronces, ils avaient suivi Curumilla.

La reconnaissance entre Valentin Guillois, Belhumeur et les nouveaux venus, fut ce qu'elle devait être entre hommes de cette trempe qui se connaissent et s'estiment.

Le secours amené par le chef n'était nullement à mépriser. Les chasseurs étaient au nombre de quinze, tous vieux coureurs des bois, résolus, et habitués de longue date à toutes les périlleuses péripéties de la vie du désert.

Le Castor présenta don Pablo Hidalgo à Valentin, comme un homme qu'il aimait fort, mais sans s'étendre davantage à son sujet, se réservant, ainsi qu'il le dit lui-même, de lui faire plus tard mieux connaître son ami.

Le Chercheur de pistes serra cordialement la main du jeune Mexicain ; pour le moment, tout fut dit entre eux.

— Compagnons, fit Valentin après un instant, si vous voulez, nous allons, sans perdre une seconde, prendre nos dispositions ; selon toute apparence, nos amis inconnus ne tarderont pas à être attaqués par les Corbeaux.

— La délibération sera courte, interrompit le Castor, nous ne sommes ici que vos alliés ; vous connaissez probablement le but que vous voulez atteindre ; au lieu d'une délibération qui n'avancerait pas les choses, donnez-nous tout simplement vos ordres, nous les exécuterons de notre mieux...

— D'autant plus, fit Belhumeur, coupant, sans cérémonie, la parole au Castor, qu'il ne s'agit que d'un coup de main pour lequel toute combinaison serait inutile.

— Je demande à faire une observation, dit le gambucino.

— Parlez, señor don José, parlez.

— Nous n'avons d'autre but, n'est-ce pas, señores, que d'empêcher par une vigoureuse diversion, les gens de notre couleur de tomber entre les mains des Peaux-Rouges.

— C'est cela même, fit Valentin.

— Mais, reprit le gambucino, ces blancs, nous ne les connaissons pas, nous n'avons jamais eu aucuns rapports avec eux; nous croyons savoir que ce sont des émigrants ou des trafiquants; voilà tout. Maintenant, sont-ils honnêtes ou ne le sont-ils pas, voici ce que nous ignorons.

— Où voulez-vous en venir, señor don José? demanda Valentin.

— A ceci, señor, reprit Navaja avec un fin sourire, que, ne connaissant pas les hommes que nous nous proposons de secourir, et par conséquent ne pouvant répondre d'eux, nous ferions peut-être bien d'allier la prudence à l'humanité.

— Oui, dit en riant Belhumeur, mon arrière-grand-père, qui était Normand, disait toujours que c'était surtout pour le désert que l'on avait fait le proverbe : La prudence est la mère de la sûreté.

— Juste, señor, reprit le gambucino, je penche donc, sauf meilleur avis, pour que, tout en essayant de dégager ces pauvres gens, que nous ne connaissons pas, je le répète, nous n'allions pas trop loin; c'est-à-dire, que nous attendions pour entamer des relations personnelles avec eux, que nous sachions plus positivement qui ils sont en réalité. Sauvons-les, soit, mais une fois que nous les aurons délivrés de leurs ennemis, retirons-nous sans entrer dans leur camp, et sans nous mêler autrement de leurs affaires ; qui sait si plus tard nous n'aurions pas à regretter de nous être laissé aller à montrer de la philanthropie envers des gens que nous reconnaîtrions ne pas en être dignes?

Il y eut un court silence.

Tous les regards étaient fixés sur Valentin qui semblait réfléchir à ce qu'il venait d'entendre.

— Vive Dieu! dit le chasseur au bout d'un instant en relevant la tête et tendant la main au gambucino, cette fois, señor don José, vous avez pleinement raison. Je ne sais pourquoi, mais j'éprouve, malgré moi, une répugnance instinctive pour ces gens que, pourtant, je ne connais pas. Cependant, l'honneur nous ordonne impérieusement de leur venir en aide; ce serait commettre plus qu'une mauvaise action, presque un crime et une lâcheté que de les laisser massacrer devant nous, pour ainsi dire sous nos yeux; défendons-les donc, mais sans autrement nous compromettre avec eux.

— C'est cela, fit en riant Belhumeur, sauvons-les incognito.

— Oui, ajouta le Castor, d'autant plus que nous aurons tout le temps de faire après connaissance avec eux, si cela nous convient.

— Ainsi, c'est convenu? demanda Valentin.

— Convenu! répondirent tous les assistants d'une seule voix.

— En conséquence, voici ce que je propose : nous ne sommes pas assez nombreux pour former une ligne étendue ou nous séparer en plusieurs détachements, nous resterons en un seul groupe ; le chef nous servira de guide. Il a reconnu la position exacte des Corbeaux, et il nous conduira de façon à leur couper, au besoin, la retraite, en nous mettant entre eux et leur camp et les plaçant entre deux feux. Nous ne nous laisserons voir, ni par l'un ni par l'autre parti. Nous demeurerons immobiles et abrités tant que les émigrants maintiendront leur position ; mais s'ils faiblissaient et que leur camp fût sur le point d'être envahi, alors, mais alors seulement, nous prendrons part à l'action, autant que possible, sans nous découvrir, afin que les Peaux-Rouges ne puissent pas nous compter et s'apercevoir de notre petit nombre. A la dernière extrémité, et cette diversion ne produisant pas tout l'effet que nous en attendons, nous chargerons vigoureusement les Corbeaux, mais en ayant bien soin de rester toujours unis. Le combat terminé, nous opérerons notre retraite en tâchant de n'être découverts ni par l'un ni par l'autre parti. Est-ce bien ainsi, compagnons !

— Oui, répondirent les chasseurs.

— Eh bien, alors, visitez vos armes avec soin, et en route !

Les chasseurs se placèrent en file indienne ; Curumilla, suivi immédiatement par Valentin Guillois, tenait la tête de la colonne.

Sur un geste du Chercheur de pistes on se mit en

marche, chacun posant le pied sur l'empreinte laissée par l'homme qui le précédait.

Les chasseurs, guidés par le chef, descendaient une pente assez raide, aboutissant à un vallon entièrement découvert, d'une médiocre largeur, et traversé par un étroit cours d'eau.

Lorsque Curumilla atteignit la limite du couvert, au lieu d'émerger de la forêt, il fit un brusque crochet sur la droite et fila rapidement à travers les arbres.

Cette marche silencieuse dura environ vingt minutes.

Curumilla guidait si habilement ses compagnons que, toujours en les abritant, il leur fit atteindre un immense chaos de rochers qui occupaient presque le centre du vallon et défendaient le passage du ruisseau dont nous avons parlé, sans que les chasseurs se fussent pour ainsi dire aperçus qu'ils avaient quitté la forêt.

Arrivé au pied des rochers, le chef s'arrêta.

— Voici votre poste, dit-il.

La troupe fit halte.

Il était difficile de choisir une position plus forte et plus facile à défendre.

Du lieu où ils étaient placés, les chasseurs commandaient la plaine tout entière sans courir le risque d'être tournés; de tous côtés ils étaient abrités et complétement invisibles. Derrière eux, ils apercevaient les lueurs mourantes des feux allumés par les Corbeaux dans leur camp; devant eux, ils découvraient au loin, comme une longue tache noire à l'horizon, les palissades du campement des émigrants, et, çà et là, presque à portée de fusil sur la plaine blanche de neige, se détachaient nettement les détachements des Peaux-Rouges, qui rampaient dans la nuit vers le camp comme des couleuvres.

Les chasseurs étaient donc complétement libres de leurs mouvements, et maîtres de prendre ou de ne pas prendre, à leur gré, part à l'action qui se préparait.

Ainsi que cela arrive toujours dans ces contrées, lorsque le soleil est sur le point de paraître à l'horizon, le crépuscule, qui s'accentuait de plus en plus, prenait des teintes d'opale, d'une apparence laiteuse, qui permettaient de distinguer les objets à une assez longue distance, tout en noyant les accidents secondaires du paysage dans des masses brumeuses.

Chacun prit son poste dans les rochers, selon les instructions données à voix basse par Valentin : puis les chasseurs attendirent, immobiles comme des statues, le signal de leur chef.

Près d'un quart d'heure s'écoula ainsi.

Le vent soufflait par rafales, soulevant des flots de neige qu'il emportait en tourbillonnant dans l'espace. Par intervalles, on entendait au loin, sous le couvert, le cri mélancolique du hibou, le premier de tous les oiseaux qui salue le retour du jour.

Tout à coup une grande lueur illumina l'horizon.

Le cri de guerre des Corbeaux retentit avec fureur. On les vit bondir en avant, comme des chacals, et presque aussitôt éclata une fusillade bien nourrie avec ce crépitement sec et ce roulement continu des feux à volonté.

— Ça chauffe! dit Belhumeur en se frottant gaîment les mains.

Les Corbeaux, selon leur habitude, s'étaient glissés inaperçus le plus près du camp que cela leur avait été possible, puis ils avaient commencé l'attaque en décochant des flèches incendiaires par dessus les palissades.

Après avoir envoyé trois ou quatre volées de ces flèches, à un signal donné par les sifflets de guerre de leurs chefs, les Peaux-Rouges s'étaient rués en hurlant sur les retranchements, essayant de les escalader de tous les côtés à la fois.

Mais ils n'avaient pas affaire à des ennemis timides; les blancs étaient sur leurs gardes.

Se sachant suivis et épiés par les Peaux-Rouges, ils avaient, en établissant leur camp, employé tous les moyens de défense que la prudence leur suggérait et que leur fournissait la disposition des lieux.

Ils ne firent feu, pour ainsi dire, qu'à bout portant; puis, à coups de pistolet et à coups de crosse, ils rejetèrent les assaillants en bas des palissades.

Cependant, ceux-ci ne se découragèrent pas. Ils revinrent bravement à l'assaut; mais cette fois avec beaucoup plus de prudence et surtout de méthode.

Par les ordres de leur principal sachem, ils avaient à l'avance confectionné, avec des broussailles, des espèces de fascines que, lors de leur premier élan, ils avaient dédaigné d'employer. Cette fois, ils s'en saisirent, et, les portant devant eux pour s'abriter, ils s'avancèrent de nouveau résolûment contre les palissades; puis, arrivés au pied des retranchements, ils lancèrent dans l'intérieur du camp ces fascines enduites de graisse et auxquelles ils avaient mis le feu.

Le combat prit alors des proportions épiques.

Les fascines, en tombant, avaient mis le feu aux couvertures en toile goudronnée de plusieurs wagons. Les défenseurs du camp, contraints de se multiplier pour éteindre l'incendie qui les gagnait et résister à leurs ennemis, se défendaient avec un courage héroïque.

Déjà une quarantaine d'Indiens avaient réussi à franchir les palissades et s'étaient éparpillés dans le camp en brandissant leurs *tomawhawks*, et poussant leur cri de guerre avec un accent de triomphe.

Des émigrants, groupés autour d'une grande tente qui occupait tout le centre du campement, luttaient avec l'énergie furieuse du désespoir.

Tout à coup, un wagon rempli de poudre éclata avec un fracas horrible, lançant dans les airs les membres mutilés des Peaux-Rouges qui commençaient le pillage des bagages.

Cette explosion, qui, par un hasard inexplicable et qui semblait tenir du miracle, n'atteignit aucun des blancs, causa d'horribles ravages dans les rangs des Indiens-Corbeaux.

Ceux-ci, presque vainqueurs déjà, furent remplis de crainte ; ils hésitèrent, firent instinctivement quelques pas de retraite, et s'ils n'avaient pas été maintenus par leurs chefs, nul doute qu'ils se fussent échappés en proie à une terreur panique.

Les blancs, au contraire, sentirent s'accroître leur courage, non pas qu'ils espérassent vaincre leurs ennemis, car ils se sentaient perdus sans ressources, mais parce qu'ils comprirent qu'ils ne succomberaient pas sans vengeance, et que s'ils mouraient les armes à la main, ils échapperaient à la torture, les Peaux-Rouges n'étant plus assez nombreux pour essayer de faire des prisonniers.

A la suite de l'horrible explosion dont nous avons parlé, il y avait eu un moment d'arrêt dans la lutte.

Les deux partis avaient, comme d'un consentement tacite, conclu une trêve de quelques minutes pour reprendre haleine avant de tenter un effort suprême.

Les chasseurs, embusqués derrière les rochers, assistaient à la lutte acharnée qui se livrait entre les deux partis. Leurs regards se fixaient sur l'horizon éclairé par l'incendie avec toute la fébrile impatience de généreux limiers retenus à la chaîne lorsque la chasse est dans toute son ardeur.

Valentin lui-même, bien qu'il essayât de maintenir ses compagnons, se sentait entraîné à prendre part à la bataille.

Cependant, les chasseurs réussirent, à grand'peine il est vrai, à dompter leurs instincts belliqueux jusqu'au moment où l'explosion du wagon sembla donner le signal de la défaite des blancs.

Alors, sans même échanger un mot, ils quittèrent leurs postes et s'élancèrent dans la prairie.

Valentin fut contraint d'user de tout l'ascendant qu'il

avait su prendre sur ses compagnons pour obtenir d'eux qu'ils consentissent à modérer leur course et à remettre un peu d'ordre dans leurs rangs.

L'attention des combattants était si ardemment fixée sur l'intérieur du camp, que les chasseurs réussirent presque à atteindre dans leur élan le pied des palissades sans avoir donné l'éveil et révélé leur présence à l'un ou à l'autre des deux partis.

Valentin Guillois fit alors retrograder ses compagnons jusqu'à un bouquet d'arbres qui se trouvait à cinquante pas en arrière ; puis, après les avoir embusqués derrière ces arbres, il se glissa à travers les herbes et poussa une reconnaissance aux environs du camp, passant au milieu de débris de toutes sortes, de cadavres mutilés qui témoignaient de la rage déployée par les Indiens et les blancs pendant cette courte mais terrible lutte.

Après avoir vu ou cru voir ce qu'il voulait, Valentin Guillois rejoignit ses compagnons, leur expliqua en quelques mots ce qu'il attendait d'eux et leur indiqua la direction dans laquelle ils devaient viser, afin que leurs coups portassent juste et ne fussent pas perdus.

Les chasseurs étaient arrivés précisément au moment où les deux partis avaient pour quelques instants suspendu le combat.

Le fusil à l'épaule, le doigt sur la détente, ils se tenaient prêts à tirer au premier signal de Valentin.

Ahnemiki brandit tout à coup son tomawhawck au-dessus de sa tête, poussa son cri de guerre et s'élança en avant.

Au même instant, une effroyable décharge éclata en dehors du camp.

Dix Peaux-Rouges tombèrent.

Les émigrants firent feu à leur tour.

Une seconde décharge vint encore du dehors semer la mort au milieu des assaillants.

Ils étaient pris entre deux feux.

Alors les émigrants, sans même essayer de découvrir d'où venait ce secours, qui leur arrivait si à propos pour les sauver, au lieu de se défendre, prirent bravement l'offensive et se précipitèrent sur les Indiens.

Ceux-ci se sentirent perdus.

Jetant leurs armes, sans tenter de disputer plus longtemps la victoire, ils se ruèrent en désordre hors du camp, et s'éparpillèrent dans toutes les directions, courant comme des daims affolés, mais, poursuivis et décimés par les balles implacables de leurs invisibles ennemis et par les émigrants, qui s'étaient mis après eux et les chassaient rudement.

En ce moment, comme si Dieu eût pris en pitié les malheureux Peaux-Rouges, l'orage qui menaçait depuis le commencement de la nuit, éclata tout à coup avec une violence extrême.

Nous nous servons du mot orage, faute d'en trouver un autre qui rende complétement notre pensée. C'était une tempête, un ouragan, un de ces cataclysmes enfin, pendant lesquels il semble que le monde va se dissoudre, qui sévissent avec une fureur sans pareille dans ces hautes régions et les bouleversent si complétement en moins de quelques heures, qu'ils changent entièrement l'aspect du paysage.

Le vent soufflait en foudre, balayant tout sur son passage; tordant les chênes séculaires, comme s'ils n'eussent été que des fétus de paille, et les enlevant au loin dans l'espace, entraînés par un irrésistible tourbillon. Les nuages, d'un jaune vert-de-grisé, s'étaient abaissés presque au niveau de la cime des arbres, et exerçaient sur le sol une pression tellement forte, que ce n'était qu'avec une difficulté extrême que l'on parvenait à respirer; la neige tombait en flocons si serrés, qu'elle formait comme une masse compacte. Toute lueur avait disparu; des ténèbres épaisses planaient sur cette scène de désolation, où les sifflements du vent, le fracas des avalanches se mêlaient aux mugissements des torrents débordés, et aux craquements sinistres des arbres balayés par la tempête.

Les animaux tremblants, effarés, chassés de leurs repaires, couraient çà et là en poussant des hurlements plaintifs. Les oiseaux tombaient lourdement à terre, les ailes étendues, se débattant dans les angoisses de l'agonie.

La position des chasseurs était horrible.

Ils avaient abandonné leur embuscade et, guidés par Valentine, qui s'était résolûment mis à leur tête, ils avaient réussi, après avoir subi des fatigues inouïes et surmonté des obstacles presque infranchissables, et atteindre le chaos de rochers, où primitivement ils s'étaient postés en entrant dans le vallon.

Mais ces rochers ne leur offraient qu'un abri bien précaire.

Le ruisseau si calme, si étroit, si peu profond quelques heures auparavant, avait subitement grossi et s'était changé en un torrent impétueux, qui roulait dans ses eaux fangeuses et larges comme un fleuve, des cadavres d'hommes, d'animaux et des débris de toutes sortes.

L'orage continuait toujours avec la même violence; la neige s'accumulait sans cesse sur le rocher, tandis que l'eau montait et atteignait presque déjà le niveau de l'endroit où Valentin et ses compagnons avaient cherché un refuge.

Mais ces hommes de bronze, loin de se désespérer et de s'abandonner à une terreur indigne de leur courage, demeuraient sombres, attentifs, le corps penché en avant, et étudiant tous les bruits de la tempête, prêts à saisir la première occasion que leur offrirait le hasard, pour échapper aux dangers terribles qui les enveloppaient de toutes parts.

Heureusement que les chasse-neiges des montagnes Rocheuses ne sont jamais de longue durée. Leur violence même semble les réduire à une prompte impuissance. Ils se calment aussi rapidement qu'ils éclatent, sans transition, presque subitement.

Les chasseurs le savaient, et bien que l'eau les eût gagnés, et qu'ils en eussent déjà jusqu'à la ceinture, ils restaient impassibles, sans montrer aucune trace de faiblesse.

Trois heures s'écoulèrent ainsi, trois heures pendant lesquelles ces vaillants hommes, se tenant les uns aux autres, s'accrochant aux rochers, luttèrent courageusement contre la mort, sans pâlir ni exhaler une plainte.

Enfin, au bout de trois heures, le vent cessa tout à coup, le ciel s'éclaircit et la neige ne tomba plus qu'en légers flocons, qui, bientôt, s'arrêtèrent aussi.

L'aspect de la vallée était épouvantable.

Tous les arbres et tous les quartiers de rocs, précipités des pentes dévastées des montagnes, s'y étaient amoncelés en un effroyable chaos.

Le bois, ou plutôt le bouquet d'arbres au milieu duquel s'étaient embusqués les chasseurs, pour porter secours aux émigrants, n'existait plus.

On ne voyait aucune créature vivante, on n'entendait aucun bruit. La neige épaisse de plus de quatre pieds étendait son blanc linceul sur toute la vallée.

Les chasseurs attendirent une heure encore, afin de laisser aux eaux le temps de s'écouler; puis, lorsque le ruisseau fut à peu près rentré dans son lit, ils le traversèrent à gué, en se tenant par le bras, afin de résister au courant, dont la force était encore extrêmement grande; et attachant à leurs pieds les raquettes que, dans ces contrées, les coureurs de bois portent constamment avec eux, ils commencèrent à glisser silencieusement sur la neige, assez solide déjà pour les supporter.

Il leur fallut près de cinq heures pour atteindre la grotte, dont ils étaient sortis le soir précédent.

Ce fut avec un sentiment de bonheur et de reconnaissance indicible envers Dieu, qu'ils se retrouvèrent enfin en sûreté dans leur forteresse.

Quant aux Indiens Corbeaux et aux émigrants, ils n'en avaient pas vu de traces

VII

LITLE ROCK

Un samedi du mois de novembre 1858, c'est-à-dire dix mois environ avant le jour où nous avons fait [commencer notre histoire, deux hommes, que leur costume faisait, au premier coup d'œil, reconnaître pour des coureurs des bois, assis dans une forte pirogue d'écorces de bouleau, se laissaient nonchalamment aller au fil de l'eau, sur la rivière Arkansas; humant avec délices l'air frais du matin, car il était à peine sept heures, et ne prenant d'autres précautions que de maintenir, au moyen d'une pagaie, le léger canot dans le lit du courant, assez rapide en cet endroit.

Ces deux hommes étaient Valentin Guillois et Curumilla.

Valentin rêvait, Curumilla semblait dormir.

Selon leur habitude, ils n'échangeaient pas une parole.

Cependant, tous deux avaient l'oreille ouverte et l'œil au guet.

Les rives qu'ils côtoyaient étaient de plus en plus accidentées et par conséquent plus pittoresques.

Souvent, la rivière était profondément encaissée entre deux rives de granit taillées à pic; d'autres fois, de verdoyante accores s'avançaient presque jusqu'au milieu du courant, puis les rives s'abaissaient en pente douce et se couvraient de cotonniers nains, de bouleaux et d'autres arbres encore, qui reposaient la vue en égayant le paysage.

Vers dix heures du matin, les voyageurs virent poindre, à une portée de fusil, au-dessus des arbres, les toits et les hautes cheminées couronnées de fumée d'une ville qui, vue à cette distance, paraissait être d'une certaine importance.

— Voilà Litle-Rock, dit Valentin, en promenant autour de lui son regard pensif; vous souvenez-vous, chef, lorsque pour la première fois, il y a vingt ans de cela, nous sommes venus ici vendre des fourrures? La ville n'existait pas encore; ce n'était pas même une bourgade; il n'y avait qu'un fortin en troncs d'arbres, avec un comptoir d'échanges. Aujourd'hui, voyez la fumée des usines et des fabriques; Litle-Rock est une ville de plus de dix mille âmes, riche, commerçante; dans vingt ans sa population aura quintuplé; elle trafiquera directement avec l'Europe, ajouta-t-il en hochant la tête; ainsi va le monde! voyez ces prairies ensemencées qui s'étendent à perte de vue, sur chaque bord de la rivière. Il y a à peine dix ans nous avons chassé l'élan, l'ours et l'opossum dans cette forêt, maintenant détruite et remplacée par ces champs couverts de céréales.

— Hug! fit Curumilla.

Valentin prit sans doute cette exclamation de l'Indien pour un encouragement, car il ajouta :

— La hache du Yankee est implacable, elle ne respecte rien; tout pour eux doit se transmuer en or.

Il laissa tomber sa tête entre les mains en étouffant un soupir de regret.

Au bout d'un instant Curumilla toucha légèrement l'épaule de son compagnon.

Celui-ci releva la tête, et passant la main sur son front, comme pour en chasser une idée importune, il saisit les pagaies.

Les deux hommes se mirent alors à nager vigoureusement; et cinq minutes plus tard, se glissant au milieu des nombreuses embarcations qui sillonnaient le port dans tous les sens, ils réussirent à accoster, au pied d'un escalier, où étaient déjà rangées d'autres pirogues comme la leur.

Après avoir amarré leur légère embarcation, les deux chasseurs se chargèrent chacun d'un énorme ballot de fourrues, puis ils sautèrent sur le quai et s'enfoncèrent dans l'intérieur de la ville d'un pas assuré qui prouvait qu'ils avaient une connaissance parfaite du lieu où ils se trouvaient en ce moment.

Les Espagnols, lors de la découverte du continent américain, furent de grands fondateurs de villes.

Toutes celles qu'ils ont créées, sans aucune exception, ont été établies dans des sites choisis avec une intelligence admirable et un pressentiment de l'avenir, auxquels la plupart d'entre elles doivent l'importance commerciale et militaire qu'elles ont aujourd'hui acquise.

Ces aventuriers de génie que l'on nommait Fernan Cortez, Pizarro, Valdivia, Almagro, Cabeza de Vaca, etc., etc., avaient le regard de l'aigle pour juger d'un coup d'œil les avantages non-seulement commerciaux et militaires, mais encore climatériques des lieux où ils voulaient se fixer.

Après eux, vinrent les Américains du nord, ces enfants perdus de la race anglo-saxonne, qui possèdent toute l'énergie et toute l'ambition de leurs ancêtres, augmentées de cette activité fébrile, de ce sentiment d'indépendance que rien ne peut rassasier, et qui les entraîne, sans autre but que celui de changer de place, dans les expéditions les plus périlleuses et souvent les moins avouables.

Le Nord-Américain se considère comme étant le seul maître du Nouveau-Monde; il agit en tout, partout et toujours en conséquence de ce principe. L'esprit de conquête s'est tellement emparé de lui, que, bien que les bras lui manquent et qu'il lui soit impossible de peupler son immense territoire, il tente sans cesse d'en reculer les frontières; et que si l'on n'y met ordre, parti de la baie d'Hudson, il ne s'arrêtera que lorsque la terre lui manquera, au cap Horn, en face des îlots pelés de la Terre-de-Feu.

En un mot, ce qu'il veut, ce qu'il cherche, ce qu'il

poursuit sans relâche avec cet entêtement particulier à la race saxonne, ce n'est rien moins que la domination entière sur les deux Amériques; et par suite le défrichement total par la hache américaine du Nouveau-Monde.

Est-ce un bien? est-ce un mal? l'avenir prononcera.

Les Yankees ont une façon expéditive, entre toutes, de fonder les villes qu'ils sèment partout, comme des étapes, sur leur passage.

Voici le procédé qu'ils emploient, il est d'une simplicité biblique.

Une vingtaine d'aventuriers, par exemple, traversent une forêt. Ils s'arrêtent pour la nuit dans une clairière.

Ils examinent le site avec soin; puis, si la position leur paraît offrir des conditions avantageuses au point de vue commercial, le lendemain, avant le lever du camp, ils font un *brûlis*, c'est-à-dire qu'ils incendient vingt-cinq ou trente hectares de forêt.

Cela fait, ils équarrissent un poteau sur lequel ils clouent une planche, ils écrivent sur cette planche: Rome, Paris, Versailles, Utique, ou tout autre nom qui leur passe par la tête; ils enfoncent le poteau bien solidement en terre, au milieu du brûlis, et s'en vont.

Deux ou trois mois après, un voyageur, ainsi que cela m'est arrivé à moi-même, demande son chemin pour se rendre d'un point à un autre, et on lui dit avec emphase :

— Oh! vous ne manquerez pas de villes, sur votre route; vous trouverez Utique, Rome, Paris, etc., etc.

Le voyageur arrive, il trouve un poteau.

Six mois plus tard, un spéculateur, trop connu dans les grands centres, à qui l'ombre et le silence sont nécessaires, qui a fait la route aller et retour, et s'est rendu compte des avantages de la position, vient camper au pied du poteau.

Il construit une cabane en troncs d'arbres ; élève des magasins avec de vieilles toiles à voile, hisse le drapeau étoilé au-dessus de sa porte, écrit en lettres de six pouces, sur une banderolle flottante : *Grand-Hôtel de Washingthon*, ou *des Etats-Unis*, ou *de La Fayette*, ou tel autre nom à son goût, et ouvre ainsi une auberge pour les voyageurs à venir.

Et cela fait, il attend, en fumant sa pipe, labourant son champ et cultivant son jardin, qu'il a tracé lui-même et soigneusement enclos.

A la fin de l'année, l'*hôtel de Washingthon* est en pierres ou en briques ; une centaine de maisons s'élèvent autour, coquettes et confortables ; il y a quinze cents habitants ; des usines, des fabriques, des minoteries, sont en pleine activité ; les rues sont larges, bordées de trottoirs, éclairées au gaz ; il est vrai que le milieu n'en est pas encore pavé et que l'on trébuche à chaque pas contre les souches des arbres de la forêt, mais il y a un journal, quelquefois deux ; la ville est fondée ; laissez-la grandir ; au bout de deux ans, elle aura dix mille habitants, dans moins de dix ans, elle en comptera cinquante mille.

Il en est, il en a été, et il en sera toujours ainsi pour

les villes des États-Unis; à moins quelles se trouvent sur le territoire indien.

Dans ce cas, elles commencent par une forteresse en terre et en bois, accompagnée d'un comptoir d'échanges.

Là est toute la différence.

Telle était l'histoire de Litle-Rock.

Ceci bien expliqué, reprenons notre récit.

Valentin Guillois et son ami Curumilla, le chef Indien, traversèrent plusieurs rues, cependant assez excentriques, sans paraître causer la plus légère surprise aux gens affairés et marchant au pas gymnastique qu'ils rencontraient et croisaient incessamment.

Règle générale, dans les rues, même alors qu'ils se promènent, les Nords-Américains marchent comme s'ils étaient chargés de messages de vie ou de mort; ils vont droit devant eux, arpentant le terrain, sans se déranger jamais; au lieu de s'excuser d'un mot, près des gens qu'ils bousculent dans leur course, ils leur chercheraient plutôt querelle.

Valentin s'arrêta devant une maison de belle apparence, dont la porte était ouverte toute grande et livrait incessamment passage à des gens qui entraient ou sortaient d'un air affairé.

Cette maison était le comptoir d'un riche habitant, qui faisait particulièrement le commerce de pelleteries avec les Indiens et les coureurs des bois.

Les deux voyageurs pénétrèrent dans une vaste pièce, où une quinzaine d'employés, penchés sur leurs pupitres, travaillaient activement et sans lever un seul instant la tête.

Un homme d'un certain âge, tout vêtu de noir, se promenait de long en large au milieu de la pièce.

Dès qu'il aperçut les chasseurs, il s'approcha d'eux avec empressement, et après les avoir salués :

— Je suppose que vous venez pour affaires ? demanda-t-il à Valentin.

— Votre supposition est juste, répondit celui-ci, en montrant les lourds paquets de fourrures que son compagnon et lui portaient sur les épaules.

— Aoh ! fort bien ; je calcule alors que vous êtes pressés ?

— Très-pressés, fit Valentin.

— Aoh ! suivez-moi par ici.

— Pardon, fit Valentin, je connais la maison, mais c'est à master Grolow lui-même que je désire avoir affaire.

— Aoh ! indeed ! fit l'homme à l'habit noir, en secouant le tête, ce n'est pas possible ! master Grolow est très-occupé.

— Que le diable vous emporte ! master Clevermann, dit en riant Valentin, chaque fois que je viens ici, vous me faites la même réponse.

— Aoh ! attendez donc, reprit l'autre en examinant le chasseur de plus près, je vous reconnais maintenant. Vous êtes le chasseur français appelé le *Chercheur de pistes ;* je calcule que master Grolow pourra vous recevoir.

— Il faut qu'il me reçoive, répondit nettement Valentin.

Les manières de l'homme à l'habit noir s'étaient complétement modifiées ; brusque, tranchant, presque grossier au commencement de l'entretien, il était subitement devenu d'une politesse exquise.

Après s'être presque respectueusement incliné devant le chasseur, il s'éloigna, ouvrit une porte et disparut.

Son absence dura à peine quatre ou cinq minutes.

Il rentra, et, sans prononcer une parole, il fit signe aux deux chasseurs de le suivre.

L'homme à l'habit noir leur fit traverser plusieurs pièces somptueusement meublées, ouvrit une porte et annonça gravement :

— Master Valentin Guillois ; master Curumilla !

Il s'effaça pour leur livrer passage, puis il referma la porte derrière eux, en demeurant, bien entendu, au dehors.

Les deux hommes se trouvèrent alors dans une pièce meublée avec ce luxe lourd et de mauvais goût, qui plaît tant aux Américains.

Master Grolow était un homme de trente à trente-cinq ans, grand, assez bien fait, mais dont la taille commençait à se déformer. Ses traits étaient pleins d'intelligence, légèrement railleurs, mais son teint enflammé témoignait de certaines habitudes d'intempérance.

Son père avait été un des premiers colons de Litle-

Rock ; à l'époque où la cité n'était encore qu'un fort, il avait gagné sa fortune dans le commerce des pelleteries, commerce religieusement continué par son fils qui passait, à tort ou à raison, pour le plus riche capitaliste de la ville actuelle.

Au moment où les visiteurs pénétrèrent près de lui, master Grolow était étendu dans un fauteuil à disque, les pieds posés sur un magnifique bureau en palissandre ; il tenait à la main un numéro du *Démocrate* de Litle-Rock, journal dont il était un des principaux actionnaires, et fumait un regalia, tout en se balançant nonchalamment.

L'entrée des deux chasseurs ne lui fit pas changer de position.

Il se contenta de se pencher légèrement vers eux, et, après les avoir salués de la main en leur indiquant des sièges :

— Vous permettez, n'est-ce pas? dit-il.

Valentin s'inclina, posa ses paquets à terre, mouvement religieusement imité par Curumilla, et ils s'assirent ; à cette différence près, que Valentin prit une chaise et que Curumilla s'accroupit sur le tapis.

Quelques minutes s'écoulèrent, après lesquelles master Grolow jeta son journal, prit sur son bureau un morceau de bois et un couteau, et, après s'être de nouveau couché sur son fauteuil, il se mit à tailler avec fureur, et cela de telle sorte que le morceau de bois fut bientôt réduit en copeaux, semés à droite et à gauche sur le tapis.

— Je calcule, dit-il, master Valentin, que vous vous faites bien rare à Litle-Rock ; est-ce que vous oubliez vos amis ?

— Non pas, master Grolow, j'aime trop mes amis, vous le savez, pour les oublier ; si vous ne me voyez pas plus souvent, vous ne devez vous en prendre qu'à vous-même.

— Aoh ! je suppose que vous plaisantez.

— Ma foi non, je ne plaisante nullement, master Grolow.

— Alors je ne comprends pas.

— C'est cependant bien simple ; vous défrichez tellement autour de la ville, que le gibier s'effraye, s'éloigne. A l'endroit où nous sommes, sur l'emplacement même de votre maison, on chassait, il y a trente ans, des ours magnifiques. Aujourd'hui, il faut faire cinquante lieues et plus pour en rencontrer.

— C'est vrai ; mais que voulez-vous, cela doit être ainsi ; le monde a été créé pour l'homme. La terre est faite pour être défrichée, afin de lui fournir les céréales qui le nourrissent. La civilisation est implacable ; elle a des lois qui ne peuvent être enfreintes ; elle passe son niveau partout, sur tout ; tant pis pour les races qu'elle fait disparaître, car ces races seules sont coupables. Elles ne remplissaient pas le but pour lequel elles avaient été créées, elles devaient être fatalement détruites.

— Oui, oui, master Grolow, dit Valentin avec tristesse, je sais que c'est ainsi que, vous autres Américains, vous essayez de justifier votre injuste barbarie envers les possesseurs primitifs de cette terre, que vous avez mise en coupe réglée, comme si ce n'étaient que des brutes et non des hommes faits à l'image de Dieu ; mais vous ne me convaincrez pas, vous le savez. Ainsi, avec votre permission, nous changerons de conversation.

— Allons, allons, ne vous fâchez pas, master Valentin, nous sommes de trop vieux amis pour qu'une plaisanterie puisse nous brouiller ; je sais que vous aimez les Indiens et que vous vous êtes fait presque Indien vous-même.

— Je ne m'en cache pas ; j'aime les Indiens ; ils sont bons et loyaux ; on peut compter sur leur parole à eux.

— Allons, allons, master Valentin, je calcule que j'ai eu tort de vous parler ainsi. Ne m'en gardez pas rancune ; vous savez que je suis votre ami, moi.

— Oui, c'est vrai, master Grolow ; vous étiez bien jeune quand je vous vis pour la première fois.

— Oui, oui, et je m'en souviendrai toujours. Notre rencontre a eu lieu dans des circonstances qui ne s'oublient pas. Sans vous, j'aurais, ma foi, bu dans l'Arkansas le plus rude coup d'eau qui me soit jamais passé par le gosier ; aussi vous pouvez compter sur moi, master Valentin ; mon cœur et ma bourse sont à vous ; un Américain n'a qu'une parole.

— Vous, du moins, vous êtes ainsi, je me plais à le reconnaître, et je vous avoue franchement que cette amitié que vous me témoignez m'est précieuse, parce qu'elle vient du cœur.

— A la bonne heure donc, dit en riant l'Américain, on a bien de la peine à vous confesser. Mais bah ! mieux vaut tard que jamais ! Que nous apportez-vous là ? ajouta-t-il en désignant les paquets ; quelque chose de précieux sans doute, selon votre habitude ?

— Cette fois vous avez raison, dit Valentin en riant, nous sommes allés chasser plus loin que le Vancouver.

— Aoh ! aoh ! et vous m'avez conservé tout le produit de votre chasse ?

— Je suis comme vous, moi, je n'ai qu'une parole. N'avons-nous pas un traité ? et un traité sans écrit, sur parole, ce qui est plus grave ?

— Quelles sont ces fourrures ?

— Deux douzaines de peaux de renards bleus, trois douzaines d'hermines, cinq douzaines de peaux de castor et neuf peaux d'ours gris.

— Good god ! vous ne faites pas les choses à demi. Si vos apparitions sont rares, lorsque vous venez, en revanche, vous nous apportez toujours des fourrures de premier choix. N'allons-nous pas, cette fois, régler nos comptes ? Savez-vous que j'ai près de cent quarante mille dollars à vous.

— Gardez mon argent et celui de mon ami, master Grolow, il est mieux dans vos mains que dans les nôtres ? Ce sont des munitions qu'il nous faut ; avec de la poudre et des balles, nous nous procurons tout ce qui nous manque.

— Comme il vous plaira, master Valentin, on vous

préparera votre provision accoutumée ; cela vous convient-il?

— Parfaitement.

Master Grolow appuya le doigt sur un bouton d'ivoire à demi perdu dans les moulures de son bureau.

Presque aussitôt la porte s'ouvrit et un valet parut.

— Faites préparer immédiatement vingt livres de poudre fine première qualité, dit le traitant; deux saumons de plomb de cinq livres chaque et deux pharmacies portatives garnies de tous leurs accessoires. Allez; ah! à propos, priez master Digwal de venir un instant.

Lorsque la porte fut refermée, le traitant continua en s'adressant à Valentin :

— Me ferez-vous l'honneur de déjeuner ici?

— Mille remercîments, répondit le chasseur ; il nous est impossible de nous arrêter ; des affaires impérieuses exigent notre présence au coucher du soleil à près de trente mille d'ici ; mais je vous promets qu'à mon prochain voyage je profiterai de votre gracieuse invitation.

— Je ne vous tiens quitte qu'à cette condition.

— Comptez sur moi.

En ce moment la porte s'ouvrit et master Digwal, le principal employé de la maison, entra.

— Vous m'avez fait l'honneur de me demander, sir? dit-il en saluant respectueusement son patron.

— Oui, sir; veuillez faire dresser l'inventaire exact des marchandises contenues dans ces paquets; vous en porterez la valeur à l'actif de master Valentin Guillois et de master Curumilla, son ami.

— Bien, sir, répondit le commis.

Et se tournant vers le chasseur :

— Pardon, sir, dit-il, est-ce que vous seriez master Valentin Guillois.

— Je suis Valentin Guillois pour vous servir, oui, sir, répondit le chasseur.

— God Bless me ! voici un hasard singulier, reprit le commis ; il est arrivé ici, il y a trois mois, une lettre à votre adresse. Cette lettre, toute chargée de timbres, vient, en dernier lieu, de New-Orléans ; elle est recommandée aux bons soins de master Grolow. Vous remettrai-je cette lettre ?

— Vous m'obligerez infiniment, sir.

— Alors, avec la permission de master Grolow et la vôtre, je vais la chercher.

Au bout de cinq minutes, le commis rentra.

Il tenait à la main un large pli, fermé de cinq cachets, et couvert de timbres de toutes sortes.

— Voici votre lettre, sir, dit-il, en la présentant à Valentin.

Celui-ci la prit ; il se préparait à la renfermer dans sa gibecière, mais le traitant l'arrêta.

— Master Valentin, lui dit-il en souriant, croyez-moi, lisez cette lettre tout de suite ; elle vous est parvenue d'une façon si singulière, qu'elle doit être importante, et peut-être regretteriez-vous plus tard de ne pas en avoir pris plus tôt connaissance.

— En effet, je pense comme vous, sir; ainsi, puisque vous me le permettez...

— Faites donc! faites donc!

Le chasseur ouvrit alors la lettre qu'il parcourut rapidement des yeux.

Presque aussitôt, un changement extraordinaire s'opéra en lui.

Une effrayante pâleur couvrit son visage; ses traits se contractèrent sous l'effort d'une émotion qu'il essayait de contenir; ses yeux prirent une expression égarée; un tremblement convulsif agita ses membres, et une sueur froide inonda son front et ses tempes.

— Mon Dieu, qu'avez-vous? s'écria master Grolow en s'élançant vers lui.

Le commis, en le voyant chanceler, fit aussi un mouvement pour le soutenir. Curumilla se leva, alla se placer derrière son ami et lui posant doucement la main sur l'épaule :

— Courage! lui dit-il.

Valentin, qui s'était affaissé sur lui-même, se redressa lentement; il laissa un instant errer ses regards autour de lui, et murmura d'une voix faible en essayant de sourire :

— J'ai cru mourir! Dieu ne l'a pas voulu! la crise est passée! je me sens mieux, beaucoup mieux!

Tout à coup, un horrible sanglot déchira sa poitrine et il fondit en larmes en s'écriant d'un voix navrante:

— Oh! que je souffre! mon Dieu, que je souffre!

Curumilla s'agenouilla auprès de son ami, et lui dit

avec une expression de douceur impossible à rendre :

— Pleure, ami, les larmes consolent. Quand tu auras pleuré tu redeviendras homme.

Les deux Américains se sentaient émus plus qu'ils ne le voulaient paraître; la vue de cette immense douleur appelait à leurs yeux des larmes sympathiques. Ils aimaient et respectaient cet homme, que toujours, et en toutes circonstances, ils avaient vu si grand, si noble et si simple à la fois.

Cependant peu à peu Valentin réussit à dompter sa douleur; ses nerfs se détendirent, ses yeux se séchèrent, et se penchant vers le traitant :

— Pardonnez-moi, lui dit-il, le spectacle ridicule que je vous ai donné, maintenant je serai maître de moi.

— Cette lettre renferme donc une nouvelle terrible ? demanda affectueusement le traitant.

— Oui; un malheur affreux me frappe à l'improviste.

— Peut-être ne feriez-vous pas mal, sir, dit le commis, de prendre un cordial quelconque.

— Non; rien, merci; d'ailleurs, plus que jamais, le temps me presse; il faut que je parte à l'instant, s'il est possible.

— Où voulez-vous vous rendre?

— A New-Orléans.

— Le *Missouri* est en ce moment sous vapeur; il est onze heures; dans une demi-heure il partira pour New-Orléans.

— Très-bien; master Digwal, veuillez, je vous prie, faire retenir mon passage et celui de mon ami.

— A l'instant, sir; faut-il y faire transporter vos provisions? ajouta le commis.

— Non, sir; les pharmacies seulement, je vous prie.

— Très-bien, sir.

Et il sortit.

— Mon cher master Grolow, vous m'avez demandé, il y a un instant, si j'avais besoin d'argent; je vous ai répondu que non. Maintenant la situation est changée; il m'en faut, il m'en faut beaucoup.

— Bon, que cela ne vous inquiète pas, master Valentin, je vais vous donner un crédit de cinquante mille dollars sur mon correspondant de New-Orléans.

— Je n'ai pas besoin d'une pareille somme.

— Vous ne prendrez que ce qui vous sera nécessaire; mieux vaut avoir trop que pas assez.

— C'est vrai, vous avez raison.

Le banquier prit du papier et commença à écrire rapidement.

— Tenez, dit-il au bout d'un instant, en présentant à Valentin quatre ou cinq lettres pliées mais décachetées, voici une lettre de crédit de cinquante mille dollars sur la maison Arthur Wilson, Rouquette et Blondeau, mes correspondants; ces autres papiers sont des lettres d'introduction pour cinq des maisons les plus considérables de New-Orléans; le cas peut se présenter où vous aurez besoin de vous appuyer sur des noms honorables. Ne refusez donc pas ces lettres, qui vous feront bien accueillir par ceux à qui elles sont adressées.

— Merci, répondit Valentin avec chaleur, je n'aurais osé vous les demander, et pourtant il est possible qu'elles me soient utiles.

— Maintenant, ajouta le traitant, comme vous ne portez point, probablement, d'argent sur vous, voici une centaine de dollars qui vous suffiront jusqu'à ce que vous puissiez user de votre lettre de crédit; puis-je faire autre chose pour vous?

— Non, rien; vous n'avez que trop fait déjà; je ne sais comment vous remercier; mais je compte sur l'avenir.

Le traitant regarda sa montre.

— Il est onze heures un quart, dit-il, partons, je vous accompagne au steamboat; je tiens à vous recommander au capitaine, qui est de mes amis, et m'a certaines obligations.

Le traitant prit une poignée de cigares dans une caisse, en offrit un à Valentin, un autre à Curumilla, en choisit un troisième pour lui, mit les autres dans sa poche et les trois hommes sortirent.

Valentin avait repris son calme et son impassibilité habituels.

Nul n'aurait pu soupçonner à la nonchalante désinvolture avec laquelle il fumait son regalia que, moins d'une heure auparavant, une horrible douleur avait tordu le cœur de cet homme.

Master Grolow semblait connaître tout le monde à

Litle-Rock; chacun le saluait et s'inclinait devant lui; non pas avec cette obséquiosité banale et basse que l'on a généralement pour la richesse, mais le sourire sur les lèvres et l'air satisfait comme lorsque l'on a rencontré un de ses amis.

Le quai était encombré de ballots et de marchandises de toutes sortes, autour desquels rôdaient, tournaient, s'agitaient des courtiers, des portefaix et des acheteurs, ce qui lui donnait une animation extraordinaire.

Le *Missouri*, superbe steamboat de cent pieds de long, à deux étages de cabines sur le pont, était amarré bord à quai, et se balançait majestueusement au milieu de cent autres navires de toutes sortes et de toutes dimensions.

La cloche du bord sonnait pour appeler les passagers.

Ceux-ci commençaient en effet à s'embarquer au moyen d'une passerelle établie du bord à terre.

Le capitaine, gros homme court et trapu, à la physionomie joviale et à la face apoplectique, se promenait, les bras derrière le dos, sur la dunette.

Aussitôt qu'il aperçut master Grolow, il poussa une joyeuse exclamation, descendit en toute hâte de la dunette et accourut vers le traitant.

— Eh! s'écria-t-il, quel bon vent vous amène, master Grolow?

— L'envie de vous serrer la main et de vous souhaiter un bon voyage, capitaine Wriggt.

— Voulez-vous monter un instant à bord, nous ne partirons pas avant vingt minutes?

— Avec plaisir; d'autant plus que je veux vous recommander deux de mes amis, les meilleurs que j'aie.

— Ces gentlemen? demanda le capitaine, en désignant les deux chasseurs; on est venu, il y a un instant, retenir leur passage de votre part.

— C'est cela même, capitaine.

— Oh! du moment que vous vous dérangez pour venir me recommander en personne ces deux gentlemen, il faut qu'ils soient bien réellement de vos amis. Aussi, soyez tranquille, master Grolow, je les traiterai comme de vieilles connaissances; mais ne restons pas sur le quai plus longtemps; je passe le premier pour vous montrer le chemin.

Ils montèrent à bord.

Le capitaine conduisit ses hôtes dans une cabine placée sous la dunette, grande, aérée, bien meublée, et qui était la sienne.

Par ses ordres, le steward du navire avait littéralement encombré de rafraîchissements de toutes sortes une table placée, ou plutôt suspendue, au milieu de la cabine.

Les Américains, comme leurs ancêtres les Anglais, sont de rudes buveurs. La quantité de boissons qu'ils absorbent, sans en être, ou du moins sans en paraître incommodés, est énorme et dépasse toute vraisemblance.

Valentin et Curumilla, naturellement très-sobres,

mouillèrent à peine leurs lèvres dans les verres de wiskey et de brandy, que le capitaine leur avait remplis jusqu'aux bords.

Quant à master Grolow, il tint vaillamment tête à son compatriote, et, lorsque le moment de la séparation fut arrivé, ils avaient à eux deux, tout en causant, très-prestement vidé une bouteille de wiskey, d'une capacité de près de trois litres, sans que cette énorme libation parût exercer la moindre influence sur eux.

Master Grolow prit affectueusement congé des voyageurs, les recommanda une dernière fois au capitaine, et, après de nombreux serrements de main de rigueur, il descendit à terre au moment où le pilote, placé à la barre, criait d'une voix de stentor :

— Largue les amarres!...

Le *Missouri* fit majestueusement son abatée, mit le cap au large et descendit rapidement l'Arkansas, laissant derrière lui Litle-Rock, dont les hauts-fourneaux ne tardèrent pas à disparaître dans le lointain.

VIII

PREMIÈRE JOURNEE DE VALENTIN A NEW-ORLÉANS

La Nouvelle-Orléans est aujourd'hui la rivale de New-York, sur l'Atlantique, c'est-à-dire le port le plus riche et le plus commerçant de la grande république américaine.

Cette ville, qui compte aujourd'hui plus de cent cinquante mille âmes, est toute moderne. Elle ne fait pour ainsi dire que de naître, puisqu'elle date à peine d'un siècle et demi.

Mais, ainsi que nous l'avons dit dans un précédent chapitre, l'Amérique est véritablement la terre des prodiges ; tout s'y improvise et y croît avec une rapidité extraordinaire.

La Nouvelle-Orléans fut fondée en 1717, par Bierville, frère de ce fameux Iberville qui, quelques années auparavant, avait fondé Mobile, et consacra sa vie tout entière à l'établissement de colonies à la Louisiane.

En 1717, le système inventé par l'Écossais Law de Lauriston, faisait fureur en France.

La jeune ville fut nommée la Nouvelle-Orléans.

Ce nom lui fut donné en honneur du régent, qui s'était déclaré le protecteur du hardi financier dont le système, mal compris et plus mal appliqué, devait causer la ruine de tant de familles et créer à la France des embarras financiers qui devinrent une des causes indirectes, mais réelles, de la révolution de 1789, déjà préparée par les dilapidations du règne de Louis XIV, surnommé le Grand-Roi.

La Nouvelle-Orléans est bâtie sur une île située sur la rive gauche du majestueux Mississipi, que les Indiens nommaient *Meschascébé*, c'est-à-dire le père des eaux, à environ cent soixante kilomètres du golfe du Mexique.

Cette ville est séparée en deux quartiers : le vieux, habité par les descendants des premiers colons, et dans lequel on ne parle que le français; le quartier neuf, plus nouvellement créé par les Américains du Nord, et dans lequel, naturellement, domine la langue anglaise.

Le sol de la Nouvelle-Orléans est au-dessous du niveau du fleuve, mais il s'élève incessamment de toutes les terres enlevées par le Mississipi du côté qui fait face à la ville.

Les rues, dans le vieux quartier surtout, sont étroites, garnies de vieilles maisons ornées de balcons et de corniches qui indiquent leur origine française et espagnole.

Les édifices publics sont assez bien construits, mais n'ont rien pourtant de remarquable, sauf le *circuit-court* ou palais de justice, qui, dans tous les pays du monde, pourrait à juste titre passer pour un véritable monument.

Mais la plus grande beauté de la Nouvelle-Orléans, ce sont ses quais ; ils sont magnifiques et peuvent certainement, sans aucun désavantage, soutenir la comparaison avec ceux de New-York.

Quand nous ajouterons que près de quinze cents navires marchands partent annuellement de la Nouvelle-Orléans, pour tous les points du monde, on se fera une idée de sa richesse et de l'étendue de son commerce.

Aussitôt que *le Missouri* se fut amarré bord à quai à la Nouvelle-Orléans, le capitaine Wriggt, qui avait à cœur de justifier la recommandation que Master Grolow lui avait faite, conduisit les deux chasseurs dans le vieux quartier, chez une pauvre veuve nommée madame Chaubard, qui tenait une maison garnie avec pension bourgeoise, à des prix très-modérés, pour les officiers de la marine de commerce et en général pour les marins peu fortunés.

Après avoir chaudement recommandé les voyageurs à madame Chaubard, le capitaine leur serra la main, se mit à leur disposition pour tous les services qu'il pourrait leur rendre et retourna à son bord.

Madame Chaubard était une femme d'environ cinquante ans, vive, alerte, très-bien conservée et qui avait dû être fort belle dans sa jeunesse.

Quoique née à la Nouvelle-Orléans, elle était d'origine française. Ses parents, assez riches, mais ruinés plus tard par de fausses spéculations, lui avaient fait donner une bonne éducation ; très-jeune encore elle avait épousé par amour un capitaine marchand qui avait fait naufrage et s'était noyé pendant un voyage de pêche à la baleine sur la côte Nord-Ouest, et l'avait laissée veuve à vingt-cinq ans, avec trois enfants à élever et presque sans ressources.

La situation de la pauvre mère était affreuse.

Cependant elle ne perdit pas courage.

Fidèle à son premier amour, dont elle conservait pieusement le souvenir dans son cœur, elle se voua à l'éducation de ses enfants, avec cette énergie de l'amour maternel qui ne connaît pas d'obstacles et qui accomplit des prodiges.

Mais le sort semblait s'acharner contre elle.

Elle perdit successivement ses enfants, lorsque, déjà grands, ils pouvaient l'aider de leur travail ; et elle demeura seule à l'âge où une femme a le plus besoin de soutien.

Ce fut alors que madame Chaubard, aidée par quelques amis qui lui étaient restés fidèles et avaient admiré son courage et sa résignation, fonda une pension bourgeoise qui, grâce à son économie, à son aménité et à son égalité de caractère, ne tarda pas à prospérer et lui donna, sinon la richesse, du moins un bien-être relatif.

Telle était l'histoire simple et touchante à la fois de la maîtresse de l'hôtel où le capitaine du *Missouri* avait conduit les deux chasseurs.

Madame Chaubard reçut Valentin avec ce bon sourire qui présage pour l'avenir d'excellentes relations, et elle se hâta de conduire ses nouveaux locataires dans un petit appartement composé de trois pièces, et situé au deuxième étage ; puis après s'être assurée que rien de ce qui leur était nécessaire ne manquait, elle leur demanda s'ils voulaient manger chez eux ou à table d'hôte.

Valentin Guillois, dans la crainte d'exposer Curumilla à des plaisanteries et à des moqueries que le chef n'aurait pas longtemps supportées, préféra se faire servir chez lui. Il congédia son hôtesse en la priant de faire apporter le déjeuner aussitôt que cela serait possible.

Demeurés seuls, les deux hommes procédèrent à leur installation.

L'appartement, modestement meublé, ne contenait que le plus strict nécessaire.

Ainsi que nous l'avons dit, il comptait trois pièces, séparées par une pièce qui servait aussi d'entrée.

Valentin Guillois déposa son bagage dans une des chambres à coucher, Curumilla s'installa dans l'autre.

Le premier soin du chef fut de défaire le lit ; il plia les draps et les couvertures, vida la paillasse par la fenêtre, roula le matelas, démonta le bois de lit, et serra précieusement le tout dans une espèce de grande garde-robe qui servait d'armoire. Puis il étendit sa peau de bison sur le parquet, posa son rifle et sa gibecière à portée de sa main, se contenta de desserrer sa ceinture au lieu de l'ôter, alluma son calumet et com—

mença à fumer avec tout le flegme qui caractérise les Indiens.

Valentin n'avait pas procédé de la même façon.

Il avait négligemment jeté sa gibecière et sa ceinture sur une chaise, appuyé son rifle dans un angle de la pièce, et, comme tous les hommes préoccupés, il s'était mis à se promener à grands pas, la tête penchée sur la poitrine et les mains derrière le dos.

L'absence de madame Chaubard ne fut pas longue.

Elle reparut bientôt accompagnée d'un domestique noir chargé de plats, d'assiettes et enfin de tout ce qu'il fallait pour le déjeuner.

En entendant ouvrir la porte, Valentin passa dans la chambre d'entrée.

— Ne prenez pas tant de peines, chère madame, dit-il à l'hôtesse ; nous ne sommes pas des gens civilisés, nous autres, mais presque des sauvages, et, quant aux plats, aux assiettes, aux verres, aux nappes et aux serviettes, tout cela constitue un luxe dont je me suis complétement déshabitué, et auquel mon ami n'a jamais pu se faire.

— Mais encore, monsieur, faut-il au moins ?...

— Rien, ma bonne hôtesse ; tenez, laissez-moi vous indiquer une fois pour toutes de quelle façon notre couvert, puisque couvert il y a, doit être mis.

— Je désire surtout vous satisfaire, monsieur ; parlez donc, je me conformerai à vos intentions.

— Je vous ferai d'abord observer que notre coutume est de manger accroupis sur nos talons ; les chaises et les tables sont donc inutiles. Voici fort à propos sur le parquet un magnifique tapis de Turquie ; faites disposer là-dessus les plats, les bouteilles, et même les verres, mais rien de plus.

— Comment monsieur, réellement, rien de plus?

— Mais oui, fit Valentin avec un sourire, que voulez-vous davantage?

— Enfin, puisque vous l'exigez!

— Oui, je vous assure que nous serons bien plus commodément comme cela.

Le nègre ouvrait des yeux grands comme des portes cochères, il ne comprenait rien à cette étrange façon de se mettre à table.

Selon l'habitude de ses congénères, sans doute il se serait mis à rire aux éclats, si la physionomie fière et imposante du chasseur ne lui avait inspiré un respect, qui ressemblait considérablement à de la crainte.

— Maintenant, chère madame Chaubard, il ne me reste plus qu'à m'excuser de vous causer tant de tracas.

— Oh! ce n'est rien, monsieur, dit-elle en s'inclinant.

— Pardonnez-moi, madame, tout changement d'habitudes est une peine ; il est donc de mon devoir de m'excuser auprès de vous ; ceci fait, j'ai à vous prier de me rendre un service.

— Oh! parlez, monsieur, si cela dépend de moi...

— Je le sais, madame, je vous remercie donc à l'avance ; il s'agit seulement de quelques renseignements dont j'ai besoin ; pour la première fois, je viens à la Nouvelle-Orléans, où m'appellent des intérêts excessivement graves. Je commence par vous dire que je suis fort au courant des mœurs américaines et que, sachant qu'en ce pays l'argent fait tout, j'ai eu soin de me munir de sommes assez importantes pour parer à tous les événements, même les plus imprévus.

— Oh! alors vous réussirez, car malheureusement vous dites vrai, en ce pays, l'argent seul donne la considération! devant lui tous les obstacles s'abaissent.

— Que le ciel vous entende, madame! mais, hélas! j'ai bien peu d'espoir, puis je compte sur votre obligeance pour ces renseignements dont j'ai besoin.

— Certes, monsieur, parlez.

— Le moment serait mal choisi, le matin surtout, vous devez avoir de nombreuses occupations; mon ami et moi, nous allons déjeuner ; si vous n'y trouvez pas d'inconvénient, nous remettrons cet entretien à un autre moment.

— Quand il vous plaira, monsieur.

— Dans deux ou trois heures, si vous y consentez.

— Soit, monsieur, dans trois heures, je serai à vos ordres.

— Merci, encore une fois, chère madame Chaubard.

L'hôtesse se retira, suivie du nègre de plus en plus effaré.

Valentin passa alors dans la chambre de Curumilla.

Il ne put retenir un sourire, en voyant de quelle façon le chef avait établi son campement.

— Quand mon frère voudra, dit-il, le déjeuner est prêt.

L'Indien éteignit son calumet qu'il repassa à sa ceinture, se leva et suivit son ami.

Le repas fut silencieux.

Curumilla n'était pas causeur; en ce moment surtout, il se serait fait scrupule d'adresser une seule question à Valentin.

Curumilla savait que Valentin était en proie à un violent chagrin; peut-être avait-il en partie pénétré la douleur que son ami cachait si opiniâtrement au fond de son cœur; mais avec la délicatesse innée chez lui, et cette grandeur de sentiments qui formaient le côté saillant de son caractère, le chef, si dévouée et si sincère que fût son amitié pour le Français, avait compris qu'il y a de ces douleurs devant lesquelles toute consolation paraît banale et que la véritable amitié, au lieu de provoquer une confidence, doit attendre qu'on vienne à elle, et qu'on la consulte.

Aussi, il attendait, convaincu que, le moment venu, Valentin n'hésiterait pas à tout lui confier.

Le repas terminé, Curumilla alluma son calumet, et Valentin un des excellents cigares dont en quittant Litle-Rock, master Grolow avait eu soin de le précautionner.

Pendant plus de vingt minutes, les deux hommes fumèrent sans échanger une parole.

Tous deux semblaient absorbés par leurs réflexions.

Enfin Valentin releva la tête, et jetant à la dérobée un regard sur son ami :

— Que pense le chef? dit-il.

— Curumilla est triste, répondit lentement l'Indien

de sa voix gutturale ; une peau épaisse s'est étendue sur son cœur, les paroles que souffle sa poitrine l'oppressent, parce qu'il sait que son frère pâle est malheureux.

— Que dit encore Curumilla ? continua Valentin.

— Curumilla dit : mon frère souffre ; l'oreille d'un ami est ouverte, son cœur est tendu vers lui ; la douleur est moins lourde à porter quand on la partage entre deux ; il suffit à Curumilla que son frère sache qu'il est près de lui ; il attend et il dit : C'est bon !

— Mon frère a bien parlé ; il sait que ma langue n'est pas fourchue, et que mon cœur sera toujours ouvert pour lui.

— Si Valentin a conduit le chef dans le grand village en pierre des visages pâles, c'est qu'il a supposé que Curumilla pourrait lui être utile. Que le chasseur dise ce qu'il veut, le chef le fera.

— Je remercie mon frère, ce qu'il a dit, je le savais ; il ne peut y avoir de nuages entre son esprit et le mien. La douleur de l'un est celle de l'autre. Si depuis deux jours j'ai gardé le silence, c'est que je craignais d'affliger mon frère, en lui apprenant des choses qui le touchent autant que moi-même.

— Curumilla est un sachem, un des premiers *Ulmenes* de sa nation ; c'est un grand guerrier ; sage au feu du conseil, terrible au combat ; le brave se rit de la douleur, quand cette douleur lui est personnelle ; elle ne le fait souffrir que lorsqu'elle atteint un ami.

— Je parlerai donc, chef ; il m'est impossible de garder plus longtemps le silence ; mon cœur se brise dans ma poitrine; j'ai besoin de m'appuyer sur le bras de mon frère.

— Bon, que mon frère s'appuie, le bras de Curumilla est fort, il ne faiblira pas. Les oreilles de son ami sont ouvertes, il écoute le chasseur.

Valentin laissa tomber sa tête dans ses mains, et demeura pendant quelques minutes absorbé par une profonde méditation.

— Écoutez, dit-il enfin d'une voix nerveuse, écoutez, chef, car il faut en finir, la torture que je souffre est trop horrible, je ne me sens pas la force de la supporter davantage. Vous vous souvenez, n'est-ce pas, de mon frère de lait, Don Luis de Prébois-Crancé; vous savez comment pour étouffer dans mon cœur l'amour profond que j'éprouvais pour doña Rosario, sa fiancée, je pris la résolution de m'éloigner à jamais, et comment, avec votre aide, j'exécutai cette résolution.

— Curumilla se souvient, dit le chef en hochant la tête, lui aussi il aimait Don Luis, lui aussi il était dévoué à l'Églantine des bois.

— C'est vrai, chef; et ce dévouement vous l'avez prouvé au péril de votre vie. Depuis notre départ de l'hacienda de la *Paloma*, jamais mes *mocksens* ni ceux du chef n'ont laissé de nouvelles traces sur le sentier qui y conduit. Ceux auxquels j'avais fait le sacrifice de mon bonheur étaient heureux; que m'importait le reste; je suis un homme, je puis souffrir.

— Hug! fit l'Indien, mon frère est un cœur vaillant, il a lutté contre la douleur et il l'a vaincue.

10.

— Je l'ai cru longtemps, hélas! cette plaie toujours saignante, est plus vive et plus douloureuse que jamais elle ne l'a été! Voici ce que m'apprend le *collier* — lettre — que j'ai reçu à Litle-Rock; je ne lirai à mon frère que la partie de ce collier qui a rapport au triste sujet qui nous occupe.

Le chef fit un geste d'assentiment.

— Le chef écoute, dit-il, son frère le chasseur peut ouvrir le collier.

Sans répondre, Valentin Guillois prit dans sa gibecière la lettre qui lui avait été remise à Litle-Rock par master Digwal, le premier employé de la maison Grolow; il ouvrit cette lettre d'une main frémissante, la parcourut un instant des yeux, et s'adressant à son ami:

— Écoutez; lui dit-il.

L'Indien hocha silencieusement la tête.

Alors le chasseur commença ainsi la lecture de la lettre.

« La *Chacra* de la Paloma a été surprise il y a un an,
« par les *Moluchos*, anciens partisans d'*Antinahuel* — le
« tigre Soleil; — ces féroces guerriers avaient conservé
« une haine implacable contre les auteurs de la mort
« de leur chef; ils s'étaient imaginé que Don Luis avait
« été un de ses ennemis les plus acharnés. C'est sur lui
« qu'ils résolurent de se venger, ne pouvant se venger
« sur vous.

« Longtemps ils mûrirent silencieusement le projet
« terrible qu'ils avaient formé. La vengeance se mange
« froide, disent les Araucans; ils ne voulaient pas que

« leur entreprise avortât ; enfin, lorsque toutes leurs
« précautions furent bien prises, qu'ils se crurent assu-
« rés du succès, profitant d'une nuit orageuse, sombre
« et sans lune, ils enveloppèrent la chacra, afin que
« personne ne pût échapper à leur vengeance, fran-
« chirent silencieusement les hautes murailles de l'ha-
« bitation, surprirent, paisiblement endormis, les ha-
« bitants qui n'avaient aucun soupçon de leurs projets.
« les massacrèrent sans pitié, mirent la chacra au pil-
« lage ; puis, leur œuvre de mort accomplie, ils se reti-
« rèrent aux lueurs sinistres de l'incendie qu'ils avaient
« allumé.

« Des informations prises postérieurement à Arauco,
« et dans plusieurs autres centres de population de
« la nation *Aucas,* il semblerait résulter que les motifs
« qui ont fait agir les Moluchos, ne sont pas ceux que
« leur attribue la rumeur publique.

« L'on répète tout bas qu'un certain don Miguel
« Tadeo de Castel-Leon, dont sans doute vous avez gardé
« le souvenir, parent éloigné de don Tadeo de Leon
« votre ami, est l'auteur de ce méfait ; ce don Miguel
« Tadeo de Castel-Leon, est un débauché perdu de
« dettes, dont la réputation est exécrable, et qui, de-
« puis nombre d'années, ne vivait que d'expédients ;
« c'est lui qui, assure-t-on, a poussé les Moluchos à
« commettre ce crime odieux, et surtout les a engagés
« en leur mettant les armes à la main, à se montrer
« sans pitié pour les malheureuses victimes qu'il leur
« désignait.

« Ce qui est certain aujourd'hui, c'est que, depuis
« l'incendie de la chacra, dans lequel périrent don
« Luis et doña Rosario, leurs deux enfants, qui avaient
« été miraculeusement sauvés par un peon, ont disparu
« sans qu'on ait pu retrouver leurs traces, et que, par
« une coïncidence étrange, don Miguel Tadeo, qui, deux
« jours avant l'attentat, avait été vu à Valdivia et re-
« connu par plusieurs personnes, a disparu, lui aussi,
« sans qu'il soit possible de savoir ce qu'il est devenu.

« On a découvert seulement que deux jours après
« l'incendie de la chacra de don Luis, un trois-mâts
« des États-Unis, le *Nantucket*, mouillé alors à Valdivia,
« a subitement appareillé en pleine nuit pour un point
« inconnu.

« Quelques personnes affirment que don Miguel Tadeo
« et les deux enfants de don Luis, se sont embarqués
« un peu avant le lever du soleil à bord du *Nantucket*. »

— De qui mon frère tient-il ces renseignements? interrompit Curumella.

— De l'un de mes plus vieux et de mes meilleurs amis, d'un homme que vous connaissez bien, chef, de don Gregorio Peralta.

— Mon frère a raison; si ce collier vient de don Gregorio, tout ce qu'il dit doit être vrai.

— C'est aussi ma conviction; don Gregorio ajoute que tout le porte à supposer que don Miguel Tadeo se sera retiré aux États-Unis, d'abord pour faire perdre sa piste et ensuite pour se débarrasser plus facilement des deux enfants de ses victimes.

— Bon; cela est ainsi, dit le chef.

— Il paraît que don Miguel Tadeo est un homme d'environ cinquante ans, de taille moyenne, trapu, très-vigoureux ; ses traits sont durs, son regard louche, son visage est légèrement marqué de la petite vérole. Par suite d'un accident de chasse, le petit doigt de la main droite lui manque. Il a de plus une cicatrice, commençant à la tempe gauche et se perdant dans la moustache.

— Bon, l'homme est là, dit le chef en posant le doigt sur son front; Curumilla se souviendra.

— Les enfants se nomment Luis et Rosario, comme leurs père et mère; lors de l'enlèvement, Luis avait seize ans, il est grand, bien fait, blond comme son père, avec lequel sa ressemblance est frappante ; Rosario avait quatorze ans, c'était une charmante enfant paraissant plus que son âge, et possédant déjà toutes les grâces d'une jeune fille ; autant Luis ressemble à son père, autant Rosario ressemble à sa mère ; au premier regard, ajoute don Gregorio, vous reconnaîtrez ces enfants. Le collier se termine ainsi :

« Ne sachant où vous trouver, mon cher Valentin,
« mais confiant dans sa bonté et surtout dans sa justice,
« j'adresse cette lettre à l'ambassadeur de France à
« Washington, avec une prière pressante d'employer
« tous les moyens en son pouvoir pour vous découvrir ;
« convaincu que seul vous pouvez sauver les enfants de
« notre malheureux ami. Si je ne reçois pas de ré-
« ponse de vous avant un an, après le départ de cette
« lettre, c'est que, ou vous serez mort, ou la lettre ne

« vous sera pas parvenue, ou que vous serez dans l'im-
« possibilité de me répondre. Alors je quitterai le Chili,
« et je me rendrai directement à la Nouvelle-Orléans,
« où je commencerai activement mes recherches; il est
« impossible qu'un crime aussi affreux demeure im-
« puni et que Dieu permette qu'un misérable comme
« ce don Miguel Tadeo échappe au châtiment. »

Voilà tout, ajouta Valentin, en laissant avec accablement tomber sa tête sur sa poitrine.

— Ah! aoh! depuis combien de temps ce collier est-il en route, mon frère le sait-il?

— Oui, chef, je le sais; il a mis bien longtemps à me joindre.

— Le chef demande une réponse positive à son ami.

— Il y a vingt-sept mois que cette lettre a été écrite. Tout espoir est donc perdu maintenant.

— Hugh!

— Comment, mon frère ne le croit pas?

— Non, le chasseur se trompe.

— Je me trompe?

— Oui, meilleur ainsi.

— Expliquez-vous, chef?

— Chasseur, pas avoir reçu collier, pas répondre.

— Eh bien?

— Don Gregorio inquiet, lui venir ici; nous attendre.

— Vous vous trompez, chef, huit mois se sont écoulés depuis que l'époque fixée par don Gregorio lui-même est passée; il est donc parti, j'en suis convaincu, s'est rendu ici, nous a attendu pendant un ou deux mois;

puis, désespérant de nous revoir, il aura quitté la ville; et maintenant, chef, où le retrouverons-nous?

Curumilla hocha la tête à plusieurs reprises.

— Vous ne partagez pas cette opinion, chef?

— Non; cela ne peut pas être ainsi. Don Gregorio, homme prudent, tête grise, sage au feu du conseil; lui avoir attendu réponse, deux, trois mois, puis fait préparatifs; cherché maison flottante; beaucoup d'eau, longs voyages, vent très-fort; la tête grise pas arrivée encore; nous l'attendre ici.

— C'est bien réellement votre opinion, chef? dit Valentin ébranlé.

— Le chef dit oui.

— Soit, nous attendrons un mois, s'il le faut.

— La tête grise viendra, il faut attendre avec confiance.

Il y eut alors entre les deux hommes un silence plein de mélancolie; chacun d'eux s'entretenait douloureusement avec ses pensées.

Au bout de quelques instants, ils se levèrent et rentrèrent chacun dans leurs chambres respectives.

La conversation que Valentin avait eue avec Curumilla, en lui rendant un peu de courage, lui avait fait entrevoir sa situation sous un jour différent de celui sous lequel il l'avait envisagée jusque-là; maintenant il espérait presque. Quoi? il n'aurait su le dire; mais chose qui ne lui était pas encore venue à l'esprit, il entrevoyait la possibilité de retrouver les deux enfants et de venger son frère de lait. Il n'osait pas s'interroger lui-même sur le sentiment qui le faisait agir ; c'était en vain qu'il attribuait à son amitié pour Prebois-Crancé la haine qui fermentait dans son cœur contre son misérable assassin. Le motif qui le poussait était tout autre.

Le souvenir de doña Rosario, l'amour profond qu'il professait pour elle ; amour dont jamais il n'avait pu se rendre maître, s'était réveillé plus fort, plus puissant que jamais. C'était donc non pas Luis de Prebois-Crancé, mais doña Rosario seule, qu'il brûlait de venger. Cette pensée qu'il se reprochait comme une mauvaise action, c'était en vain qu'il essayait de la chasser ; elle revenait toujours plus forte, plus poignante ; il fut enfin contraint d'accepter sa défaite, et de s'avouer à lui-même que la conscience est le seul témoin que l'on ne peut tromper ; qu'en ce monde les beaux sentiments dont on fait parfois un si pompeux étalage, s'il était possible de les étudier, de les analyser avec la loupe ou de les passer au scalpel, on reconnaîtrait bientôt que tous émanent d'un sentiment de gloriole, d'égoïsme ou de haine, et que l'homme le plus foncièrement loyal et honnête, dominé par ses passions, joue souvent une comédie indigne, avec autant de machiavélisme que le plus profond scélérat.

Valentin n'attendit pas longtemps la visite promise par madame Chaubard. La digne hôtesse, qui s'était prise d'une belle amitié pour le chasseur, devança l'heure qu'elle-même avait fixée pour son retour.

—Maintenant, dit-elle en entrant et saluant Valentin

avec un charmant et amical sourire, je suis libre comme l'air et à votre disposition.

— Je vous remercie, chère dame, de cet empressement à m'être agréable; veuillez, je vous prie, vous asseoir.

Il lui offrit une chaise, sur laquelle elle se plaça.

— Je suis appelé à la Nouvelle-Orléans, madame, continua Valentin, par des intérêts de la plus haute gravité. Malheureusement, je suis complétement étranger dans cette ville, où je ne connais personne. De plus, bien que je parle assez bien l'espagnol, et que le français soit ma langue maternelle, je ne connais pas un mot d'anglais, ce qui, je le crains, me créera beaucoup d'embarras pour le succès des recherches auxquelles je dois me livrer.

— Dans toute autre ville de l'Union, ce serait, en effet, pour vous un grave inconvénient que de ne pas savoir parler l'anglais; mais ici, la langue française est la langue usuelle; tout le monde la parle ou la comprend, jusqu'aux Yankees. Du reste, je suppose que vous n'êtes pas venu à la Nouvelle-Orléans sans vous être muni de lettres de recommandation.

— J'ai eu garde d'oublier ce précieux viatique de tout voyageur, je possède en effet plusieurs lettres adressées aux personnes les plus riches et les mieux posées de la ville.

— S'il en est ainsi, monsieur, vous n'avez pas à vous inquiéter; toutes les portes s'ouvriront devant vous; chacun se mettra à votre disposition, pour tout ce qui pourra vous être utile. Les Orléanais se souviennent que, pour la plupart, ils ont du sang français dans les veines, et pratiquent envers leurs compatriotes de l'autre côté de l'Atlantique l'hospitalité sur une large base.

— Voilà qui me rassure, madame.

— Vous avez de l'argent? m'avez-vous dit.

— Oui madame, je suis riche, je suis même très-riche !

— Eh bien, tenez ; voulez-vous me permettre de vous donner un conseil ?

— Certes, madame, de grand cœur, n'est-ce pas pour vous demander des conseils que je vous ai priée de venir ?

— C'est vrai ; voici ce que je ferais à votre place : à la Nouvelle-Orléans comme partout, et peut-être plus qu'ailleurs, on juge les individus sur ce qu'ils paraissent ; vous comptez demeurer quelque temps ici, n'est-ce pas ?

— Un mois environ ; cela dépendra des circonstances, mais ce détail importe peu et n'influera en rien sur le chiffre de mes dépenses. Ainsi, parlez comme si je devais habiter la ville pendant un an.

— Très-bien, écoutez-moi donc. Il faut d'abord que vous soyez chez vous. Il ne vous convient pas de demeurer dans le modeste logement que voici ; vos affaires, quelles qu'elles soient, exigent que vous jouissiez d'une liberté entière.

— C'est juste, madame ; j'approuve complétement cette idée.

— Nous disons donc : une maison, des meubles, quatre esclaves au moins pour vous servir.

— Combien me coûtera tout cela ?

— Ah ! dame, ce sera cher, quarante mille piastres ; mais, en payant comptant, je me fais forte d'obtenir un rabais de près de six mille piastres. La maison est toute trouvée ; c'est celle qui fait face à celle-ci. Elle a été construite il y a trois ans par un riche armateur, qui, après une faillite scandaleuse, s'est brûlé la cervelle. Quant aux meubles et au linge, je sais où me procurer tout cela dans de bonnes conditions.

— Eh bien, c'est convenu, madame ; avant une heure, vous aurez vos quarante mille piastres.

— Demain, vous serez chez vous.

— Merci, chère madame ; j'ai maintenant, à mon tour, une proposition à vous faire. Voulez-vous prendre la surveillance de ma maison ? avoir la haute main sur les serviteurs ? Je vous avoue que, n'ayant pas l'habitude d'avoir des esclaves, je ne sais trop comment je ferais avec les miens.

— Ceux que je vous procurerai seront des sujets honnêtes, et dans lesquels vous pourrez avoir confiance.

— J'en suis convaincu, et je vous remercie, madame, mais vous n'avez pas répondu à ma proposition.

— Cela m'est bien difficile, monsieur, mon hôtel réclame tous mes soins ; je ne sais trop comment je pourrais faire. Cependant, attendez, j'ai une de mes parentes qui n'est pas heureuse, et qui ne demandera pas mieux que de venir ici m'aider pour un prix raisonnable. De cette manière, sans quitter mon hôtel, rien ne me sera plus facile que de surveiller vos gens et avoir l'œil à ce que vous soyez bien servi.

— Voilà qui est entendu, madame; de mon côté, moi je vous donnerai....

— Rien quant à présent, monsieur; nous réglerons nos comptes quand vous quitterez la Nouvelle-Orléans.

— Eh bien, ma foi, vous avez raison, madame, cela vaut mieux ainsi. Veuillez me faire apporter des vêtements convenables, et je me rendrai chez mon banquier; pendant mon absence, vous ferez préparer l'acte de vente de la maison, afin que je n'aie plus qu'à le signer en rentrant. Je me repose entièrement sur vous, pour tout ce qui regarde ma nouvelle installation.

— Soyez tranquille, j'en fais mon affaire.

Une demi-heure plus tard, Valentin Guillois, après avoir entièrement dépouillé le vieil homme, c'est-à-dire après s'être affublé d'un affreux costume noir, sortit de l'hôtel, et se dirigea vers la promenade nommée le *Canal*, où la maison Arthur Wilson, Rouquette et Blondeau avait ses comptoirs.

Le chasseur fut très-bien accueilli par M. Rouquette, à qui il parla.

— Je vous attendais, monsieur, dit le banquier, en lui offrant un siège. Mon correspondant de Litle-Rock m'avait prévenu de votre arrivée, quelle somme voulez-vous?

— Je ne sais trop, monsieur, mais d'abord, je vous serai obligé de vouloir bien examiner ces quelques diamants; vous vous y connaissez, sans doute?

— Oui, monsieur, parfaitement, l'estimation en sera faite à un dollar près ; vous m'êtes si chaudement recommandé, que j'agirai avec vous comme avec un ami ; d'ailleurs, vous êtes Français, je crois, et je me ferais un scrupule de tromper un compatriote. Où sont les diamants ?

— Les voici, monsieur.

Et retirant une petite bourse en peau de rat musqué pendue à son cou par une chaînette d'acier, il la présenta au banquier.

Celui-ci ouvrit la bourse et fit tomber les diamants sur une feuille de papier.

Il n'y en avait pas beaucoup, une soixantaine au plus.

Le banquier les examina avec attention d'abord, avec surprise ensuite, et enfin avec admiration :

— Oh ! oh ! s'écria-t-il tout à coup en relevant la tête, et regardant son nouveau client, savez-vous, mon cher compatriote, que ces diamants sont magnifiques ?

— Je le sais, répondit Valentin en souriant :

— Et que vous en avez là pour une somme considérable ? continua le banquier.

— Pour un million à peu près, je crois.

— Celui qui vous achèterait ces pierres sans égales, pour un million, vous volerait indignement, à moins que vous n'ayez voulu dire un million de dollars.

— Diable ! tant que cela !

— Probablement plus : si vous consentez à me les confier, je les montrerai à mes associés.

— Très-bien, monsieur ; vendez-les, je vous prie,

et veuillez en conserver la valeur à ma disposition.

— Cela sera fait, monsieur. Dans deux jours au plus tard, j'aurai l'honneur de vous dire combien vous aura produit cette vente ; vous êtes donc très-riche ?

— Mais oui, fit-il négligemment, et, comme je viens à la Nouvelle-Orléans avec l'intention de m'y divertir, j'ai cru prudent, outre le crédit qui m'est ouvert chez vous, de me munir de quelques valeurs.

Le banquier regarda l'homme qui lui parlait avec ce laisser-aller et cette désinvolture, avec presque autant d'admiration qu'il en avait témoigné un instant auparavant en examinant les diamants.

— Quelle somme désirez-vous ? dit-il.

— J'ai à compléter mon installation, veuillez, je vous prie, me remettre cinquante mille dollars.

— A l'instant, monsieur.

Vingt minutes plus tard, Valentin Guillois rentrait à son hôtel en compagnie d'un commis de la maison Arthur Wilson, Rouquette et Blondeau, porteur d'une somme de cinquante mille dollars en or et en billets.

L'homme d'affaires du propriétaire de la maison qu'il voulait acheter l'attendait avec un acte de vente tout préparé.

Valentin fit quelques changements à cet acte, et après avoir recommandé le silence à l'homme d'affaires, il signa le contrat, paya rubis sur l'ongle le prix d'acquisition qui ne fut que de vingt et un mille dollars, et donna cinq cents francs de gratification à l'homme d'affaires, qui se retira en saluant jusqu'à terre.

IX

CE QUE C'ÉTAIT QUE MASTER JOHN ESTOR

Madame Chaubard tint strictement la promesse qu'elle avait faite à son locataire.

La digne femme déploya tant d'activité, usa de tels moyens, qu'elle accomplit de véritables miracles.

Le lendemain, vers quatre heures de l'après-dîner, Valentin Guillois était installé dans sa nouvelle demeure, rien ne manquait.

Les meubles étaient riches et de bon goût, le linge et les habits emplissaient les armoires ; les domestiques, ou plutôt les esclaves noirs, allaient et venaient dans la maison d'un air affairé, se livrant à leur besogne, comme si depuis un an ils eussent été au service du chasseur.

Dans les écuries piaffaient quatre magnifiques *mustangs* des prairies, achetés le matin même un prix fou par Valentin, et capables, le cas échéant, de rendre à leur nouveau possesseur des services exceptionnels.

Enfin, tout se trouvait dans l'ordre le plus parfait.

Valentin Guillois, disons-le tout de suite au lecteur, afin qu'il ne soit pas trop étonné de voir notre héros se livrer à ces dépenses énormes avec une facilité toute princière, était non-seulement riche, très-riche, ainsi que lui-même l'avait dit à M. Rouquette, mais encore cette richesse était immense, et défiait tout calcul.

Voici l'explication de ce problème, explication qui est d'une simplicité biblique.

Depuis vingt-cinq ans que Valentin s'était fait coureur des bois, et qu'il parcourait le désert dans tous les sens, le hasard lui avait fait découvrir plusieurs placeres, découvertes dont il avait gardé le secret, plutôt par insouciance ou par dédain, que pour tout autre motif.

Personne ne fut jamais moins avare que cet homme, dont la fortune, s'il avait voulu la réaliser, ce qui aurait été facile, aurait laissé bien loin derrière elle la fortune des plus riches capitalistes du monde entier.

On nomme *placer*, en termes de gambucinos ou chercheurs d'or, les gisements d'or vierge qui se trouvent au niveau du sol, et où l'on n'a d'autre fatigue que celle de ramasser les morceaux d'or.

Ces placeres, comme celui du Voladero, que nous avons décrit plus haut, recèlent souvent d'incalculables richesses.

Valentin Guillois, peut-être par haine du monde et mépris de la civilisation, s'était fait coureur des bois; il était bien résolu à vivre et à mourir au désert, où il pouvait sans contrainte suivre les impulsions de son cœur, et faire du bien à ceux que le hasard jetait sur sa route.

Cependant le chasseur savait fort bien qu'en ce monde, n'importe en quelle contrée on se trouve, la clef d'or ouvre toutes les serrures, et presque à coup sûr y fait le succès de toutes les entreprises.

Aussi, non pas pour lui-même, mais pour ceux qui pourraient avoir besoin de ses services, Valentin jugea prudent de ne jamais se laisser prendre au dépourvu.

En conséquence, chaque fois qu'il lui fallait échanger ses fourrures et renouveler sa provision de poudre, avant de se rendre au comptoir où cet échange devait avoir lieu, Curumilla et Valentin ramassaient des morceaux d'or vierge, souvent pour des sommes considérables et s'en chargeaient; puis le chasseur, très-expert dans la connaissance des pierres fines, échangeait ces morceaux d'or contre des diamants.

C'était ce qu'il nommait, par une reminiscence toute militaire, se former un fonds de roulement et se garder une poire pour la soif.

De plus, ainsi que nous l'avons vu le faire à Litle-Rock, il laissait le prix de ses fourrures entre les mains de Master Grolow, se bornant à prendre sa provision de poudre et les quelques médicaments indispensables pendant ses longues chasses.

Aussi Valentin Guillois avait-il des crédits considérables ouverts chez tous les banquiers des trois frontières, anglaise, américaine et mexicaine.

De sorte que cet homme aux vêtements presque sordides, à la vie si dure et si simple à la fois, ne marchait jamais sans porter sur lui pour plusieurs millions de diamants, ce que faisait aussi son ami Curumilla. Mais si considérables que fussent ces sommes, elles étaient très-minimes, comparées aux inépuisables richesses dont eux seuls possédaient le secret.

Voilà quelle était la source de la fortune de Valentin, et comment, sans paraître s'en soucier le moins du monde, ce brave chasseur était tout simplement le plus puissant capitaliste du nouveau et de l'ancien continent.

Par les soins de son ami, Curumilla avait été installé dans un véritable *wigwam*, élevé au milieu du jardin de la maison, et agencé de telle sorte qu'en pénétrant dans l'intérieur, on se serait cru en plein désert, tant Valentin s'était étudié à tout organiser selon les coutumes indiennes.

Le chef avait pris avec une vive satisfaction possession de ce nouveau domicile.

Accroupi sur ses talons au milieu de son *toldo*, Curumilla fumait son calumet.

Le rideau qui servait de porte fut soulevé par une main gantée, et le chasseur parut.

« Dans le cavalier, si correctement vêtu de noir, ayant à la boutonnière le ruban rouge de la légion d'honneur, et portant ce costume avec une aisance et une grâce parfaites, nul regard, si ce n'est celui si infaillible du chef, n'aurait certes reconnu le célèbre coureur des bois que, dans les prairies, on surnommait le Chercheur de pistes.

Mais Curumilla ne s'y trompa pas une seconde.

Il sourit amicalement à son ami, et d'un geste lui indiqua un tabouret.

Valentin s'assit, jeta autour de lui un regard satisfait, et alluma un cigare.

Après avoir aspiré quelques bouffées de tabac, le chasseur se pencha vers son ami, et lui adressant la parole en langue araucanienne, que seuls ils pouvaient comprendre :

— Les oreilles de mon frère sont-elles ouvertes ? dit-il.

— Hugh ! fit Curumilla en baissant affirmativement la tête.

— Alors, que le chef écoute les paroles que va souffler ma poitrine, elles sont graves; elles doivent rester dans l'esprit du sachem.

— Curumilla se souviendra, répondit laconiquement le chef.

— Bien, fit Valentin; mon frère est satisfait de son nouveau wigwam ? C'est ici que désormais il habitera; mais l'œil de mon frère doit constamment rester ouvert et ses oreilles attentives, à partir de ce moment nous entrons sur le sentier de la guerre.

— Bon ! répondit Curumilla, que fera le chef ?

— Le chef veillera sur ce toldo en pierres, dont jamais, sous aucun prétexte, il ne s'éloignera. Curumilla est un guerrier sage, mais il ignore les ruses que les faces pâles savent employer dans leurs grands villages en pierre, et les moyens puissants dont ils disposent pour tromper et tuer leurs ennemis. Valentin les connaît ; c'est lui qui suivra la piste de l'assassin de doña

Rosario. Mon frère se bornera à veiller attentivement sur l'intérieur du wigwam. Chaque jour, son ami lui rendra compte de ce qu'il aura fait, et lui demandera conseil sur ce qu'il devra faire.

—Eh! Oah! le Chercheur de pistes est un guerrier sage, jeunes années, tête grise, ce qu'il a dit il le fera; Curumilla dit : C'est bon ! Son frère peut partir, les yeux du chef sont ouverts, ses oreilles tendues comme celles d'un jaguar qui guette? qui pourrait le tromper? Allez, Curumilla veille.

— Mais afin que Curumilla veille avec plus de profit, reprit le chasseur avec un sourire, son ami lui apporte des armes.

— Curumilla a les siennes.

— C'est vrai, chef; mais ces armes sont américaines, elles ont beaucoup servi déjà; elles pourraient tromper l'espoir du chef et lui manquer au besoin; l'ennemi contre lequel nous luttons est très-redoutable, nous ne saurions prendre trop de précautions. Voyez ces revolvers et ce fusil que j'ai achetés pour vous.

Et il lui présenta une paire de revolvers à six coups à crosses d'épaulement et un fusil à canons tournants, armé de son sabre-baïonnette.

— Hug! fit l'Indien avec admiration, Curumilla n'a jamais vu d'armes semblables.

— Je le crois, reprit Valentin avec un sourire, ces armes ont été inventées, il y a six mois à peine, par Galand, un armurier français; vous en chercheriez en vain d'aussi bonnes en Amérique, leur portée et leur précision sont extraordinaires, voyez combien leur système est simple et leur chargement rapide.

Et en quelques mots il expliqua et fit comprendre au chef le mécanisme ingénieux et réellement merveilleux des revolvers à crosse adhérente, qui permet d'épauler comme avec une carabine, et le système plus simple encore, s'il est possible, du fusil, et qui permet de charger soit par la culasse, soit par la bouche.

La joie de Curumilla était extrême, son impassibilité indienne était vaincue, il riait comme un enfant et frappait des mains en admirant ces armes merveilleuses.

— Bon! s'écria-t-il, avec un élan d'orgueil, qui illumina son mâle visage, Curumilla fera bonne garde, maintenant, il remercie son frère le chasseur.

Il chargea aussitôt les armes, et passa les revolvers à sa ceinture.

— Bien; dit Valentin, qui avait attentivement suivi les mouvements du chef, à présent me voilà tout à fait tranquille. Vive Dieu! mon ami, j'ai été bien inspiré, lorsque je suis monté sur le bâtiment français, dont le capitaine a consenti à me céder ces armes admirables. Avec elles, nous ne redoutons plus personne dans la prairie. Nous valons vingt hommes; allons, ajouta-t-il avec une conviction profonde, nous réussirons; décidément Dieu est avec nous!

Ces deux hommes qui se comprenaient à demi-mot, et se complétaient l'un par l'autre, n'eurent pas besoin d'une plus longue explication.

Valentin serra la main de son ami, et quitta le wigwam.

Il monta aussitôt à cheval, et suivi à distance par un de ses domestiques revêtu d'une riche livrée, il se rendit au consulat français.

La visite de Valentin au consul fut courte; elle ne pouvait être considérée que comme une démarche de haute convenance envers le représentant de son pays; et puis peut-être, qui sait? un jour viendrait, où les circonstances obligeraient le chasseur à se mettre sous sa protection.

Le consul, selon la coutume de nos agents à l'étranger, accueillit parfaitement son visiteur, et devinant sans doute que celui-ci n'avait aucunement besoin de lui, il se mit gracieusement à sa disposition.

Valentin Guillois le remercia tout en déclinant ses offres; et les deux hommes se séparèrent enchantés l'un de l'autre.

Quelques jours s'écoulèrent pendant lesquels Valentin remit, ou fit remettre, les nombreuses lettres de recommandation que lui avait données Master Grolow.

Les curieux, et il n'en manque pas dans les villes américaines, avaient pris des renseignements sur le nouvel arrivé, qui étalait un si grand luxe et faisait de si fortes dépenses.

Comme ces renseignements furent puisés à bonnes sources, c'est-à-dire au comptoir même de la maison Arthur Wilson, Rouquette et Blondeau, la fortune de Valentin fut bientôt connue de sorte que partout où il se présenta, il reçut l'accueil le plus chaleureux et le plus sympathique.

Le nouveau et l'ancien monde sont frères jumeaux, en ce qui concerne l'adoration du veau d'or, seulement le nouveau est l'aîné.

Valentin s'était fait, par M. Rouquette, présenter au consul du Chili.

Une fois, ils se rencontrèrent dans les salons du banquier.

Le consul chilien était tout simplement un négociant anglais qui, possesseur d'une grande maison de commerce a Santiago de Chile, avait accepté le poste de consul à la Nouvelle-Orléans, dans le but de s'assurer une protection efficace de la part du gouvernement chilien, au cas où une révolution éclaterait dans ce pays.

On sait que les Républiques Hispano-Américaines sont la terre privilégiée des révolutions.

Du reste, ce consul était très-honnête homme, très-complaisant, très-serviable; en un mot, c'était l'homme dont Valentin avait besoin.

Après avoir échangé quelques paroles banales, les deux hommes se retirèrent dans l'embrasure d'une fenêtre et ne tardèrent pas à entamer une conversation sérieuse.

Voici les renseignements que le chasseur réussit à obtenir.

Don Gregorio Peralta était, il y avait deux mois environ, arrivé directement de Valdivia à la Nouvelle-Orléans, après une traversée assez longue et assez tourmentée.

Don Gregorio Peralta était un homme déjà assez âgé, mais bien que ses cheveux fussent entièrement blancs, la vivacité de son regard, sa taille droite et l'aisance de ses mouvements, montraient qu'il n'avait rien perdu de sa vigueur.

Il n'avait pas fait un long séjour à la Nouvelle-Orléans où il était revenu plusieurs fois.

Il avait parcouru la plus grande partie de la Louisiane.

Chaque fois qu'il revenait à la Nouvelle-Orléans, il vivait très-retiré, ne fréquentait que peu de personnes et généralement des gens d'affaires.

Au reste, le consul croyait, il affirmait presque que don Gregorio Peralta ne pouvait manquer de revenir bientôt peut-être, à la Nouvelle-Orléans; et cela par la raison qu'il avait loué sur le Canal un riche appartement dans lequel il avait laissé ses bagages, sous la garde d'un domestique de confiance.

Valentin dissimula la satisfaction que lui faisait éprouver cette nouvelle, que tout le portait à croire exacte; il s'enquit alors de Don Miguel Tadeo de Castel-Leon.

Mais là, les difficultés commencèrent.

Le consul n'avait jamais entendu parler d'un individu portant ce nom qu'il entendait pour la première fois.

Mais Valentin était tenace; il ne se rebuta pas.

Il fit au consul un portrait minutieux de don Miguel Tadeo.

Le consul sembla rappeler ses souvenirs, et tout d'un coup, il se frappa le front.

— Attendez donc, fit il, je me souviens, en effet, d'un individu en tout semblable à celui que vous me dépeignez ; mais ce n'était pas un Chilien, il ne portait pas le nom que vous dites.

— Ah ! exclama Valentin.

— Non, maintenant j'en suis sûr ; voici l'histoire en deux mots : quoique je n'aie vu cet homme qu'un instant, il y avait quelque chose de si singulier, je dirais presque de si étrange dans sa sombre physionomie que son souvenir est resté dans ma mémoire. Je déjeunais un matin chez don Pedro Garcias d'Avila, qui remplit ici les fonctions de consul du Brésil, lorsqu'un étranger insista pour lui parler.

Don Pedro donna l'ordre de l'introduire ; cet individu entra.

Il ressemblait trait pour trait à la personne dont vous m'avez fait le portrait.

Il dit se nommer Mathias Corvino et être le mayordomo, ou l'homme de confiance du marquis de Riva d'Agueyro, gouverneur, pour l'empereur du Brésil, de la province de Mato-Grosso.

Il était arrivé le matin même à la Nouvelle-Orléans. Il avait avec lui les enfants de son maître, que celui-ci, disait-il, l'avait chargé de mettre en pension à la Nouvelle-Orléans, pour leur faire apprendre les langues anglaise et française.

Cet homme présenta à don Pedro une lettre de son

maître, lettre fort pressante sans doute, puisque don Pedro, après s'être excusé auprès de moi de me laisser un instant seul, me quitta et sortit avec l'étranger.

J'appris plus tard, du consul lui-même, que par ses soins les enfants avaient été placés, la jeune fille dans l'institution des demoiselles Fœderlé, et le jeune homme au collége français.

— Et depuis, vous n'avez plus entendu parler de cet homme?

— Ma foi, je vous avoue en toute humilité que, comme cette affaire ne me regardait en aucune façon, je ne m'en suis nullement occupé.

— Pourriez-vous me fixer une date exacte sur l'époque où s'est passée cette aventure?

— Cela me serait assez difficile ; cependant je crois pouvoir vous affirmer qu'il y a de cela au moins... deux ans et demi. Est-ce tout ce que vous désirez savoir?

— Je suis réellement confus, monsieur, de vous entrenir si longtemps, pour vous parler de choses qui doivent très-médiocrement vous intéresser ; mais je vous avoue que pour moi, elles ont un intérêt immense.

— Soyez convaincu, monsieur, que je serai excessivement heureux, si les quelques renseignements qu'il m'a été permis de vous fournir peuvent vous être utiles.

Après avoir échangé quelques autres paroles de politesse, les deux hommes se séparèrent et se mêlèrent aux invités.

Le lendemain, Valentin Guillois, sans perdre un instant, se présenta au pensionnat des demoiselles Fœderlé, qui le reçurent de la façon la plus courtoise et ne firent aucune difficulté pour répondre à ses questions.

Malheureusement, les renseignements qu'il obtint augmentèrent encore les ténèbres déjà si épaisses qui entouraient cette mystérieuse affaire.

Ces dames se rappelaient parfaitement qu'une charmante enfant, ou plutôt une jeune fille nommé Rosario da Riva d'Agueyro, avait été placée dans leur institution comme pensionnaire.

Tout le monde l'aimait à cause de sa douceur; mais six mois après son entrée chez elles, un jeudi, à la promenade, tandis que ses compagnes jouaient entre elles, la jeune Rosario s'était un peu éloignée, on ne sait pour quel motif et n'avait point reparu. Toutes les recherches faites pour la retrouver, quelque actives qu'elles eussent été, étaient demeurées sans résultat.

Ces dames avaient noté une particularité étrange.

C'est que, malgré leur déclaration à la police, et la publication dans tous les journaux de la disparition de cette enfant, personne, depuis deux ans, n'était venu la réclamer.

Au lycée, où il se présenta ensuite, les mêmes réponses furent faites à Valentin Guillois.

Le même jour, presqu'à la même heure et dans les mêmes conditions, le jeune Luis avait disparu.

Cette étrange coïncidence dans la façon dont avait eu

lieu ce double enlèvement, affermit Valentin dans la pensée que don Miguel Tadeo devait seul être l'auteur de ce double guet-apens, et avoir dirigé cette odieuse machination contre les pauvres enfants.

Maintenant, qu'étaient devenus le frère et la sœur?

Avaient-ils été assassinés ?

Vivaient-ils encore ?

Voilà ce qu'à tout prix il fallait savoir.

Il importait, surtout, de découvrir les traces du ravisseur.

Si grande que soit la liberté d'action dont on jouisse en Amérique, et la faculté que l'on possède de se transporter, avec une rapidité extrême, d'un point à un autre ; cependant dans les grandes villes de l'Union, telles que New-York, New-Orléans et autres, un homme ne saurait disparaître sans laisser de marques de son passage, ainsi que cela arrive trop souvent dans les déserts et les hautes savanes américaines.

Mais là, il n'y a aucun contrôle possible, et au bout de deux jours, tout cadavre, réduit à l'état de squelette par les fauves et les oiseaux de proie, devient à jamais méconnaissable.

Bien que l'obscurité se fît de plus en plus autour de lui, Valentin ne se découragea pas.

Le chasseur était une de ces organisations énergiques, qui, dès quelles se proposent un but, vont jusqu'au bout sans hésiter, sans faiblir, sans se laisser décourager par les obstacles qui surgissent sous leurs pas, et que seule la mort a le pouvoir d'arrêter.

Après avoir fait les deux visites que nous avons rapportées, Valentin rentra chez lui.

Madame Chaubard lui annonça que, depuis plus d'une heure déjà, un gentleman l'attendait au parloir.

Valentin s'y rendit immédiatement.

A sa vue, un homme assis dans un fauteuil à disque se leva, et le salua respectueusement.

Ce personnage était un grand gaillard de près de six pieds de haut, taillé en hercule, dont les traits avaient une rare expression d'astuce et les yeux pétillaient de finesse.

Du reste, il était correctement vêtu de noir, et avait tous les dehors d'un parfait gentleman.

— A qui ai-je l'honneur de parler? demanda Valentin, en faisant à l'inconnu un geste pour l'engager à s'asseoir.

— Monsieur, reprit l'autre en excellent français, bien qu'avec un léger accent, monsieur Rouquette, l'un des chefs de la grande maison Arthur Wilson, Rouquette et Blondeau, m'a fait l'honneur de me donner cette lettre d'introduction près de vous.

Et il présenta au chasseur un large pli cacheté, que celui-ci ouvrit et parcourut des yeux.

— Fort bien, reprit-il au bout d'un instant, en repliant le papier qu'il mit dans sa poche ; monsieur Rouquette, à qui j'avais demandé de me mettre en rapport avec vous, me dit que je puis vous accorder toute confiance ; vous êtes monsieur Astor ?

— John Astor, oui, monsieur, ancien chef de la police secrète de l'État, retiré depuis quelques années, riche, et ne travaillant plus que pour mon plaisir et pour rendre service aux honorables gentlemen qui veulent bien m'honorer de leur confiance. M. Rouquette m'a glissé quelques mots d'une mission fort délicate et surtout fort difficile dont vous désirez me charger.

— En effet, cher monsieur; j'ajouterai que cette mission est non-seulement difficile, mais sera encore probablement très-périlleuse.

— Très-bien, voilà comme j'aime les affaires; je suis artiste dans mon métier, moi, monsieur, je travaille pour l'art bien plus que pour l'argent, quoique... ajouta-t-il, avec un sourire presque imperceptible, je ne dédaigne pas celui-ci. Je ne vous cacherai pas que, d'après ce que vous m'annoncez, comme il y aura, sans doute, des déplacements, des agents à expédier ou à entretenir dans certains endroits, enfin une masse considérable de faux frais de toutes sortes; sans parler des coups de revolver ou de *bowie-knife* à échanger avec des bandits de la pire espèce, cela coûtera cher.

— Vous fixerez le prix vous-même.

— Allons, foi de John Estor! je vois que vous êtes un véritable gentleman!

— Voulez-vous que nous fixions un prix tout de suite, afin de ne plus avoir à y revenir?

— Je ne demande pas mieux.

Le policier se recueillit; il sembla se livrer à un calcul mental; puis, au bout de trois ou quatre minutes, il reprit en regardant Valentin:

— Que pensez-vous de trente mille dollars?

— Trente mille dollars?... fit Valentin.

— Oui, mais je me mettrai corps et âme à cette fafaire, et je vous engage ma parole, à laquelle je n'ai jamais manqué, que tout ce qu'il sera humainement possible de faire, je le ferai ; et que si je ne réussis pas, c'est que ce sera absolument impossible.

— Eh bien! répondit Valentin, en le regardant à son tour bien en face, puisque vous jouez cartes sur tables, je serai franc avec vous : ce n'est pas trente mille, mais cinquante mille dollars que je vous donnerai, que vous réussissiez ou non ; et afin de vous prouver la confiance que je mets en vous, vous recevrez vingt mille dollars d'avance, et dix mille de gratification si vous réussissez ; en tout soixante mille dollars, cela vous convient-il ainsi.

— Allons! allons! gentleman, je suppose que vous voulez m'obliger à faire des miracles. Il faudrait que je fusse fou pour ne pas être satisfait.

— Ainsi nous nous entendons?

— Oh! parfaitement, monsieur ; maintenant j'attends vos ordres.

Valentin Guillois donna alors lecture à John Estor de la lettre qu'il avait reçue de don Gregorio Peralta ; puis il entra dans tous les détails de l'affaire, dont il raconta les incidents les plus minutieux, sans rien oublier de ce qui pouvait guider les recherches et mettre sur la voie, mentionnant les renseignements qu'il avait obtenus, enfin ne laissant rien dans l'ombre de tout ce qu'il était nécessaire que l'ex-chef de la police secrète connût.

Ce récit fut long; il dura plus de deux heures.

Pendant tout ce temps, John Estor écouta avec la plus sérieuse attention, se contentant de hocher affirmativement la tête, à certains passages, mais sans se permettre d'interrompre une seule fois.

— Eh bien! lui demanda Valentin, à présent que vous savez tout, que pensez-vous de cette affaire?

— Hum! fit l'autre, je vous dirai, pour me servir d'un terme de notre métier à nous, qu'elle est rude et qu'il y aura diablement du tirage.

— Mais vous ne désespérez pas de réussir?

— By God! monsieur, je ne désespère jamais. Je suis venu à bout de tâches beaucoup plus rudes que celle-ci; je dois cependant convenir que nous avons à lutter contre un gaillard madré; trop madré même, ajouta-t-il avec un sourire sardonique, sa finesse le perdra. A force de vouloir ruser, il se découvre. Le double enlèvement des enfants exécuté de cette façon est une sottise; son voyage au Brésil, une niaiserie. Je vois maintenant aussi clairement dans le jeu de cet homme que si je regardais par dessus son épaule.

— Expliquez-vous.

— Pour moi, l'affaire est limpide; il est évident que cet homme veut faire perdre la trace des enfants, et, au moyen d'un faux acte de décès qu'il pourra facilement faire confectionner ici, moyennant finance, s'approprier la fortune qu'il convoite.

— Mais s'il les a réellement assassinés?

— Non, nous n'avons pas ici affaire à un assassin.

— Ce que vous me dites là est bien fort.

— Non pas, monsieur, ce n'est que logique. Suivez bien mon raisonnement. Les animaux féroces se divisent en deux classes. Ceux qui procèdent bravement, comme le tigre, l'ours gris ; animaux qui vont brutalement à leur but, sans hésiter, sans tergiverser. Ils saisissent leur victime, la tuent et la déchirent. Les autres procèdent par ruse ; ils ont horreur de verser le sang, non pas par bonté de cœur, mais par lâcheté, ce sont les chacals, les hyènes ; ils sont plus féroces peut-être que les premiers dont ils sont le sous-genre. C'est à un individu appartenant à ce sous-genre que nous avons affaire. Votre señor don Miguel Tadeo avait cinquante moyens de tuer les enfants. Dabord lors du sac de la chacra, ensuite pendant la traversée, par une nuit noire, un temps d'orage ; plus tard au Brésil, dans une savane quelconque, il n'en manque pas par là ; il les a laissés vivre, parce qu'il n'a pas osé les tuer ; un meurtre, du sang, cela l'effraye. Il tient avant tout à s'emparer de leur fortune. Pour obtenir ce résultat, il lui faut supprimer les enfants. Soit, il les supprimera, mais sans commettre un meurtre ; voilà précisément pourquoi il est venu ici.

— Cher monsieur, vous parlez par énigmes.

— Non pas, monsieur ; je parle en homme qui possède une longue habitude, une vieille expérience de ces affaires. La république des États-Unis est le pays du monde où il est le plus facile de faire disparaître un individu ; la Louisiane, la contrée de l'Union où cette disparition peut le plus facilement s'exécuter, la Nouvelle-Orléans, la ville où se rencontrent le plus d'individus disposés à prêter la main à un rapt ou à une suppression de personne ; il y a à cela deux causes, qui, réunies ici, se trouvent rarement ailleurs : l'esclavage et le Mormonisme.

— Je vous avoue que je ne saisis pas encore.

— Vous allez me comprendre : Il y a ici dix agences qui fonctionnent librement; les unes font le courtage de *l'Utah*. En rapport avec Brigham Young et les autres chefs du Mormonisme, elles se chargent, moyennant une forte prime, d'expédier à *Dezeret* les hommes et les femmes qu'ils réussissent à embaucher pour le Mormonisme. Tous les moyens leur sont bons : l'ivresse, les fausses promesses, l'intimidation, et, au besoin, la violence.

— Ce que vous me dites là est affreux, je ne puis croire...

— Tout cela est. Du reste, l'idée première ne nous appartient pas; elle vient de France. N'est-ce pas ainsi qu'avant la grande révolution, les sous-officiers recruteurs procédaient pour embaucher les soldats ? Et avant cela, sous la régence, n'employait-on pas les mêmes moyens, lors du système de Law, pour expédier aux colonies des milliers d'individus des deux sexes ?

— Tout cela est malheureusement exact, monsieur; je le reconnais, continuez, je vous prie.

— Il est donc possible que le señor don Miguel se

soit abouché avec une de ces agences, et ait tout simplement expédié les pauvres enfants dans l'Utah.

— Ce serait affreux.

— Oui, d'autant plus que s'il en était ainsi, il serait presque impossible de réussir à sauver les enfants. Le cas s'est déjà présenté à plusieurs reprises, et jamais, quelques efforts qu'on ait faits, on n'a pu parvenir à enlever aux Mormons les victimes dont ils s'étaient emparés.

— Vive Dieu ! s'écria Valentin Guillois avec énergie, si cela était, je les sauverais, moi, quand je devrais enfumer ces frelons dans leur ruche ; je suis un coureur des bois, et si je me trouve dépaysé dans une ville, au désert, je ne reconnais pas de maître ; et j'y ai des amis nombreux, dévoués, qui marcheront à ma voix.

— Alors l'affaire se simplifie; c'est une chance de plus en notre faveur, quoique je considère cette chance comme bien faible. Notre ennemi peut avoir employé un second moyen aussi efficace, mais moins redoutable que le premier.

— Oui, l'esclavage, n'est-ce pas ?

— Précisément, monsieur.

— Seulement, reprit Valentin, dans le cas présent cette supposition n'est pas admissible.

— Parce que ?

— Mais tout simplement parce que les deux enfants sont de pure race blanche.

— Oh ! monsieur, fit John Estor avec un sourire de dédain, en êtes-vous donc encore là de croire que l'on ne vend que les nègres ?

— Mais, il me semble...

— Il vous semble mal, monsieur, voilà tout; ainsi vous vous imaginez que, pour être nègre, il suffit d'être noir ? erreur profonde, monsieur, dans aucun pays du monde, on ne réussit à fabriquer des nègres avec autant de perfection qu'à la Nouvelle-Orléans; et cela sans qu'ils aient besoin de changer de couleur.

— Pardieu ! monsieur, ceci est un peu fort !

— Mais non, monsieur. C'est au contraire d'une extrême simplicité, et, sans qu'il soit besoin d'entrer dans des discussions qui seraient trop longues sur la décroissance des races, donnez-vous simplement la peine de prendre votre chapeau et au bout de la rue, si vous le voulez, je vous montrerai, mis en vente et vendus comme esclaves, des gens, qui, sur mon honneur, sont beaucoup plus blancs que vous et moi.

— Voilà qui est effroyable ! et le gouvernement permet...

— Mon Dieu, monsieur, le gouvernement n'a rien à voir là-dedans. Il est facile de faire un nègre, c'est l'A B C du métier.

— Ainsi, vous supposez ?...

— Ah ! permettez, je ne suppose pas, je cherche avec vous ; je me borne simplement à constater que la chose a pu arriver, voilà tout. Maintenant, est-elle arrivée, c'est ce que j'ignore.

— Monsieur, s'écria Valentin, tout cela est horrible ! ma raison s'y perd !... J'ai peine à croire qu'un homme, si pervers qu'il soit, et dans le but de s'emparer d'une fortune qui ne saurait lui appartenir, puisse se laisser aller à commettre des crimes aussi odieux.

— Oh! monsieur, on le voit, vous avez vécu longtemps dans le désert; vous ignorez combien l'âme s'atrophie dans les villes, et à quel degré de scélératesse la soif de l'or peut faire arriver un homme.

— J'espère, monsieur, ne pas habiter assez longtemps les villes pour en étudier les vices. Mais, revenons à notre affaire; votre opinion est que les enfants ont été vendus comme esclaves ou expédiés chez les Mormons?

— Oui, monsieur, tel est mon avis, je crois ne pas me tromper; car ma conviction intime est qu'ils n'ont pas été tués.

— Que Dieu vous entende, monsieur.

— Mais il ne s'agit pas, pour nous, de faire des hypothèses plus ou moins justes, il nous faut une certitude; je ne vous demande que quatre jours pour l'obtenir. C'est-à-dire que, dans quatre jours, je saurai si les enfants sont partis pour l'Utah, ou si, après les avoir vendus, on les a expédiés sur une plantation de l'intérieur.

— Quatre jours me semblent bien peu, monsieur.

— Ils me suffiront.

— Mais par quels moyens?

— Ceci me regarde, c'est mon affaire; je ne vous demande qu'une chose.

— Parlez, monsieur, laquelle?

— C'est, pendant ces quatre jours, de vous abstenir de

toute démarche, en un mot de ne rien faire; il est surtout important, pour nous, de ne pas donner l'éveil à notre ennemi.

— Oh ! il est bien loin, sans doute.

— Peut-être est-il plus près que vous ne le supposez, monsieur; une conscience bourrelée est une sentinelle vigilante, et, comme l'on dit vulgairement, depuis quelque temps les oreilles de don Miguel Tadeo de Castel Leon, doivent singulièrement lui tinter et l'avertir de se tenir sur ses gardes. Dans tous les cas, promettez-moi de demeurer, non pas indifférent, mais seulement complétement neutre.

— Soit, monsieur, et maintenant permettez-moi de tenir la promesse que je vous ai faite. Voici un bon de vingt mille dollars à vue, sur la maison Arthur Wilson, Rouquette et Blondeau.

— Je vous remercie, monsieur, répondit John Estor, qui, après avoir lu le papier, le plia et le plaça soigneusement dans son portefeuille. Monsieur, j'ai l'honneur de vous saluer. Dans quatre jours veuillez m'attendre. A la même heure, vous recevrez ma visite.

Les deux hommes se saluèrent, et l'ancien chef de la police de sûreté de la Louisiane se retira.

— J'ai fait tout ce qu'il était en mon pouvoir de faire, dit Valentin en le suivant du regard, et devrais-je dépenser jusqu'au dernier dollar la somme immense que m'a rapportée la vente de mes diamants, j'irai jusqu'au bout. Et maintenant, à la grâce de Dieu !

Il quitta alors le parloir et se dirigea vers le wigwam de Curumilla afin de communiquer au chef tout ce qu'il avait fait jusqu'alors, et se concerter avec lui pour l'avenir.

X

OU VALENTIN CROIT TENIR LE COMMENCEMENT DE LA PISTE

Trois jours s'étaient écoulés depuis les événements que nous avons rapportés dans le précédent chapitre.

Valentin avait strictement tenu la parole qu'il avait donnée à John Estor.

Pendant ces trois jours, c'était à peine s'il avait fait quelques visites, visites toutes de convenance, et n'ayant aucun rapport avec l'affaire qui l'appelait à la Nouvelle-Orléans.

Cependant le chasseur n'avait pas perdu son temps.

Il avait profité de cette inaction forcée pour opérer quelques changements importants dans son installation; pour s'entretenir avec Curumilla, et arrêter, en commun avec le chef, les mesures que nécessiteraient sans doute les renseignements que ne manquerait pas de lui fournir l'ex-chef de la police de sûreté.

Valentin regrettait d'autant moins l'inaction à laquelle il s'était condamné, que, malgré sa grande fortune et les puissantes relations qu'il avait établies dès le premier jour, sa qualité d'étranger rendait en ce moment sa position assez précaire à la Nouvelle-Orléans.

Il régnait en ce moment une grande surexcitation dans tous les esprits, non-seulement à la Louisiane, mais encore dans l'Arkansas, la Georgie, la Caroline du sud, et généralement dans tous les États dans lesquels dominait la race latine, et où l'esclavage existait.

On était à la veille de cette terrible guerre de sécession qui, pendant cinq ans, bouleversa la grande république américaine, lui coûta un million d'hommes, lui créa une dette immense, et fut enfin étouffée pour un temps, après des luttes gigantesques, par les moyens les moins avouables, dans des flots de sang.

Nous disons pour un temps, parce que le démembrement des États-Unis, non pas en deux, mais en quatre puissances séparées, est un fait fatal, logique, et qui doit nécessairement s'accomplir tôt ou tard.

Au moment ou nous écrivons, c'est-à-dire, au commencement de 1874, des signes infaillibles et auxquels personne ne saurait se tromper, laissent clairement prévoir, et cela presque à coup sûr, le jour où commencera le second acte de cette gigantesque tragédie.

Valentin Guillois était un homme beaucoup trop prudent pour se mêler, soit d'une façon, soit d'une autre, lui étranger et nullement intéressé dans la question, aux intrigues qui s'agitaient autour de lui. Il n'avait qu'un désir, accomplir le plus tôt possible la tâche de dévouement qu'il s'était imposée; réussir à sauver les deux enfants de la femme pour laquelle, pendant tant d'années, il avait professé au fond de son cœur un amour si sincère et si respectueux, et, ce devoir accompli, retourner au désert pour n'en plus sortir.

Le soir du troisième jour, après son entrevue avec John Estor, Valentin était, vers dix heures, assis sur un fauteuil à disque, dans sa chambre à coucher, se laissant aller à ses pensées, tout en suivant d'un regard distrait les spirales bleuâtres que formait la fumée de son cigare en s'élevant vers le plafond.

Tout à coup, un sifflement particulier, ressemblant à celui du *crotale*, se fit entendre au dehors.

Ce sifflement était un signal du chef.

Valentin bondit sur ses pieds, saisit ses revolvers et s'élança dans le jardin.

La nuit était sombre et sans lune.

Sous le couvert épais des arbres, il était impossible de rien distinguer à deux pas devant soi.

A peine Valentin se fut-il avancé dans le jardin, qu'il se heurta presque à Curumilla.

— Que se passe-t-il donc? demanda Valentin à voix basse.

Curumilla lui saisit le bras, se pencha à son oreille, et murmura d'une voix faible comme un souffle ce seul mot:

— *Andezeij!* — Viens. —

Le chasseur se laissa conduire.

Ils arrivèrent bientôt à l'extrémité du jardin, et ils s'embusquèrent de chaque côté d'une petite porte de dégagement, à demi perdue sous les plantes grimpantes, et que Valentin croyait condamnée.

A peine étaient-ils embusqués, ainsi que nous l'avons dit, qu'ils entendirent chuchoter au dehors, d'une voix étouffée et d'un ton si bas, qu'il leur fut impossible de distinguer une parole.

Puis, au bout d'un instant, une clef grinça dans la serrure, tourna avec difficulté; la porte fut poussée du dehors, et s'ouvrit avec effort, en entraînant avec elle des masses de branches, de feuilles, de lézards et d'araignées, qui tombèrent dru comme grêle sur la tête et les épaules de Valentin et de son ami, lesquels cependant conservèrent leur immobilité de statue.

Au même instant, deux hommes embossés jusques aux yeux dans les plis épais de larges manteaux, parurent sur le seuil et pénétrèrent sans hésiter dans le jardin; puis le dernier entré se retourna, repoussa la porte et mit la clef dans sa poche.

Tout cela fut fait par l'inconnu tranquillement, posément, en homme qui se croit à l'abri de tout soupçon, et assuré de n'avoir rien à redouter.

— Maintenant, allons, dit-il à voix basse.

— Un instant! fit Valentin, en se jetant résolument au-devant des deux hommes, avant d'aller plus loin, vous me direz qui vous êtes, vous qui vous introduisez d'une si singulière façon dans mon domicile.

Curumilla s'était silencieusement placé à côté de son ami.

— Eh mais, dit tranquillement l'inconnu, sans élever la voix, il me semble, Dieu me pardonne, que c'est la voix de M. Valentin Guillois.

— Oui, et c'est Valentin qui vous somme de répondre, et cela tout de suite, si vous ne voulez pas qu'il vous brûle la cervelle.

— By God! vous êtes vif, master Valentin! Comment, vous ne m'avez pas encore reconnu, ne serait-ce qu'à ma façon un peu sans gêne de m'introduire chez vous? Je suis John Estor, votre serviteur.

— Vous?

— Et qui diable voulez-vous que ce soit?

— Comment se fait-il que vous veniez à pareille heure, et par ce chemin?

— A ceci, master, je vous répondrai, mais dans un autre endroit, si vous le permettez; le lieu où nous sommes ne me semble pas très-bien choisi pour une explication.

— C'est juste.

— A la bonne heure, vous êtes raisonnable, bien que très-vif.

— Quel est cet homme qui vous accompagne?

— Autre question à laquelle je ne répondrai pas davantage, pour le moment du moins, toujours avec votre permission.

— Soit; venez donc alors.

Les quatre hommes se dirigèrent de compagnie vers la maison.

Pendant les quelques minutes que dura le trajet, pas une parole ne fut échangée entre eux.

En pénétrant dans la chambre à coucher, John Estor, car c'était bien lui, jeta son manteau sur un meuble, son compagnon l'imita.

Valentin Guillois et Curumilla, en apercevant l'homme qui accompagnait le policier, oublièrent pour un instant leur impassibilité indienne, et s'élancèrent vers lui en poussant un cri de surprise et de joie.

Ils avaient reconnu don Gregorio Peralta.

Les années et les chagrins avaient fortement creusé leur empreinte sur le noble visage du *chacarero* chilien.

Ses cheveux avaient blanchi, son front dégarni était sillonné de rides.

Mais il avait toujours la taille haute et droite, l'œil fier et plein de feu.

— Mes braves amis, s'écria-t-il, les larmes aux yeux, en les embrassant, je vous retrouve donc enfin !...

John Estor s'était laissé aller dans un fauteuil à disque, il avait allumé un cigare, et il se balançait nonchalamment en regardant d'un air satisfait cette scène si simple et pour cela même si touchante.

Lorsque la première émotion fut calmée, chacun prit place.

— Comment se fait-il, demanda Valentin au policier, que vous soyez venu ce soir, et d'une façon si extraordinaire ?

— J'ai voulu tout simplement vous causer une agréable surprise, me serais-je trompé ?

— Non, certes, vous ne pouviez me faire une plus grande joie que celle que j'ai éprouvée, il y a un instant ; mais vous n'êtes pas homme à agir à la légère, et à vous laisser aller inconsidérément aux mouvements de votre cœur.

— Non, en effet, By God! il ferait beau voir! j'avais un motif sérieux, très-sérieux même, pour désirer vous voir le plus tôt possible; ce motif je vais avoir l'honneur de vous le faire connaître. Je n'ai pas perdu mon temps depuis trois jours; la façon généreuse dont vous avez agi avec moi, les procédés que vous avez employés m'ont été droit au cœur. J'ai voulu justifier votre confiance, monsieur, et vous prouver que vous avez affaire à un gentleman.

— Je n'en ai pas douté un instant, monsieur.

— Voilà surtout ce dont je vous sais gré, monsieur; ainsi que je vous le disais, je me suis mis immédiatement en mesure d'obtenir les renseignements que vous m'avez demandés; je vous avouerai franchement, car entre nous il ne saurait y avoir de surprise, que je trouvai beaucoup plus de facilités que je ne l'avais supposé d'abord, à obtenir ces renseignements. J'ai conservé des relations très-étendues dans l'administration; elles me permettent de savoir beaucoup de choses très-utiles; voici ce que j'ai appris au sujet des enfants :

Ils ont été en effet enlevés par l'homme que nous soupçonnions, par don Miguel. Cet homme s'était abouché avec certaines gens sans aveu, qui moyennant une forte somme, s'engagèrent à emmener les enfants dans une des provinces les plus éloignées du Mexique, où ils les abandonneraient.

La trace des deux enfants a été suivie jusqu'à *Urès*, capitale de l'État de Sonora sur le Pacifique.

L'homme avec lequel don Miguel a traité, est un bandit Kentuckien, nommé le *Chacal*, fort redouté, paraît-il, dans les villes de la frontière indienne et dans les prairies, enfin un drôle de sac et de corde, qui ne recule devant aucun crime, pourvu qu'il soit grassement payé.

— Je le connais, dit Valentin, en fronçant le sourcil.

— Tant mieux, je n'en dirai donc pas davantage à son sujet.

— Ce serait inutile.

— Cet homme, pour accomplir ce méfait, s'est associé à un autre coquin de son espèce que l'on croit Français, dont on ignore le nom, mais qui est connu sur toute la frontière sous le sobriquet caractéristique de Lingot.

— Je connais aussi celui-là, reprit Valentin d'une voix creuse.

— Tout était préparé pour que les voyageurs partissent le jour même de l'enlèvement. C'est ce qui est arrivé; mais écoutez bien ceci, mon maître :

Don Miguel Tadeo, après avoir, pendant environ dix jours, escorté cette caravane maudite, est revenu subitement sur ses pas, et depuis, on assure qu'il n'a pas quitté la Louisiane. Le señor don Miguel Tadeo de Castel Léon est doué d'un esprit très-délié; c'est, paraît-il, un homme d'une grande intelligence; et qui possède surtout un talent particulier pour changer les traits de son visage et les rendre méconnaissables. Voilà, monsieur, ce que j'ai appris en trois jours. Croyez-vous que j'ai perdu mon temps?

— Non certes, monsieur, vous avez au contraire dé-. passé toutes mes prévisions. J'étais loin de compter sur des résultats aussi satisfaisants; mais vous ne me parlez pas de mon ami don Gregorio Peralta, et de la façon dont vous vous êtes rencontrés?

— Quant à ceci, monsieur, le hasard a tout fait; je ne saurais m'attribuer aucune participation dans cette affaire. Interrogez le señor don Gregorio, il pourra bien mieux que moi vous renseigner à cet égard. Il y a même au fond de tout cela quelque chose de louche, qui, je vous l'avoue, m'inquiète sérieusement, comme toutes les choses que je ne comprends pas.

— C'est aussi ce qui m'arrive; dit don Gregorio.

— Expliquez-vous, mon ami; peut-être ce qui vous a semblé incompréhensible au premier abord s'expliquera-t-il facilement, lorsque tous quatre nous en aurons tiré les conséquences logiques.

— Je ne demande pas mieux que de vous satisfaire, mon ami; j'étais depuis deux jours de retour à *Bâton-Rouge*, d'une longue excursion poussée jusqu'à la frontière indienne. Pendant cette excursion, j'avais appris à n'en pouvoir douter, que les enfants de notre malheureux ami devaient se trouver en Sonora, perdus par les bandits qui les y avaient conduits, dans un réseau de vingt lieues autour d'Urès. J'avais donc résolu de me rendre dans cette ville, et pour cela, j'étais retourné à Bâton-Rouge, afin de faire tous les préparatifs indispensables pour un si long voyage. Hier matin, au moment où j'achevais de déjeuner, un homme demanda à parler pour affaires pressantes à don Antonio Peyras, tel est le nom que j'ai adopté pour détourner les soupçons de don Miguel.

Le maître de l'hôtel fit conduire cet homme en ma présence.

— Monsieur, me dit-il dans le plus pur castillan, je suis votre compatriote, secrétaire particulier du consul du Chili à la Nouvelle-Orléans. Le consul m'envoie vers vous en toute hâte, ayant appris que vous étiez de retour ici, pour vous annoncer que deux personnes, un coureur des bois français et un chef indien Araucan, sont arrivés il y a quelques jours, à la Nouvelle-Orléans; et que ces deux hommes, dont l'un se nomme Valentin Guillois, et l'autre Curumilla, se sont à plusieurs reprises informés de vous auprès du consul. Le consul, dans l'ignorance des motifs qui poussent ces deux hommes à prendre des renseignements sur votre compte, m'a chargé de vous avertir, afin que vous preniez les mesures qui vous paraîtront nécessaires.

Tout cela me fut dit par cet homme, d'un ton assuré, et avec l'indifférence caractéristique particulière aux gens qui s'acquittent d'une mission qui ne les intéresse aucunement.

Cependant j'examinai attentivement l'inconnu.

Son regard était droit, sa contenance ferme. Je crus à ses paroles; je le congédiai, tout en ayant l'air pourtant de n'attacher qu'une médiocre importance au message qu'il me transmettait.

Par surcroît de précautions, je le fis suivre de loin

sans qu'il s'en doutât ; mais dix minutes après notre entrevue, il repartit pour la Nouvelle-Orléans sur le bateau à vapeur.

Deux heures plus tard, je prenais la même route.

Mon premier soin, en arrivant, fut de me rendre au Consulat, dans l'intention d'adresser mes remerciements au consul, avec lequel je suis assez lié, et qui m'a toujours témoigné beaucoup d'intérêt.

Lorsque je lui parlai du message qu'il m'avait envoyé, il tomba littéralement des nues.

D'abord, il n'a pas de secrétaire ; de plus, bien qu'il sache parfaitement votre arrivée à la Nouvelle-Orléans, il n'avait pu me faire avertir, par la raison toute simple qu'il ignorait que je fusse à Bâton-Rouge.

Quel était l'homme qui était venu me trouver? Qui l'avait envoyé ? Pourquoi était-il venu? Telles étaient et telles sont encore les trois questions que je me posai sans pouvoir les résoudre. Un malentendu était impossible. Il y avait donc trahison ? Seul, don Miguel avait intérêt à cette trahison.

Mais ce que je ne puis comprendre, c'est qu'il a découvert, non pas votre arrivée à la Nouvelle-Orléans, vous ne vous êtes pas caché et vous n'en avez fait mystère à personne, mais les motifs qui vous ont conduits dans cette ville.

Je me perdais en conjectures, et je ne savais trop, je vous l'avoue, à quoi me résoudre, lorsque le hasard amena chez le consul master John Estor.

Ce digne gentleman, auquel je confiai franchement

les difficultés de ma situation, m'offrit ses services en me disant les rapports existants entre vous et lui... Je les acceptai sans hésiter.

Je voulais me rendre immédiatement chez vous, mon cher don Valentin, mais mon nouvel ami me fit observer qu'en agissant ainsi je commettrais une grave imprudence, en attirant sur mes démarches l'attention de ceux qui ont intérêt à les connaître et suivent sans doute mes pas dans l'ombre.

Voilà pour quelles raisons, mon cher ami, j'ai attendu jusqu'à ce soir et me suis introduit dans votre domicile comme un voleur, au lieu d'entrer franchement par la grande porte.

Et maintenant, dites-moi nettement, je vous prie, ce que vous pensez de tout cela.

Valentin allait répondre, mais le chef lui posa la main sur l'épaule, se leva et prit la parole à sa place.

— Pourquoi les visages pâles sont-ils sans armes ? dit-il ; la nuit est noire, les ennemis guettent, peut-être viendront-ils ? Bon avoir des armes. Curumilla rien à faire ici ; lui surveiller en dehors ; écouter bruit de la nuit.

Après avoir parlé ainsi, l'Indien salua gravement les assistants et partit.

— Le chef a raison, messieurs, dit Valentin. C'est un guerrier rempli de prudence ; ainsi que nous, il connaît de longue date l'homme auquel nous avons affaire. Il sait que, le cas échéant, don Miguel ne reculera devant rien pour s'assurer de notre silence. Sans la prudence du chef, qui n'est jamais mise en défaut, vous vous seriez introduits dans cette maison sans éveiller les soupçons de mes gens ou les miens, et vous seriez parvenus dans cette pièce sans être découverts. Ce que vous avez fait, vous, dans mon intérêt, d'autres peuvent le tenter après vous, dans des intentions hostiles, et réussir; il nous faut donc, avant tout, nous mettre en garde contre une attaque subite.

— C'est vrai, répondit vivement John Estor; l'exaspération est tellement grande aujourd'hui, les rouages du gouvernement si relâchés et la police si mal faite, en supposant qu'elle existe encore, que tout est possible; ce ne serait pas le premier attentat de cette nature qui, depuis un mois, épouvanterait la ville; aujourd'hui les citoyens sont contraints de se protéger eux-mêmes s'ils ne veulent être lâchement assassinés dans leurs maisons; aussi, ai-je toujours sur moi deux revolvers à six coups qui ne m'ont jamais failli au besoin.

— Moi de même, dit don Gregorio.

— Vos revolvers de Colt ne valent rien; en voici d'autres du système Galand, dont vous ne tarderez pas à apprécier l'excellence, mais ce n'est pas assez.

Après avoir remis à chacun des deux hommes une paire des revolvers dont il venait de parler, le chasseur décrocha d'une panoplie trois *bowie-knifs* ou *langue de bœuf*, il en conserva un pour lui, et leur présentant les deux autres :

— Croyez-moi, ajouta-t-il, passez à votre ceinture

ces *cure-dents de l'Arkansas.* En y joignant ces fusils à canons tournants, dont je vous garantis la supériorité et que je vous prie d'accepter, nous serons en mesure de nous défendre avec avantage, même contre dix hommes; sans compter que nous ne sommes pas seuls ici ; j'ai quatre domestiques vigoureux, résolus, sur la fidélité desquels je crois pouvoir compter, et que sans doute Curumilla, qui n'oublie rien, et pour lequel ils ont un grand respect, aura armés et prévenus de faire bonne garde.

— Bon, fit don Gregorio, j'ai deux serviteurs chiliens qui sont demeurés près de la porte, afin de veiller sur nous.

— Il faut les faire entrer au plus vite et laisser supposer à nos ennemis que nous ne soupçonnons pas une attaque. Je m'en charge, dit Valentin.

Et il s'élança au dehors.

Son absence dura à peine dix minutes.

— Voilà qui est fait, dit-il en rentrant; Curumilla s'est chargé d'eux. Ils sont presque compatriotes et s'entendront à demi-mot. Causons, nous n'avons, quant à présent, rien à redouter, ajouta-t-il en chargeant son fusil, manœuvre aussitôt imitée par ses compagnons.

— Je ne puis que vous répéter, dit don Gregorio, la question que déjà j'ai eu l'honneur de vous adresser : que pensez-vous de tout cela?

— Je pense ce que vous en pensez vous-même, mon ami ; c'est-à-dire que, par des moyens que nous ignorons, don Miguel est parvenu à pénétrer le secret de

13.

vos démarches et des nôtres, et, de plus, à se mettre au courant de notre alliance projetée contre lui dans le but d'empêcher la réussite de ses sinistres projets.

— Ceci ne fait pas un doute, dit John Estor; comment cet homme a-t-il réussi à obtenir ce résultat, voilà ce que je ne saurais dire; mais le fait indiscutable devant lequel nous devons nous incliner, c'est une guerre à outrance qui commence entre lui et nous.

— Oui, fit Valentin; mais remarquez, messieurs, que c'est notre ennemi qui, le premier, déclare cette guerre et démasque ses batteries; il nous révèle, par cela même, combien sa position est fausse et jusqu'à quel point il redoute que nous réussissions ; mon avis est donc de suivre ici la coutume du désert, si vous le trouvez bon.

— Quelle est cette coutume, monsieur? demanda curieusement le policier.

— La voici, répondit Valentin; feindre une ignorance complète tout en cherchant à pénétrer les projets de notre ennemi; agir avec la plus extrême prudence; ne rien laisser au hasard, et à la première occasion favorable, tomber à l'improviste sur cet ennemi et le tuer roide si c'est possible.

— By God ! fit en souriant John Estor, la méthode est expéditive, mais je dois convenir qu'elle est essentiellement logique et efficace.

— L'approuvez-vous?

— Moi ! je ne serais pas de mon pays si je ne l'approuvais pas. Nous autres Américains, nous allons droit au but ; d'ailleurs, monsieur, je vous appartiens corps et âme et je ne vous faillirai pas à l'occasion.

— Alors, tout va bien, reprit Valentin en souriant, nos ennemis peuvent venir quand il leur plaira, ils trouveront à qui parler. Qu'en dites-vous, don Gregorio ?

— Mon ami, cette querelle est surtout mienne. Si vous vous trouvez en danger, vous y êtes pour moi et par moi ; entre nous, tout remercîment est inutile ; qu'il vous suffise de savoir que, quoi qu'il arrive, on ne parviendra à vous qu'en passant sur mon corps.

— Je le savais, dit le chasseur. Maintenant, écoutez ceci : Si nous sommes attaqués, il est probable que ce sera cette nuit ; qui sait? peut-être avant une heure. Don Miguel nous a prouvé qu'il est parfaitement renseigné sur tout ce que nous faisons ; en conséquence, il vous sait ici, cela ne fait pas le moindre doute, puisque lui-même vous y a conduit presque par la main, grâce au faux message qu'il vous a envoyé à Bâton-Rouge.

— C'est juste, dit John Estor.

— Il voulait nous réunir, appuya don Gregorio.

— Pour en finir d'un seul coup, reprit Valentin ; essayer de sortir serait donc se livrer véritablement entre ses mains, car il rôde ou doit rôder aux environs. Tenons-nous coi. Nous avons au dehors un éclaireur infaillible qui ne nous laissera pas surprendre. Si la nuit, contre nos prévisions, s'écoule paisiblement, dès que le jour sera venu, master John Estor sortira et ira chercher des renforts ; si, au contraire, nous sommes attaqués, eh bien! mes amis, à la grâce de Dieu, chacun fera son devoir; nous serons griffes contre griffes et malheur à celui qui aura les plus courtes ! Est-ce bien compris et bien entendu ?

— Compris et entendu, répondirent les deux hommes d'une seule voix.

— Et maintenant, messieurs, que tout est bien arrêté, permettez-moi de vous offrir quelques rafraîchissements, car peut-être attendrons-nous longtemps nos visiteurs, et il est bon, ajouta-t-il en souriant, que nous soyons prêts à les recevoir comme ils le méritent.

Le chasseur se leva alors, ouvrit une armoire et en retira un en cas qu'il disposa sur une table.

Don Gregorio et John Estor, non-seulement étaient fort braves tous deux, mais, de plus, l'amour-propre les poussait à ne point paraître attacher plus d'importance à l'attaque dont ils étaient menacés que Valentin Guillois ne semblait en attacher lui-même.

Ils firent donc honneur aux mets placés devant eux, vidèrent gaiement, en compagnie du chasseur, deux ou trois bouteilles d'un excellent Château-Larose.

Puis les cigares furent allumés, et comme si chacun des trois hommes eût voulu prouver aux autres que la question qu'ils avaient longtemps traitée était complètement épuisée et qu'il était inutile d'y revenir, la conversation s'engagea sur les questions les plus futiles et les plus dénuées de tout intérêt sérieux.

Cependant, un observateur qui eût été placé de

façon à surveiller nos trois personnages, n'aurait pas tardé à s'apercevoir que leur gaîté était feinte et même souvent un peu forcée.

En un mot, que tout en riant et en plaisantant, leurs oreilles étaient tendues vers les bruits les plus légers venant du dehors ; et que parfois leurs regards s'allumaient et lançaient des éclairs. Ils jouaient une comédie de sécurité, à laquelle ils ne croyaient ni les uns ni les autres, tout en remplissant leurs rôles avec un talent remarquable.

Cependant les heures s'écoulaient lentement les unes après les autres.

Minuit, cette heure qui, dans les romans, est celle des spectres, était depuis longtemps passée.

La pendule, posée sur un piédouche, marquait près d'une heure du matin.

Le froid commençait à se faire sentir ; la nuit se faisait de plus en plus glacée sous la brise de mer qui soufflait par rafales.

La conversation languissait entre nos trois personnages.

Ils commençaient à éprouver ce malaise qui suit une veillée trop prolongée.

Tout à coup Valentin tressaillit, il se leva, imposa d'un geste silence à ses deux compagnons, et, se penchant légèrement vers eux :

— Chut ! dit-il, il y a du nouveau ; prenez vos armes et soyez prêts !

En même temps le chasseur saisit les deux lampes

qui éclairaient la pièce, et, sans les éteindre, il les plaça dans une armoire qu'il referma ensuite.

Au même instant un sifflement doucement modulé se fit entendre.

— Des hommes armés viennent d'escalader le mur, dit Valentin.

— Comment le savez-vous? dit le policier.

— Chut, répéta Valentin en lui prenant le bras, mon oreille exercée entend ce que vous ne pouvez entendre.

Un nouveau signal vint du dehors.

— Ils sont quinze, reprit Valentin, armés de fusils et de bowie-knifs; ils marchent vers la maison; attention! ils approchent!

Un instant s'écoula.

— Il fait noir comme dans un four, murmura John Estor.

— Attendez; armez vos fusils et soyez prêts à tirer.

On entendit le craquement sec des batteries.

— Êtes-vous prêts? demanda Valentin.

— Oui, répondirent les deux hommes d'une voix étouffée.

Au même instant on entendit au dehors comme un petillement d'étincelles, et une lueur immense éclaira le jardin.

Curumilla, pendant que ses amis causaient dans la chambre à coucher, s'était occupé, avec les serviteurs de don Gregorio et les noirs de Valentin, à élever un énorme bûcher au milieu de la pelouse; c'était ce bûcher copieusement enduit de matières résineuses auquel le chef venait de mettre le feu.

A la lueur des flammes qui montaient en tournoyant vers le ciel, on aperçut une quinzaine d'hommes, marchant résolûment vers la maison qui, grâce à la précaution prise par le chasseur, était complétement obscure.

Les inconnus, surpris par cette clarté subite, hésitèrent et firent un mouvement de recul.

— Feu ! cria Valentin d'une voix stridente.

Trois coups de feu éclatèrent du côté de la maison, cinq leur répondirent du dehors.

Huit des assaillants tombèrent.

Les autres, surpris à l'improviste par cette rude attaque, lâchèrent leurs coups au hasard.

— En avant ! dit don Gregorio, en faisant un mouvement pour s'élancer dans le jardin.

— Gardez-vous en bien, cria Valentin, tous nos ennemis ne sont pas entrés encore, regardez !

En effet, on voyait apparaître plusieurs têtes au-dessus de la crête du mur.

Valentin avait disposé plusieurs rifles tout chargés sur une table à portée de la main.

Ils firent alors un feu roulant, sur les gens qui essayaient d'escalader les murailles.

Plusieurs retombèrent lourdement au dehors, mais quelques-uns réussirent à sauter dans le jardin.

Cependant, les inconnus, effrayés d'abord d'une si rude réception, s'étaient ralliés à la voix d'un homme qui semblait être leur chef et parvint à les pousser en avant.

Grâce au secours qui leur arrivait du dehors, les assaillants étaient encore au nombre d'une douzaine.

Ils s'élancèrent en courant vers la maison.

Mais, au moment où ils franchissaient les marches du perron, ils furent accueillis par une décharge à bout portant, qui les rejeta dans le jardin.

Ils se rallièrent de nouveau et revinrent hardiment à la charge.

Ils comprenaient que leur position n'était plus tenable.

Ils se trouvaient en pleine lumière, et frappés sans riposte possible par des ennemis invisibles.

Il leur fallait donc à tout prix en finir.

D'un élan prodigieux et irrésistible, ils parvinrent à franchir le seuil de la première pièce.

Mais au même instant Curumilla apparut, suivi des quatre nègres et des deux serviteurs de don Gregorio.

Tous les sept se ruèrent à corps perdu sur les assaillants.

Valentin et ses amis, contraints un instant de reculer devant les inconnus, recommencèrent alors résolûment la lutte, et un combat corps à corps s'engagea avec un acharnement indescriptible.

Le chasseur, craignant que ses amis ne se blessassent entre eux dans les ténèbres, avait pris la précaution de replacer les lampes sur leurs piédouches.

Après une lutte de quelques minutes, qui semblèrent

avoir la durée d'un siècle, les assaillants, reconnaissant sans doute l'inutilité de leurs efforts, commencèrent à reculer lentement et en se serrant les uns contre les autres.

Toujours combattant, ils atteignirent le jardin.

En ce moment sept ou huit individus nouveaux apparurent ; probablement le reste de la bande, laissé en arrière pour soutenir la retraite, ce que prouva du reste la manœuvre qu'ils exécutèrent en se jetant résolûment au devant de leurs compagnons blessés pour la plupart, et portant entre leurs bras un des leurs, sans doute leur chef, qui avait reçu une blessure grave.

Tenus en respect, et suivis pas à pas par les habitants de la maison, les inconnus opérèrent leur retraite lentement, mais sans nouvelles hostilités.

Ils sortirent par la petite porte du jardin, par laquelle ils s'envolèrent comme une volée d'oiseaux de nuit, sans que l'on tentât de les poursuivre au dehors.

Les cadavres et les blessés avaient été enlevés pendant le combat, sans qu'on sût comment.

N'eussent été les larges flaques de sang qui tachant çà et là le sol, et les restes du bûcher achevant de se consumer, on aurait pu croire que cette scène terrible, si rapidement accomplie et avec une si infernale audace, n'avait été qu'un rêve ou un horrible cauchemar.

Chose étrange, et qui montre bien à quel degré de démoralisation et de dégradation morale étaient tombés les États du Sud à cette époque de bouleversements continuels, malgré les nombreux coups de feu, les cris des combattants, les plaintes des blessés et la lueur produite par le bûcher dont les flammes sanglantes rougissaient le ciel sur un grand espace, un silence morne et effaré n'avait cessé de régner autour de cette maison dont d'audacieux bandits tentaient l'assaut ; les maisons voisines de celle du chasseur étaient demeurées sombres et silencieuses, pas une fenêtre ne s'était ouverte, pas une porte ne s'était entre-bâillée ; dans les rues désertes dont le gaz avait été éteint, aucun gardien de nuit, aucun agent de police n'avait paru.

On se serait cru au fond du désert le plus ignoré de la Sierra de San Juan ou du del Norte.

Valentin et ses amis avaient peu souffert.

Excepté don Gregorio qui avait reçu une blessure assez grave — une balle lui avait traversé la cuisse, heureusement sans léser aucun organe, — et un noir, qui avait reçu une entaille au bras gauche, tous les défenseurs de la maison étaient sains et saufs.

Le lendemain Valentin porta une plainte aux autorités.

On le félicita chaleureusement sur la belle défense qu'il avait faite, en l'engageant à ne pas manquer d'agir de la même façon, si les bandits osaient se présenter de nouveau.

Et il n'en fut rien de plus.

Huit jours plus tard, Valentin Guillois, cédant aux instances de don Gregorio que sa blessure condamnait au moins pour quelque temps à une complète immobilité, faisait ses préparatifs de départ.

Ils furent promptement terminés.

Le chasseur régla ses affaires avec la maison Arthur Wilson, Rouquette et Blondeau, dont il n'avait eu qu'à se louer depuis son arrivée, puis il donna la liberté à ses noirs en leur faisant un cadeau de mille piastres à chacun, pour récompenser le dévouement dont ils avaient fait preuve pendant la nuit de l'attaque de la maison.

Il fit appeler madame Chaubard; la digne femme pensa tomber de son haut quand Valentin lui apprit qu'il avait acheté la maison en son nom; qu'en conséquence elle lui appartenait avec tout ce qu'elle renfermait, et qu'il la priait de l'accepter.

— Vous m'y conserverez une chambre, ajouta-t-il en souriant, au cas où quelque jour je reviendrais ici.

— Elle sera toujours à vous! répondit la brave femme en fondant en larmes et ne sachant comment lui exprimer sa reconnaissance.

Ces diverses affaires terminées, le chasseur eut une longue et secrète conversation avec John Estor, serra affectueusement la main à don Gregorio, et, après être convenu d'un rendez-vous avec les deux hommes, au cas probable où ils pourraient venir le rejoindre, il se prépara à prendre congé d'eux.

Mais don Gregorio le prit à part, et se faisant apporter par un de ses serviteurs une petite cassette de fer, il l'ouvrit et en retira un large pli cacheté, qu'il remit au chasseur.

— Mon cher don Valentin, lui dit-il les yeux pleins

de larmes, cette lettre est à votre adresse, ainsi que vous pouvez le voir, elle est de don Luis; notre malheureux ami, qui sans doute avait le pressentiment de sa mort prochaine, me la remit quelques mois seulement avant l'affreuse catastrophe que vous savez; c'est son testament de mort; conservez précieusement cette lettre et promettez-moi de ne pas l'ouvrir avant d'avoir délivré doña Rosario et son frère et de m'avoir revu, ou comme il faut tout prévoir, d'avoir reçu la nouvelle officielle de ma mort.

— Oh! mon ami, ne parlez pas ainsi! s'écria-t-il en lui prenant les mains.

— Pourquoi donc? répondit-il en souriant; nous sommes engagés dans une affaire où la mort peut à chaque pas nous surprendre à l'improviste.

C'est vrai; dit-il tristement.

— Les paroles que vous venez d'entendre, reprit don Gregorio, sont les dernières recommandations que m'a faites notre ami mourant, en me chargeant de vous les transmettre de vive voix, lorsque je vous aurais retrouvé; jurez-moi de vous y conformer.

— Je vous le jure, mon ami; répondit le chasseur en serrant le précieux papier dans sa poitrine; cette lettre ne sera ouverte qu'en votre présence et sur votre autorisation.

— Merci, mon ami. Voilà tout ce que je voulais vous dire; partez, et bon espoir; j'ai la conviction que vous réussirez.

Les deux hommes s'embrassèrent affectueusement et

prirent congé l'un de l'autre en se promettant de se rejoindre bientôt.

Le jour même Valentin Guillois et Curumilla sortirent de la Nouvelle-Orléans montés sur d'excellents mustangs des prairies.

Ils se rendaient en Sonora, où ils espéraient enfin obtenir des nouvelles positives des deux malheureux enfants.

Valentin s'éloignait presque joyeux de la grande cité américaine.

Il avait la certitude que si don Miguel n'était pas mort, du moins sa blessure le mettait pour longtemps dans l'impossibilité de nuire.

De plus, il tenait enfin un des bouts de la piste que depuis si longtemps il cherchait; il avait la conviction qu'il arriverait à l'autre bout.

Cependant un point noir restait obstinément dans son esprit.

Pour la première fois, il avait subi presque un échec.

Et maintenant il se trouvait face à face avec un ennemi dont la ruse et l'audace balançaient presque son expérience et son honnêteté, et le rendaient presque aussi fort que lui.

Le principe du mal l'emporterait-il donc sur celui du bien dans les plateaux de la balance où la justice divine pèse les actes de la vie humaine?

La vertu serait-elle donc éternellement vaincue et le crime triomphant?

XI

OU LE LECTEUR FAIT CONNAISSANCE DE BLUE-DEWIL

Les recherches de Valentin en Sonora furent minutieuses, elles durèrent pendant plus de deux mois.

Cependant, malgré les nombreuses relations qu'il avait depuis longtemps dans ce pays, il fut impossible au chasseur de rien découvrir.

De plus, par une singularité étrange et dont il ne révéla pas le motif à Curumilla lui-même, après une absence de trois jours, pendant laquelle il fit une excursion dont le but demeura son secret; il rejoignit Curumilla, qu'il avait laissé rôdant autour de Hermosillo, lui dit qu'il reconnaissait l'inutilité de continuer plus longtemps des recherches qui n'aboutissaient à rien, et lui annonça qu'ils allaient partir pour l'Orégon et les montagnes Rocheuses.

Effectivement, deux jours plus tard il se mirent en marche, sans échanger un mot de plus à ce sujet.

Curumilla, de plus en plus taciturne et silencieux,

ne demanda aucune explication à son ami, qui, de son côté, demeura muet.

Valentin n'était pourtant pas homme à prendre une résolution si grave sans y être poussé par des motifs de haute importance.

Un voyage de deux mois et demi, à travers des déserts, des forêts vierges et des contrées inexplorées, n'est pas une mince affaire; pour se décider à l'entreprendre dans des conditions pareilles à celles où se trouvait le chasseur, il faut positivement y être contraint.

Lorsque, au commencement de cette histoire, nous avons rencontré Valentin Guillois, épiant du haut d'un rocher les trois aventuriers et leur prisonnière, il y avait un mois déjà qu'il se trouvait dans les montagnes Rocheuses.

Maintenant que nous avons bien établi les faits qui ont amené la présence du chasseur dans ces contrées désolées, nous l'abandonnerons pendant quelque temps et, reprenant notre récit précisément au point où nous l'avons interrompu, nous nous transporterons dans le camp des émigrants, le jour même qui suivit l'attaque des Indiens Corbeaux, huit heures environ après le combat, c'est-à-dire vers dix heures du matin.

Ce camp, ou pour mieux dire ce campement; car ce n'était qu'un de ces abris provisoires comme les voyageurs en établissent au désert pour passer la nuit et se protéger contre une attaque des voleurs blancs ou rouges qui pullulent dans la prairie; ce campement, disons-nous, était, et cela se comprend de reste, dans le plus grand désordre.

Depuis plusieurs heures, les voyageurs travaillaient à déblayer la neige sous laquelle ils étaient ensevelis ; malgré les efforts les plus énergiques, ils n'avaient pu réussir qu'à découvrir quelques wagons et encore pas entièrement.

Ces étrangers, quels qu'ils fussent, avait subi des pertes cruelles pendant le combat ; sans le secours providentiel des chasseurs, aucun d'eux n'aurait survécu !

Néanmoins, maintenant que le danger était passé, ils ne semblaient plus s'en souvenir ; ou s'ils en parlaient entre eux, c'était en termes grossiers, et pour regretter de n'avoir pu infliger aux Indiens un châtiment plus cruel.

Autant qu'on en pouvait juger à première vue, ce camp se composait d'une centaine d'hommes, sans compter une vingtaine de femmes et d'enfants, dont quelques-uns encore à la mamelle.

L'individu qui paraissait être le chef de cette troupe, ou plutôt son capitaine, car tel est le terme consacré, était un homme d'une cinquantaine d'années, grand, maigre et cependant trapu ; ses cheveux, d'un blond fadasse, tombaient en longues mèches sur ses épaules ; une barbe d'un rouge ardent cachait plus des deux tiers de son visage blafard, et s'étalait en éventail sur sa poitrine ; ses yeux étaient voilés sous des lunettes vertes, dont les branches en fer, garnies de taffetas de la même couleur, protégeaient sans doute sa vue malade ou affaiblie.

Cependant, lorsque parfois, étant seul, et certain de ne pas être surveillé, il enlevait ses lunettes, soit pour en nettoyer les verres, soit pour tout autre motif, il laissait alors voir ses yeux qui, par une particularité singulière, étaient noirs, et dont le regard louche, inquiet et toujours en mouvement, semblait lancer des flammes sombres.

Depuis que la caravane avait quitté les établissements, jamais aucun des compagnons du capitaine ne l'avait aperçu sans ses lunettes; tant étaient grandes les précautions dont il usait, lorsque, pour une raison ou pour une autre, il était contraint de les ôter, ne fût-ce que pour un instant.

Cet homme s'appelait, ou se faisait appeler le capitaine Kild, nom qui, avant lui, avait appartenu à l'un des plus féroces pirates qui, au xviie siècle, avaient ravagé les côtes américaines.

Au moment où nous le mettons en scène, le capitaine Kild, tout vêtu de fourrures; son bonnet de castor enfoncé jusqu'aux sourcils; armé jusques aux dents, et son rifle sous le bras, surveillait les travaux de déblaiement qu'une trentaine d'hommes exécutaient activement sous sa direction, depuis le matin.

Le capitaine consulta sa montre; elle marquait midi; la neige était à peu près enlevée; le capitaine fit une grimace de satisfaction et sonna d'un bugle pendu à sa ceinture.

A ce signal, les travaux cessèrent; les émigrants, abandonnant leurs outils, allèrent s'accroupir autour des feux, allumés à grand'peine, et se mirent en devoir de déjeuner; maigre pitance que la leur, composée de thé de rebut, de biscuit avarié, de beurre rance, et de lard salé ; mais la faim est un merveilleux assaisonnement, et fait paraître bon ce qui est exécrable ; d'ailleurs, on n'est pas difficile au désert.

Le capitaine et trois de ses compagnons, se dirigèrent vers une tente assez vaste, divisée en plusieurs compartiments et dressée au centre du camp.

Cette tente, dont la toile était fortement goudronnée, avait beaucoup moins souffert que les autres de l'ouragan ; la neige n'avait pas séjourné sur ses parois, elle avait glissé à terre où elle s'était amoncelée ; il avait suffi de quelques coups de pioche, pour en dégager complétement l'entrée.

Les quatre hommes pénétrèrent dans un compartiment formant un carré un peu long, du sixième à peu près de la superficie totale occupée par la tente.

Une table, entourée de chaises et chargée de mets abondants, était dressée au milieu de cette espèce de salle à manger.

Les arrivants furent reçus par un enfant ou plutôt par un jeune homme de quinze à seize ans, qui se hâta de les débarrasser de leurs rifles et de leurs fourrures, avec l'adresse d'un serviteur émérite. Un nègre, la serviette sous le bras, se tenait prêt à servir.

Dès son entrée, le capitaine interpella cet homme.

— Samson, lui dit-il d'une voix rude, nous n'avons que faire de vos longues oreilles ; retirez-vous, *le Pelon* suffira pour le service ; dites à la señora qu'elle reste chez elle ; j'ai à causer avec mes amis ; surtout pas de sotte curiosité, vous m'entendez, drôle ? Allons, filez, et plus vite que ça !

Le nègre ne se fit pas répéter l'injonction, il souleva un rideau et disparut avec une rapidité qui prouvait la crainte que lui inspirait son maître.

— A table ! à table, messieurs, dit le capitaine en se frottant les mains, ne laissons pas refroidir ces excellentes choses.

Il s'assit ; chacun l'imita, et le repas commença.

Les premiers moments furent silencieux et employés à calmer au plus vite un appétit fortement aiguisé par les rudes travaux de la matinée.

Près d'un quart d'heure s'écoula sans qu'un seul mot fût échangé entre les convives ; nous profiterons de ce silence provisoire pour esquisser le portrait du Pelon, ce jeune homme étant appelé à jouer un certain rôle dans cette histoire.

Comme nous l'avons dit, le Pelon, ainsi qu'on le nommait, avait quinze ou seize ans, mais il paraissait plus âgé de plusieurs années, à cause de sa haute taille, du développement de ses muscles, de la vigueur de ses membres, et surtout, de la fermeté et de la résolution empreintes sur sa physionomie, mâle et intelligente ; son teint olivâtre, ses yeux d'un noir sombre, toujours en mouvement, dénotaient son origine indienne, mêlée de quelques gouttes de sang espagnol ; une sombre et incurable mélancolie était répandue sur ses traits ; tout en s'acquittant de ses devoirs de domestique, parfois il lançait à ceux que, peut-être, il servait contre sa volonté, des regards brûlants de haine, lorsqu'il était certain de ne pas être aperçu ; deux des convives surtout paraissaient lui inspirer une répulsion qui allait jusqu'au dégoût ; ces deux hommes, de leur côté, ne s'adressaient jamais à lui que sur un ton de mépris ou de menace ; parfois même, ils allaient jusqu'à le frapper ; c'étaient eux qui l'avaient amené au camp du capitaine Kild ; ils considéraient le pauvre enfant comme leur esclave.

Quant à lui, menaces, sarcasmes, brutalités, il supportait tout sans se plaindre ; mais qui aurait pu lire au fond de son cœur, aurait frémi en voyant la haine qu'il y amassait silencieusement contre ses bourreaux.

Ceux-ci se nommaient le Chacal et le Lingot.

Le lecteur qui, déjà, en a souvent entendu parler, ne tardera pas à faire avec eux une connaissance plus intime.

Ce fut le capitaine qui, le premier, rompit le silence, par un mot qui, sans doute, résumait la pensée générale, car les convives lui répondirent par un sourire d'assentiment.

— L'affaire a été rude, dit-il, mais après tout, nous l'avons encore échappé cette fois. Il faut réellement que le diable nous protége.

— Je l'ai toujours soupçonné d'un faible à notre

égard, dit son voisin de droite d'un ton de sarcasme.

— Après tout, il nous doit bien cela, nous faisons assez pour lui, dit le voisin de gauche avec conviction.

— Sans compter ce que nous ferons encore, appuya le convive placé en face du capitaine.

Tous quatre se mirent à rire.

— C'est égal, reprit le capitaine, cette fois, cela a été dur.

— Au diable! fit le voisin de droite, les soucis tueraient un chat; ce qui est passé est passé; à quoi bon y penser! une seule chose me chagrine.

— Laquelle, Blue-Dewil, mon ami? demanda le capitaine, qui semblait éprouver pour cet homme une affection particulière.

— Je voudrais savoir qui diable sont les individus assez bons, ou pour mieux dire assez bêtes, pour être ainsi venus à notre secours, précisément au moment ou notre situation était désespérée.

— Bon! cela t'inquiète, toi! dit l'homme placé en face du capitaine; tu es bien simple de te faire de la bile à propos de cela; je vais te le dire moi, si tu veux?

— Tu le sais donc, Lingot? s'écrièrent ses trois compagnons d'une seule voix.

— Certainement, que je le sais, reprit-il, en accompagnant sa réponse d'un ricanement ironique. C'est pas malin à deviner, ça : c'étaient des gens qui ne nous connaissaient pas, voilà; sans cela, au lieu de nous secourir, ils nous auraient tombé dessus.

14.

— Ce diable de Lingot, dit le capitaine, il a toujours le mot pour rire.

— Eh bien, après? fit le mauvais drôle d'un ton de menace; voulez-vous que je pleure? Allez-vous m'otolondrer à c't'heure, avec vos observations? Avec ça que l'on s'amuse ici, et que le capitaine nous a conduits dans une chouette contrée ; merci, n'en faut pas ! Et d'abord, je commence à en avoir plein le dos de ces riants paysages, et si on ne s'en va pas d'ici bientôt, je vous avertis que je me déguise en cerf.

Nous devons avertir le lecteur que nos personnages causaient entre eux en français, *ou à peu près*.

— Allons, ne te fâche pas, Lingot, dit le capitaine ; nous ne sommes pas plus contents que toi d'être ici; tu sais bien que si nous y sommes venus, c'est malgré nous.

— Aïe donc ! des nèfles ! faut pas me la faire à la contrainte, comme on dit au faubourg Antoine ; d'abord y a pas d'huissiers ici. Ce vilain légume-là ne prend pas de bouture dans les Savanes de l'Amérique, et c'est pas un malheur. Si vous êtes ici, mon bonhomme, c'est que vous vous êtes laissé embobeliner par ce sournois de Blue-Dewil, que vous adorez, quoi ! Je ne le sens pas pour un sou, ce grand jaune-là !

— Tu vas finir ! dit l'homme interpellé, d'un air menaçant.

— Je finirai si je veux, *t'ends-tu?* J'ai pas peur de toi, monsieur le Masque. Et d'abord, les opinions sont libres. La mienne est que tu fais le chien couchant, et que tu n'es qu'un mouchard. Voilà !

A peine Lingot avait-il prononcé ces paroles que Blue-Dewil s'élançait sur lui, le bowie-knife à la main.

Mais le Parisien connaissait l'homme auquel il avait affaire et ne se laissa pas surprendre.

Le capitaine se jeta résolûment entre les deux adversaires et les obligea à mettre bas les armes.

— Allons, la paix! dit-il; que signifient ces querelles entre amis? Voulez-vous donc justifier le proverbe qui dit : que lorsqu'il n'y a plus de foin au râtelier les chevaux se battent? Nous n'en sommes pas encore là, grâce à Dieu! Voyons, soyez sages, ou je me fâche.

— C'est bon. C'est fini, quoi! dit le Parisien, en haussant les épaules.

Et se tournant vers son adversaire :

— As pas peur, monsieur l'*esbrouffeur*, ajouta-t-il, je te *repigerai*, tu peux être tranquille, mon bonhomme !

— Encore? dit le capitaine, d'un ton de menace.

— Eh non, fit l'autre en ricanant; un petit mot d'amitié, voilà tout! C'est égal, ajouta-t-il, en se rasseyant, si vous aviez voulu nous écouter, Chacal et moi, au lieu de ce mal peigné de Blue-Dewil, soit dit sans l'offenser, que vous ne connaissiez ni des lèvres, ni des dents, il y a un mois, nous ne serions pas où nous sommes.

— Il y a du vrai dans ce que tu dis-là, mon gars, fit le capitaine d'un air songeur.

— Oui, il y a du vrai, et bien plus que ça n'en a l'air encore! Allez! si vous aviez voulu nous croire, il y a longtemps que nous serions à Dezeret. Et bien, et maintenant, quoi que nous allons faire? je serais pas mal curieux de le savoir; nous n'allons pas rester ici, je suppose?

— Dieu nous en préserve! dit le capitaine. Nous avons peut-être poussé notre reconnaissance un peu trop loin; mais, tu sais, mieux que personne, qu'il nous fallait avant tout faire perdre notre piste à ceux qui nous poursuivent.

— Ça, voyez-vous, patron, c'est encore une de vos *toquades;* vous vous imaginez qu'on nous cherche comme si nous étions une marchandise précieuse; qui diable voulez-vous qui s'embarrasse de nous?

— Ceux qui ont intérêt à mettre le nez dans nos affaires, et malheureusement, il n'en manque pas en ce moment, sur le continent américain. Je reconnais, comme vous, que la position n'est pas tenable; mais, à présent que nous sommes engagés dans les Montagnes-Rocheuses, il nous faut aller jusqu'au bout.

— Oui, et ce n'est pas le plus drôle de notre affaire.

— Voyons, dit le capitaine en se tournant vers Blue-Dewil, que penses-tu de la situation, toi?

— Moi, je la trouve mauvaise, répondit l'autre sans hésiter.

— Et toi, Chacal? reprit le capitaine en s'adressant au quatrième convive, espèce de colosse à la face bestiale et refrognée.

— Moi, je la trouve exécrable, et Dieu me damne si je n'en sors pas avant vingt-quatre heures.

— Bien parlé, Chacal! s'écria Lingot en riant. As

pas peur, *ma vieille branche*, nous serons deux; j'te lâcherai pas, tu peux y compter.

— A quoi bon ces menaces? dit le capitaine; ne ferions-nous pas mieux de nous expliquer comme de bons camarades que nous sommes? Notre position à tous n'est-elle pas la même?

— Ça n'est pas prouvé, capitaine! Chacal et moi, sans vous offenser, nous avons plus que vous l'habitude du désert, et surtout de ce pays, dans lequel vous venez pour la première fois. Nous nous sommes trouvés dans des passes autrement mauvaises que celle où vous nous avez mis.

— Voyons, où veux-tu en venir, démon de Français? dit le capitaine avec impatience, en frappant du poing sur la table; il doit y avoir quelque anguille sous roche.

— Il y a toujours des anguilles sous les roches, c'est connu, dit le Parisien de son air le plus gouailleur.

— Eh bien, explique-toi, ou crève; mais finis-en!

— Alors vous m'autorisez à parler? dit Lingot en riant.

— Oui, parle; le diable m'emporte, si je ne me sens pas des envies de te tordre le cou, mauvais drôle.

— Bon! ça ne m'inquiète pas, je vous connais. Pour lors, voici la chose : Chacal et moi nous avons reconnu que depuis plus de trois mois vous nous faites faire un métier de chiens, sans que nous soyons plus payés pour ça. Nous nous sommes engagés avec vous, à Saint-Louis du Missouri, pour vous accompagner à Dezeret, vous escorter et vous défendre tout long de la route, contre tous ceux qui vous attaqueraient. Vous nous avez promis en retour, à chacun, cinq cents dollars. N'est-ce pas cela?

— Parfaitement; continue.

— Très-bien; mais voilà qu'à peine sommes-nous en route, que vous tournez le dos au pays où vous voulez aller, et malgré nos observations respectueuses, fit-il en riant d'un air goguenard, vous traversez l'État de Minosota, dans lequel vous n'aviez rien à faire, vous entrez dans le Canada, vous longez la rivière Rouge, et vous venez vous engager dans les Montagnes-Rocheuses, comme si vous vouliez vous rendre à Vancouver, ce qui, vous en conviendrez, n'est pas précisément le chemin de l'Utah.

— Qui t'a dit que je n'ai pas des raisons pour agir ainsi?

— C'est possible, mais cela ne me regarde pas; j'ai pour habitude de ne jamais m'occuper que de mes propres affaires. Ainsi, comme elles ne m'appellent pas à Vancouver, ni directement, ni indirectement, vous trouverez bon, capitaine, que je règle mon compte avec vous, et que je vous tire ma révérence, vous laissant vous débrouiller, comme vous pourrez, de l'impasse dans laquelle vous vous êtes si maladroitement fourré.

— Voilà! appuya le Chacal.

— Ah! tu en es aussi, toi? dit le capitaine, avec un mauvais sourire.

— Le Lingot et moi nous sommes inséparables, reprit le géant; où il va, je vais; mais comme il est très-éloquent, mon ami Lingot, je lui cède toujours la parole pour débattre nos intérêts; je me borne à l'appuyer, voilà tout.

— Ainsi, vous voulez me quitter?
— Avec enthousiasme.
— C'est votre dernier mot?
— Juste.
— Eh bien, ce n'est pas vrai! vous voulez profiter de la position pour me soutirer de l'argent; croyez-vous donc que je ne vous ai pas devinés?
— Après tout, quand cela serait? où serait le mal? dit Lingot, avec un rire cynique, chacun pour soi en ce monde; nous savons aussi bien que qui que ce soit comment on attache la queue de la laie à la tête du marcassin, comme dit le proverbe.
— Ainsi, c'est bien de l'argent que vous voulez?
— A défaut d'or, nous nous en contenterons; c'est à prendre ou à laisser.
— Ah! si vous ne me teniez pas!
— C'est possible; mais nous vous tenons, compère, et bon gré, mal gré, il faut en passer par nos volontés.
— Combien vous faut-il?
— Le plus possible.
— Au diable! ce n'est pas une réponse, cela?
— Je vous réponds comme vous m'interrogez, capitaine; croyez-moi, vous êtes pris; exécutez-vous en gentleman, ou en galant homme, comme nous disons en France; ne vaut-il pas mieux en finir tout de suite, puisque vous ne pouvez pas faire autrement?
— Ah! si jamais!...

— C'est convenu! interrompit brutalement le Kentuckien, mais en attendant, combien nous donnez-vous?

— Oui, voyons cela? dit Lingot, avec son rire aigu, qui avait le privilége de crisper les nerfs du capitaine.

— Eh bien!... je vous donnerai cinq cents dollars? fit-il avec efforts.

— Vous allez nous donner, voulez-vous dire, rectifia ironiquement Lingot.

— Vous voulez être payés tout de suite?

— Pardieu, et en or! Eh! mon Dieu, capitaine, nous sommes tous mortels, on ne sait ni qui vit ni qui meurt. Il est bien entendu que ces cinq cents dollars nous sont donnés comme prime, sans préjudice des deux cent-cinquante dollars que vous restez nous devoir? Diable! ne nous embrouillons pas.

— Soit, puisqu'il le faut, vous allez être payés tout de suite.

— Bravo! voilà qui est parler, et maintenant comptez sur nous.

— Oui, comme sur une planche pourrie.

— Diable! fit Lingot en riant, il paraît que cet argent vous tient bien au cœur, capitaine?

— Oui, quand on me le vole aussi effrontément que vous le faites, vous et votre digne ami.

— De quoi? fit le Kentuckien, qu'est-ce que vous dites?

Lingot l'arrêta d'un geste.

— Allons, pas de gros mots, capitaine, dit-il; personne ne vous oblige; de quoi vous plaignez-vous, n'êtes-vous pas maître d'accepter ou de refuser?

— C'est bon! c'est bon! grommela-t-il.

Il se leva de table et passa dans un compartiment intérieur de la tente, mais presque aussitôt il reparut.

— Tenez, dit-il, en mettant un rouleau d'or entre les mains du Parisien, voilà votre argent et celui de votre digne camarade, en bonnes onces d'or mexicaines. Comptez, s'il vous plaît?

— Pourquoi faire, capitaine? répondit-il en écornant le rouleau, afin de s'assurer si c'était bien de l'or, j'ai confiance en vous, moi, et mon ami aussi; est-ce pas, Chacal?

— Moi? pas beaucoup; dit l'autre en grognant.

— Vous voyez, capitaine, je lui fais pas dire?

— C'est bon; faites-moi un reçu.

— De quoi, un reçu? plaisantez-vous, capitaine, reprit Lingot en ricanant et en mettant le rouleau dans sa poche, vous me prenez pour un autre, bien sûr; vous savez aussi bien que moi que l'on ne donne jamais de reçu pour les gratifications, et avec votre permission, capitaine, ceci n'est pas autre chose.

Le capitaine se mordit les lèvres, mais il n'insista pas.

— Maintenant, mes maîtres, dit-il avec un mouvement de dépit, j'espère que vos affaires étant réglées selon vos désirs, vous ne refuserez pas plus longtemps de vous occuper des miennes? La situation où nous sommes n'est rien moins qu'agréable; il nous faut en sortir à tout prix, et pourtant je ne puis quitter ces parages avant d'avoir terminé les affaires qui m'y ont conduit. Le camp est à peu près en ordre, tout me porte à supposer que les Indiens ne reviendront pas de sitôt à la charge, il suffit de faire bonne garde ; c'est vous que je charge de ce soin, Blue-Dewil. Quant à vous, Lingot, vous allez monter à cheval et pousser une reconnaissance, aussi loin que possible, afin que nous sachions ce que sont devenus ces démons d'Indiens.

— A cheval ? dit Lingot en riant, on voit bien que vous ne connaissez pas le pays, capitaine. Je ne ferais pas une lieue sans me briser les os ou rouler dans quelque fondrière ; non, non, avec mes raquettes, j'irai plus vite et surtout plus sûrement.

— Faites comme il vous plaira, pourvu que vous nous rapportiez des nouvelles.

— Je vous en rapporterai, et de positives ; as pas peur, capitaine !

Les quatre hommes quittèrent la tente.

Presque aussitôt Lingot partit du camp.

Grâce aux larges raquettes qu'il avait attachées à ses pieds, le hardi parisien filait sur la neige avec une rapidité et une sûreté extraordinaires.

Lorsqu'enfin il eut disparu au loin, le capitaine, qui l'avait longtemps suivi des yeux, s'attacha lui aussi des raquettes aux pieds, et après avoir recommandé une dernière fois à Blue-Dewil de veiller à la sûreté du camp, il s'éloigna à son tour.

Devenu provisoirement le chef de la troupe, Blue-Dewil

s'occupa activement de faire continuer les travaux de déblaiement interrompus par le déjeuner ; puis, lorsqu'il vit tous les émigrants, ou soi-disant tels, sérieusement à l'ouvrage sous la direction du Chacal, il s'éloigna tout doucement sans affectation, jusqu'à ce qu'enfin il disparût derrière la tente principale, dans le premier compartiment de laquelle il avait déjeuné une heure auparavant à la table du capitaine.

Le Pelon, tout en allant et venant d'un air affairé dans la salle à manger, surveillait attentivement ce qui se passait dans le camp ; il assista donc au départ de Lingot suivi presque immédiatement de celui du capitaine. Lorsque le jeune homme se fut bien convaincu que ce double départ était réel et ne cachait aucune ruse, ses regards se tournèrent alors vers Blue-Dewil, dont il suivait le manége. Au moment où Blue-Dewil commença à se rapprocher de la tente, le jeune homme échangea avec lui un coup d'œil expressif et se dirigea vers une portière qu'il souleva et sous laquelle il se glissa comme un serpent en la laissant retomber derrière lui.

Il traversa une espèce de magasin encombré d'objets de toutes sortes et, arrivé près d'une seconde portière, il s'arrêta et toussa doucement à trois reprises différentes, après s'être assuré, par un regard investigateur jeté autour de lui, qu'il était bien seul et, par conséquent, n'avait rien à craindre.

Presque aussitôt, un pan de la tente se décrocha et fut soulevé à l'intérieur.

Le Pelon se glissa par la solution de continuité et toute trace de son passage disparut comme par enchantement.

L'endroit où il se trouvait ne ressemblait en rien aux humbles demeures dans lesquelles les compagnons du capitaine Kild et le capitaine lui-même s'abritaient tant bien que mal contre le vent, le froid et la pluie.

Ce délicieux retrait, de forme octogone, était revêtu sur toutes ses parois intérieures d'une épaisse tapisserie qui ne laissait pas pénétrer le plus léger souffle d'air du dehors. Au centre, un grand *brasero* d'argent massif était rempli de noyaux d'olives qui brûlaient lentement et entretenaient une douce chaleur; quelques meubles épars çà et là dans un gracieux désordre, prouvaient que ce réduit devait être l'habitation d'une femme; du reste, nul doute n'était possible à ce sujet.

Dans un hamac suspendu à un pied de terre était assise une jeune fille à demi enfouie sous un monceau de riches fourrures; cette jeune fille avait, ou du moins paraissait avoir seize à dix-sept ans à peine; elle était belle de cette beauté naïve, et pour ainsi dire spiritualisée, que seul Raphaël, et après lui Murillo, ont parfois eu le bonheur de créer dans un moment d'extase; ses grands yeux bleus et rêveurs au regard un peu indécis semblaient refléter des pensées qui n'appartenaient pas à la terre; sa peau fine, presque transparente, qui avait tout le velouté du satin, et sous laquelle on apercevait le réseau bleuâtre de ses veines, tranchait admirablement avec la teinte d'un noir bleu des touffes soyeuses des longs cheveux qui se jouaient en boucles épaisses sur ses épaules d'une blancheur mate; une expression d'incurable mélancolie répandue sur son visage ajoutait encore, s'il est possible, au charme irrésistible qui semblait émaner de toute sa personne.

En apercevant le Pelon, un sourire mélancolique se joua sur ses lèvres; elle lui tendit sa main mignonne en lui disant d'une voix douce et harmonieusement timbrée :

— Sois le bien-venu, mon ami, et pourtant je devrais te gronder, car tu commets une grave imprudence en venant ici à cette heure; si cet homme odieux, dont je suis l'esclave, nous surprenait ensemble en ce moment où ton service ne t'appelle pas près de moi, il t'infligerait un châtiment cruel.

— C'est vrai, señorita, répondit le jeune homme d'un ton de bonne humeur, mais rassurez-vous, quant à présent je ne cours d'autre danger que celui de vous déplaire en me présentant ainsi à l'improviste dans votre appartement.

— Que veux-tu dire ?

— Señorita, le capitaine Kild a quitté le camp depuis dix minutes, il demeurera absent probablement pendant plusieurs heures.

— Tu es certain de ce départ ?

— Tout ce qu'il y a de plus certain, señorita; j'étais présent. Vous savez, ajouta-t-il avec une expression impossible à rendre, qu'on me prend pour un idiot, et que l'on ne se méfie pas de moi.

— Pauvre Leon, dit-elle avec bonté.

— Ne me plaignez pas, señorita, répondit-il avec une certaine animation, cette croyance est ma sauvegarde; elle me permet de veiller sur vous comme sur une sœur; le moment est venu de vous prouver mon dévouement.

— Je sais que je puis compter sur toi, Leon, aussi ma confiance en toi est-elle entière; d'ailleurs, notre cause est la même; le même lien nous unit: le malheur. Mais, je te l'avoue, connaissant ta haine implacable pour le misérable qui nous tient en son pouvoir, parfois j'ai peur que tu te laisses emporter par cette haine à commettre quelque irréparable imprudence qui te perdrait.

— Ne craignez rien de semblable de ma part, señorita, fit-il en secouant la tête; je possède les deux précieuses vertus de l'esclave: l'astuce et la prudence; plusieurs fois déjà l'occasion s'est présentée à moi de fuir, j'ai toujours refusé!

— Tu as bien fait! hélas, que deviendrais-tu tout seul, perdu dans ces déserts affreux.

Un sourire d'une expression singulière éclaira pendant une seconde le pâle visage du jeune homme et lui donna une expression d'énergique volonté.

— Ce n'est pas cette crainte qui m'a retenu, señorita, répondit-il fièrement; si jeune que je sois, le désert n'a plus de mystères pour moi; je suis le fils de l'un des plus renommés gambucinos mexicains, ma vie presque tout entière s'est écoulée dans les savanes ; depuis longtemps déjà, s'il ne s'était agi que de moi seul, j'aurais fui ; je serais maintenant libre, près de mon père qui pleure mon absence, et me croit mort peut-être.

— Pourquoi donc es-tu demeuré, alors? demanda-t-elle curieusement.

— Pourquoi ?

— Oui, pourquoi, Leon ?

— Pour deux raisons, señorita ; je me suis fait un double serment à moi-même.

— Un double serment! Explique-toi, je ne te comprends pas.

— Eh bien, señorita, j'ai juré de me venger de mes ennemis, et de ne fuir qu'avec vous ; je ne veux pas m'éloigner en vous abandonnant seule aux mains de ces misérables ; voilà pourquoi je suis resté, et pourquoi, si favorables que soient les occasions de fuir qui se présenteront encore, je resterai tant qu'il vous sera impossible de me suivre.

— Hélas ! répondit-elle avec accablement, je suis condamnée, moi, toute fuite m'est impossible !

— Peut-être, señorita, êtes-vous plus près d'être libre que vous ne le supposez.

— A quoi bon essayer, mon cher Leon, de me donner un espoir que je ne puis partager ? Hélas ! je ne suis qu'une femme, presque une enfant, incapable de prendre une résolution énergique ; je ne puis que pleurer et supplier Dieu de me venir en aide.

— Confiez-vous donc à lui, señorita; car c'est Dieu lui-même qui vous suscite des défenseurs.

— Où sont donc ces défenseurs dont tu me parles sans cesse ?

— Près de vous, señorita..

— Près de moi, hélas, je ne vois que toi et Harriett.

— C'est que vous ne regardez pas bien, señorita, il en est d'autres encore, des hommes résolus, dévoués, un surtout dont je vous ai parlé déjà, que vous avez vu une fois.

— Blue-Dewil! s'écria-t-elle en cachant son visage dans ses mains, oh! cet homme m'épouvante! C'est le lieutenant, l'âme damnée de ce démon de Kild; son aspect seul me remplit d'effroi.

Le Pelon sourit doucement.

— Que vous importe l'apparence extérieure de ce personnage? répondit-il avec une certaine animation, peut-être n'est-ce qu'un déguisement; et puis, ne savez-vous pas, señorita, qu'il faut hurler avec les loups? Si Blue-Dewil ressemblait aux autres hommes, il serait déplacé au milieu des bandits infâmes qui nous entourent ; en moins de deux heures il aurait été démasqué par eux; c'est en affectant leurs manières farouches qu'il est parvenu à les aveugler.

— Oh! si je pouvais être assurée que tu ne te trompes pas et que cet homme est bien tel que tu me le dis?

— Je vous l'affirme, señorita; Blue-Dewil vous est dévoué, je vous réponds de sa loyauté sur ma tête; je le connais ; moi, je sais ce qu'il vaut.

— Alors, dis-moi?...

— Rien, señorita, interrompit-il vivement, je ne puis rien ajouter de plus, je lui ai promis le secret.

— Et tu m'affirmes?

— Sur l'honneur, señorita, je vous répète que vous n'avez pas d'ami plus dévoué.

— Prends garde, Leon, je sens malgré moi la conviction entrer dans mon cœur en t'écoutant parler; si tu te trompais, ce serait terrible.

— N'ayez aucune crainte, señorita.

— Eh bien, soit! malgré la répulsion qu'il m'inspire, je verrai cet homme, je causerai avec lui.

— Pourquoi pas tout de suite?

— Comment, tout de suite?

— Oui, señorita, le capitaine est absent pour plusieurs heures; Blue-Dewil est seul maître au camp; jamais occasion plus favorable ne vous sera offerte de vous entretenir avec lui; consentez à le recevoir.

— Mais il me semble...

— Vous hésitez?

— Eh bien, non! s'écria-t-elle d'un ton de décision qui fit tressaillir le jeune homme, je n'hésite pas; qu'il vienne! va le chercher, Leon.

— C'est inutile, señorita, depuis quelques instants déjà, il attend à deux pas d'ici; m'autorisez-vous à le faire entrer?

— Oui, et que Dieu me protége!

Le Pelon s'inclina en souriant, démasqua une entrée secrète et soulevant légèrement la toile :

15.

— Entrez, señor Blue-Dewil, dit-il.

La jeune fille, le haut du corps penché en avant, la poitrine haletante, fixait un regard anxieux sur l'entrée secrète devant laquelle se tenait le Pelon.

XII

OU MASTER BLUE-DEWIL SE DESSINE CARRÉMENT

Blue-Dewil parut; derrière lui, le rideau retomba. Quoique le lieutenant du capitaine Kild n'eût en rien modifié son costume, il y avait cependant dans son allure ferme et décidée, dans sa physionomie d'ordinaire si farouche, une telle expression de loyauté et de douce pitié, que ce changement frappa la jeune fille et lui arracha un cri de surprise. Elle ne reconnaissait plus l'homme dont les traits sombres et railleurs lui avaient jusque-là inspiré une invincible répulsion; il semblait transfiguré.

Il fit quelques pas, s'arrêta devant le hamac, salua respectueusement la jeune fille, et attendit qu'elle lui adressât la parole.

Celle-ci chercha le Pelon du regard; il avait disparu.

— Il veille sur nous, murmura le lieutenant répondant à la muette question de la jeune fille.

Elle sourit avec mélancolie.

— C'est juste, dit-elle, comme si elle se fût parlé à

elle-même, ne suis-je pas prisonnière, hélas ! Et fixant son clair et limpide regard sur Blue-Dewil en lui tendant sa main mignonne, tandis qu'un sourire mélancolique se jouait sur ses lèvres rosées : Soyez béni, ami inconnu, dit-elle doucement, vous qui, seul parmi tous ces hommes féroces, semblez prendre quelque intérêt à la pauvre orpheline !

Ces paroles furent prononcées en espagnol.

— Señorita, répondit nettement Blue-Dewil dans la même langue, je ne me suis mêlé à ces brigands que dans le but de vous sauver, même au péril de ma vie.

— Leon me l'a dit, señor.

— Il vous a dit vrai.

Il y eut un court silence.

Ce fut la jeune fille qui renoua l'entretien.

— Je regrettais presque de vous avoir permis de pénétrer jusqu'à moi, dit-elle ; ma position est si précaire, ma situation est si malheureuse au milieu de ces scélérats, que tout me fait trembler. Mais maintenant que j'ai entendu l'accent pénétrant de votre voix, je ne sais comment il se fait que je sens la confiance entrer dans mon cœur, et malgré votre aspect farouche, quelque chose au dedans de moi me dit que vous ne voulez pas me tromper, que votre cœur est bon et que vous avez réellement l'intention de me protéger.

— Écoutez cette voix mystérieuse, señorita, elle vous dit la vérité ; oui, je vous le répète, je donnerais avec joie ma vie pour vous sauver. Qu'importent mes traits, les allures que j'affecte, si mon cœur est loyal ? Du reste, ajouta-t-il en souriant, lorsque le moment sera venu, je vous prouverai, señorita, que je ne suis pas tout à fait aussi laid que vous le supposez. Mais, quant à présent, ma laideur et ma physionomie farouche sont pour moi une sauvegarde précieuse qu'il me faut conserver. Je vous remercie sincèrement, señorita, de la confiance que vous daignez me témoigner, je serai bientôt, je l'espère, en mesure de vous prouver que j'en suis digne.

— Oh! je vous crois, señor; aussi attendrai-je patiemment que le moment dont vous parlez arrive.

— Vous me comblez, señorita; mais les instants sont précieux, il faut nous hâter d'en profiter; qui sait si une autre occasion de vous voir se présentera de nouveau pour moi dans des conditions aussi favorables? Je ne puis en ce moment vous donner aucune explication sur ma présence ici, ni sur ce que je suis, ni sur ce que je désire faire pour vous; cela nous entraînerait trop loin, et je vous le répète, señorita, le temps nous presse, nos minutes sont comptées, venons donc à l'essentiel : lorsque vous désirerez me demander quelque chose, ne craignez pas de vous adresser au Pelon, c'est le plus sûr intermédiaire que vous puissiez choisir; il vous est entièrement dévoué.

— Je le sais, señor.

— Très-bien; mais, comme il faut tout prévoir, et que, pour une raison ou pour une autre, le capitaine Kild peut, dans son humeur fantasque, défendre à ce pauvre jeune homme de vous voir ou de vous parler, voici un petit cahier qu'il vous sera facile de cacher; vous y trouverez écrite en langue espagnole une série de signaux par demandes et par réponses, signaux qu'il vous sera facile de me faire sans éveiller les soupçons de vos surveillants, même les plus ombrageux, et en leur présence, lorsque vous désirerez me demander quelque chose ou quand j'aurai une nouvelle à vous annoncer; vous me comprenez bien, n'est-ce pas, señorita?

— Oh! parfaitement, señor, soyez tranquille; je vous remercie, vous, ami dont j'ignore encore le nom; je vais me mettre immédiatement à étudier ce livre, avant ce soir je le saurai par cœur.

— C'est parfait, señorita, répondit Blue-Dewil en souriant; souvenez-vous surtout que la patience et la ruse peuvent seules nous faire réussir. Lorsque le hasard nous mettra en présence, ne craignez pas de me témoigner le même mépris qu'aux autres bandits qui peuplent ce camp, surtout ne laissez pas deviner qu'un lien quelconque nous attache l'un à l'autre.

— Je comprends toute l'importance de cette recommandation, je m'y conformerai.

— Le capitaine Kild est bien fin, señorita, il possède l'astuce d'un démon; s'il avait le plus léger soupçon sur nos relations, je serais perdu.

— Je vous obéirai en tout, señor; vous serez satisfait de moi, répondit-elle doucement.

— Permettez-moi, señorita, de vous adresser une question.

— Faites, señor, et si cela dépend de moi, je vous répondrai.

— Comment vous traite cet homme?

— Le capitaine Kild?

— Oui, señorita, le capitaine.

— Il ne me traite ni bien ni mal; c'est une nature abrupte, dont la rude écorce est insensible à toute impression; il se passe souvent deux, trois et même quatre jours sans qu'il songe à m'adresser la parole, même pour me saluer; mais je dois à la vérité de reconnaître que jamais il ne s'écarte du respect auquel mon âge, mon sexe et mon rang me donnent droit, et que si ses façons sont brusques, ses manières fantasques et même souvent farouches, en aucune circonstance cependant elles ne dépassent les limites de la plus stricte convenance.

— Dieu soit loué! señorita, il reste donc encore une place qui ne soit pas gangrenée dans cette âme de boue.

— Hélas! fit-elle doucement.

— Pensez-vous, señorita, n'avoir jamais connu cet homme avant le rapt odieux dont il vous a rendue victime?

A cette question, la jeune fille hocha la tête d'un air pensif.

— Ne vous froissez pas de cette question que je vous adresse, señorita, se hâta de dire Blue-Dewil, je n'ai, vous le savez, d'autre but que celui de vous servir; pour le faire utilement, je suis contraint de chercher, de tâtonner, pour ainsi dire, comme un homme perdu dans les ténèbres cherche la lumière ; les renseignements parfois les plus futiles en apparence peuvent être précieux pour le résultat de mes projets.

— Je le comprends, mon ami ; mais à ce que vous me demandez, il m'est impossible de répondre avec certitude, dit la jeune fille d'un ton rêveur ; parfois il me semble saisir dans les inflexions de la voix de cet homme, un timbre, un accent connu, que je me figure avoir entendu déjà à une autre époque, puis une seconde plus tard, je suis contrainte de m'avouer que je me suis trompée. Cependant, quel que soit cet homme, je crois être certaine qu'il porte un déguisement ; mais lequel ? voilà ce que je ne saurais dire. Et pourtant, plus je creuse ma pensée, plus je fouille dans mes souvenirs, plus il me semble que je le connais depuis de longues années.

— Pardonnez-moi d'insister, señorita ; n'avez-vous saisi aucun point de ressemblance entre cet homme et votre indigne parent don Miguel Tadeo de Castel Leon ?

La jeune fille hocha tristement la tête.

— Non, reprit-elle au bout d'un instant, ce ne peut être lui, et pourtant ce que vous me dites éveille en moi un souvenir.

— Lequel ? parlez, au nom du ciel, señorita.

— Ecoutez-moi, dit-elle avec une émotion contenue qui faisait rouler des larmes dans ses yeux, je me souviens avoir souvent entendu mon père, lorsque j'étais encore bien jeune, parler devant moi d'un homme qui, disait-il, avait été son ennemi et était mort dans une bataille livrée aux Indiens Araucans, bataille gagnée par mon père ; cet homme avait trahi son pays, il combattait dans les rangs des Indiens, dont il commandait la cavalerie.

— Comment se nommait ce traître, le savez-vous, señorita ?

— Oui, il se nommait Don Pancho Bustamente ; ces souvenirs sont d'autant mieux fixés dans ma mémoire, qu'un jour, je me le rappelle comme si c'était aujourd'hui, en passant dans les rues de Valdivia, mon père me montra un homme, jeune encore, vêtu misérablement, aux traits hâves, et qui fixait sur nous des regards farouches. « Cet homme, me dit mon père, se nomme Cornelio Bustamente, c'est le fils de ce misérable don Pancho, dont tu m'as souvent entendu parler avec don Gregorio Peralta. — Oh ! mon père, répondis-je, vous qui êtes si bon, ne ferez-vous rien pour ce malheureux ; les crimes de son père doivent-ils donc retomber sur lui ? » Mon père hocha la tête sans me répondre. A quelques semaines de là, je me promenais avec mon frère dans la huerta de notre chacra, lorsque en passant près d'un pavillon enfoui au milieu d'un fourré, mon attention fut attirée par un bruit de voix paraissant venir de ce pavillon ; je ne sais pourquoi, mais je me sentis prise d'une invincible curiosité ; je quittai mon frère sous le premier prétexte venu, et j'allai me placer derrière la jalousie de l'une des fenêtres du pavillon, de là je pouvais non-seulement voir, mais encore tout entendre. J'avais douze ans à cette époque, señor, je n'étais donc plus une enfant, et par conséquent j'étais parfaitement en état de comprendre la portée de ce que j'entendais.

— En effet, señorita, répondit Blue-Dewil, aussi je ne perds pas un mot de ce que vous me dites; daignez continuer, je vous prie.

— Trois personnes se trouvaient dans le pavillon, continua la jeune fille, mon père, don Gregorio Peralta, et ce Cornelio Bustamente; c'était lui qui parlait au moment où je me plaçai derrière la jalousie. « Señor, disait-il d'une voix stridente, où se faisait sentir l'accent d'une colère concentrée et contenue à grand'peine, est-ce parce que je suis pauvre que vous prétendez m'infliger l'injure de votre pitié? mon père fut votre ennemi, qui vous dit que je n'ai pas hérité de sa haine? Est-ce donc pour me railler que vous m'avez appelé en votre présence? vous ai-je jamais rien demandé? non, sachez-le, señor, si profonde que soit ma misère, je la supporte avec courage et résignation; un jour peut-être viendra... mais il se reprit aussitôt: Non, dit-il d'une voix étouffée, en passant fiévreusement la main sur son front, je ne veux rien de vous, je n'accepterais pas même un verre d'eau; il y a du sang entre nous; laissez-moi, je ne vous connais pas, je ne veux pas vous connaître. » Mon père essaya de ramener don Cornelio à d'autres pensées, ce fut en vain; il demeura inébranlable. « Comment se fait-il, lui dit alors don Gregorio Peralta, que vous qui refusez si obstinément nos bienfaits, vous acceptiez ceux de don Miguel de Castel Leon, le parent de don Tadeo? » A cette question à laquelle sans doute il ne s'attendait pas, don Cornelio pâlit, mais relevant presque aussitôt la tête que malgré lui il avait baissée : « Je ne connais pas don Miguel de Castel Leon, répondit-il avec amertume, et d'ailleurs que je le connaisse ou non, cela ne vous regarde pas, et je n'ai point à vous répondre. » Alors il se détourna, quitta le pavillon et s'éloigna presque en courant. Je ne l'ai jamais revu.

— Vous n'avez plus entendu parler de lui?

— Pardonnez-moi, señor ; deux mois environ après la scène que je vous ai rapportée, un jour, en dînant avec mon père, don Gregorio Peralta dit tout à coup : « A propos, j'ai des nouvelles de don Cornelio, je crois que cette fois nous n'entendrons plus parler de lui. — Ah! répondit mon père, comment cela? — Je ne sais quel moyen il a employé, reprit don Gregorio, mais, à ce qu'il paraît, il est parvenu à se faire accepter en qualité de commis dans une des principales maisons de New-York, il est donc probable que jamais il ne reviendra au Chili, où, du reste, il n'aurait jamais réussi à rien. — Vous êtes certain de ce que vous m'annoncez, don Gregorio, reprit mon père. — Caspita! s'écria don Gregorio en riant, tout ce qu'il y a de plus certain, je me trouvais à Talcahueno, lorsqu'il s'est embarqué, et est parti sur un navire américain. Je vous avoue même, ajouta don Gregorio, que ce n'est pas sans une certaine satisfaction que je l'ai vu s'éloigner ; cet homme, je puis l'avouer maintenant, m'inspirait, je ne sais pourquoi, une crainte secrète ; il m'a lancé en m'apercevant un regard qui m'a fait frissonner; mais à présent c'est fini, nous en voilà délivrés à tout jamais. — Dieu le veuille! murmura mon père devenu subitement pensif. » Don Gregorio changea alors de conversation et ce fut tout.

— Ainsi, vous supposez, señorita?...

— Je ne suppose rien, señor, répondit-elle tristement; vous m'interrogez, je vous réponds.

— Je m'explique mal, excusez-moi, señorita; je voulais vous demander si vous croyez que sous le capitaine Kild se cache don Cornelio Bustamente ?

— Señor, la voix de cet homme m'avait si vivement frappée que le son m'en est pour ainsi dire resté dans les oreilles; voilà pourquoi il m'a semblé en retrouver parfois certaines inflexions lorsque le capitaine Kild me parlait et qu'il se laissait emporter par la colère.

— Je vous remercie de cette explication, señorita; le renseignement que vous me donnez est précieux; d'ailleurs, quel que soit le déguisement du capitaine Klid, soyez convaincue qu'il viendra un moment où je saurai le contraindre à le mettre bas et à nous montrer sa face de traître.

— Je voudrais, à mon tour, vous adresser une question, señor Blue-Dewil, une seule.

— Toutes celles qu'il vous plaira, señorita; je suis à vos ordres.

— Vous qui savez tant de choses, vous qui êtes mon ami, vous savez sans doute que j'ai un frère ?

— Je le sais, oui, señorita.

— Oh! alors, s'écria-t-elle en joignant les mains avec

prière, dites-moi où il est, s'il souffre, s'il est heureux?

— Hélas! señorita, il m'est, à mon grand regret, impossible de vous répondre; j'ignore où est votre frère.

— Mon Dieu! mon Dieu! fit-elle avec accablement, pauvre frère! pauvre Luis!

— Ne vous abandonnez pas ainsi à votre douleur, señorita, reprenez courage; rien dans mes paroles ne peut et ne doit vous inquiéter; votre frère est peut-être libre au moment où je vous parle.

— Le croyez-vous? s'écria-t-elle avec un vif mouvement de joie.

— Señorita, je suis forcé de vous répondre que je ne sais rien absolument.

— Mon Dieu! fit-elle en cachant sa tête dans ses mains.

Il y eut une courte pause : la jeune fille pleurait, Blue-Dewil réfléchissait.

— Doña Rosario de Prebois-Crancé, dit-il d'une voix sombre au bout d'un instant, écoutez-moi.

La jeune fille, surprise d'entendre cet homme la nommer ainsi par son nom, intérieurement effrayée de l'accent de sa voix, releva craintivement la tête et le regarda anxieusement.

Blue-Dewil sourit tristement.

— Señorita, reprit-il, je vous dois une explication, plus que cela encore, des preuves que je ne vous ai pas voulu tromper en vous assurant de mon dévouement sans bornes à votre personne, et la certitude que je suis bien réellement chargé d'une mission sacrée auprès de vous par vos amis les plus chers; ces preuves et cette certitude, avant cinq minutes vous les aurez.

— Parlez, señor, je vous écoute, répondit-elle presque distraitement.

Blue-Dewil remarqua cette nuance; il devina ce qui se passait dans l'esprit de la jeune fille, le soupçon qui commençait sourdement à y germer, il se hâta de reprendre :

— Depuis le moment, dit-il, où vous et votre frère, vous avez été, señorita, enlevés par don Miguel Tadeo de Castel Leon au peon qui s'était dévoué pour vous sauver de l'incendie de la chacra de las Palomas, jusqu'à l'heure même où je vous parle, des amis dévoués, suscités par un des plus fidèles et des plus vieux amis de votre père, ont sans cesse veillé près de vous dans l'ombre.

— Et le nom de cet ami, señor, pouvez-vous me le dire ? demanda-t-elle vivement.

— Certes, señorita, car cet ami a accompli des miracles de dévouement en votre faveur : c'est don Gregorio Peralta.

— Je le savais, s'écria-t-elle rayonnante de joie et de bonheur, mon cœur me l'avait dit, je l'avais deviné ; où est-il, au nom du ciel?

— Il est demeuré à la Nouvelle-Orléans, retenu par une blessure faite par les complices de don Miguel ; mais rassurez-vous, señorita, cette blessure, bien que grave, n'était pas dangereuse; et depuis plusieurs jours déjà sans doute il s'est remis en marche pour nous rejoindre.

— Oh! señor, vous me dites bien la vérité, n'est-ce pas ? je puis vous croire ; hélas ! si vous me trompiez, ce serait horrible.

— Señorita, vous pouvez ajouter une foi entière à mes paroles, je vous l'affirme sur l'honneur ; je serais un monstre si j'osais jouer avec une douleur comme la vôtre.

— Continuez, señor, continuez, je vous en prie.

— Don Gregorio Peralta, malgré son âge avancé, ne s'est laissé décourager par aucune difficulté ; partout où l'on vous a conduits, il vous a suivis pas à pas sans perdre un seul jour vos traces ; mais ce n'est pas tout : votre père avait deux amis, deux frères qui, depuis près de vingt ans, s'étaient éloignés de lui pour s'enfoncer dans les grands déserts américains où ils vivaient en chasseurs ; vainement votre père avait cherché à retrouver ces deux amis que, je vous le répète, il aimait comme s'ils eussent été ses frères ; tous ses efforts étaient demeurés infructueux, jamais il n'avait reçu de leurs nouvelles ; il les croyait morts.

— Eh bien ? s'écria-t-elle anxieuse.

— Eh bien, señorita, don Gregorio Peralta les a retrouvés, lui.

— Il a retrouvé Valentin ! s'écria-t-elle avec explosion.

— Oui, señorita, Valentin Guillois et Curumilla le chef araucan, son ami.

— Dieu soit béni !

— Mais vous connaissez donc ces deux hommes ?

— Si je les connais ? s'écria-t-elle d'une voix vibrante.

— Mais vous ne les avez jamais vus?

— C'est vrai, mais qu'importe cela, señor? était-il donc besoin que je les visse pour les connaître? Vous supposez alors que mon père croyait ses deux amis morts; il avait au contraire la conviction de leur existence, bien qu'il ignorât leur retraite. Ma mère, ma bonne et tendre mère partageait entièrement cette conviction; et cela est si vrai, señor, que chaque jour ma mère et mon père s'entretenaient d'eux, ils en parlaient devant mon frère et devant moi comme de deux amis dont le retour est chaque instant attendu; les chambres qu'ils avaient occupées dans la chacra étaient demeurées telles qu'ils les avaient laissées, prêtes à les recevoir; combien de fois, assise dans la chambre de Valentin entre mon père et ma mère, mon pauvre père m'a-t-il répété avec émotion, tandis que ma mère l'écoutait avec des larmes dans les yeux : « Rosario, souviens-toi, mon enfant, de Valentin et de Curumilla, ces deux amis qui nous ont quittés, aimes-les comme tu nous aimes nous-mêmes; c'est grâce au dévouement sans bornes de ces deux hommes que ta mère et moi nous vivons, nous sommes heureux et nous pouvons aujourd'hui vous serrer dans nos bras toi et ton frère; leur départ lui-même, ce départ qui nous a causé une douleur incurable à ta mère et à moi, est une dernière preuve de dévouement que m'a donnée Valentin pour assurer mon bonheur. Nous ignorons où se sont retirés nos amis, mais où qu'ils soient, sache-le, Rosario, ils veillent de loin sur nous, et, si un jour le malheur qui, grâce à Dieu, semble nous avoir oubliés, nous frappait de nouveau, soudain tu les verrais apparaître prêts à nous défendre et à donner, s'il le fallait, leur vie pour nous. Garde donc précieusement leurs noms au fond de ton cœur, chère enfant, redis-les chaque jour dans tes prières ; un jour que je ne peux pas prévoir, peut-être auras-tu besoin de leur appui, et alors ils feront pour ton frère et pour toi ce qu'ils ont fait pour ta mère et pour moi. » Voilà, señor, ce que mon père me répétait sans cesse ; aussi ses paroles se sont-elles gravées dans mon cœur ; je me suis accoutumée à penser sans cesse à eux, à vivre pour ainsi dire avec leur souvenir ; ainsi, vous le voyez, señor, bien que je ne les aie jamais vus, je les connais cependant aussi bien que si j'avais près d'eux passé mon existence tout entière.

— En effet, señorita, je vois maintenant que vous les connaissez mieux peut-être que je ne les connais moi-même ; sachez donc que c'est par ordre exprès de Valentin Guillois que je suis près de vous, il m'a spécialement choisi pour vous servir ; voilà pourquoi il m'est impossible de vous donner des nouvelles de votre frère don Luis, d'autant plus que depuis notre départ des habitations, je ne vous ai pas quittée un instant.

— C'est vrai, señor, j'avais tort.

— Cependant, señorita, si je ne puis rien vous dire de positif, je puis pourtant vous affimer que Valentin a pris en faveur de votre frère les mêmes mesures qu'il a adoptées pour vous ; c'est lui-même qui me l'a appris. Vous pouvez donc vous rassurer ; si don Luis n'est pas libre encore, du moins je suis certain qu'il ne court aucun danger; qu'il a près de lui des amis chargés de le défendre, et dont le dévouement ne faillira pas.

— Vos paroles me comblent de joie, señor; effectivement cela doit être ainsi. Ah ! maintenant que je sais que ces deux fidèles amis de mon père veillent sur moi, je sens renaître l'espoir dans mon cœur.

— Ils ne sont pas seuls, señorita; vous avez de nombreux amis dans le désert, prêts comme moi à vous venir en aide, et qui, grâce à Valentin et à Curumilla, se sont depuis des mois entiers obstinément attachés aux pas de vos ravisseurs. Ils n'abandonneront pas plus votre frère qu'ils ne vous abandonneront vous-même.

— Ai-je donc un aussi grand nombre de protecteurs?

— Au milieu de ces montagnes couvertes de neiges éternelles, dans ces contrées désolées, plus de cinquante cœurs dévoués veillent invisibles autour de vous, señorita.

— Ce que vous me dites me cause une joie immense, mon ami; je puis donc être heureuse un jour! s'écria-t-elle, les yeux pleins de larmes. Oh ! soyez-moi loyal, vous que je ne connais pas encore, dont j'ignore jusqu'au nom et qui cependant me témoignez tant de dévouement; soyez-moi loyal, car je le sens, si vous me trahissiez, vous me tueriez aussi sûrement que si vous m'enfonciez un poignard dans le cœur.

— Ayez foi en moi, señorita, je vous sauverai, je vous le jure, ou mon cadavre noircira sur le sable du désert.

— J'ai foi en vous, ami; j'espère !

Elle saisit la main large et musculeuse de Blue-Dewil entre ses mains mignonnes et la tint serrée un instant.

— Oh ! reprit la jeune fille avec un soupir, il y a bien longtemps que je n'ai éprouvé autant de bonheur qu'en ce moment.

— J'arrive maintenant, señorita, à la partie la plus importante de ma mission.

— Que voulez-vous dire, ami ?

— J'ai à vous annoncer une importante nouvelle.

— Bonne ? s'écria-t-elle vivement.

— Je l'espère, señorita, répondit-il avec un sourire.

— Oh ! parlez vite alors, je vous en supplie, señor ; hélas ! depuis que je suis aux mains de ces misérables, les bonnes nouvelles sont pour moi si rares, que je ne pourrai trop tôt apprendre celle-ci.

— Sachez donc, señorita, que bientôt, demain, ce soir peut-être, un étranger arrivera au camp, cet étranger est un de vos meilleurs amis, il vient dans le but de se joindre à moi pour aider à votre délivrance.

— Un de mes meilleurs amis ? fit-elle avec une surprise qui n'était pas exempte d'effroi.

— Oui, mais rassurez-vous, señorita, comme moi, il sera déguisé de façon à déjouer toutes les investigations et à ne pas éveiller les soupçons.

— Qui cela peut-il être ? murmura la jeune fille devenue subitement rêveuse.

— Vous le verrez, señorita, et comme probablement en le voyant vous le reconnaîtrez, j'ai pris sur moi de vous avertir afin que vous vous teniez sur vos gardes, et que vous ne le trahissiez pas en laissant voir votre surprise, si, ce qui est probable, il vous est présenté par le capitaine Kild; vous comprenez, señorita, combien il est important que son incognito ne soit pas dévoilé.

— Oh! soyez tranquille, señor, je saurai commander l'impassibilité à mes traits; cependant je vous remercie de m'avoir avertie, n'étant pas prévenue, j'aurais pu me laisser aller à commettre malgré moi quelque imprudence, au lieu que maintenant je saurai tromper le capitaine Kild, si fin et si rusé qu'il ait la prétention d'être.

— Bien, señorita, reprit en riant Blue-Dewil, aidez-nous à tromper ce maître trompeur, et je vous promets que bientôt nous réussirons à vous soustraire à son pouvoir maudit.

— Le ciel vous entende, señor; d'ailleurs en vous aidant, c'est pour moi que je combats.

— Parfaitement raisonné, señorita; je suis heureux de voir que vous avez on ne saurait mieux compris l'importante place qui doit être faite à la ruse, et surtout à la prudence, dans une affaire aussi ardue que celle qui nous occupe, et dont le but vous est tout personnel, puisqu'il s'agit de votre délivrance.

— Mais, reprit avec insistance la jeune fille, ne m'apprendrez-vous pas qui vous êtes, ne me direz-vous pas le nom de cet étranger qui bientôt doit arriver au camp?

Blue-Dewil sourit avec finesse en hochant doucement la tête.

— Vous êtes curieuse, señorita? dit-il.

— Non, reprit-elle vivement, seulement je désire connaître mes défenseurs ; ce sentiment est naturel, il me semble.

— C'est vrai, señorita, aussi je ne vous blâme pas ; la confiance appelle la confiance, et entre nous surtout, il ne doit pas y avoir de malentendus, ils seraient mortels.

— Hélas, c'est cette confiance que je vous demande, señor.

Blue-Dewil ne répondit pas.

— Un mot encore, señorita, reprit-il au bout d'un instant, quoi qu'il m'en coûte, je dois m'éloigner ; cet entretien n'a duré que trop longtemps déjà ; beaucoup d'yeux sont ouverts sur moi dans le camp ; si j'étais surpris auprès de vous, tout serait perdu.

— C'est vrai, c'est vrai ! fit-elle avec effroi.

Blue-Dewil se leva; il retira, d'une poche intérieure de ses vêtements, une lettre cachetée, et la présentant à la jeune fille :

— Prenez cette lettre, señorita, lui dit-il, ne l'ouvrez pas encore ; attendez pour la lire que je ne sois plus là.

— De qui est cette lettre, señor ?

— De votre ami le plus dévoué, señorita; de Valentin Guillois.

— Oh! donnez! donnez! s'écria-t-elle, en s'emparant du papier qu'elle cacha dans sa poitrine.

— Cette lettre, señorita, reprit-il, vous apprendra ce que vous désirez tant savoir : qui je suis et le degré de confiance que vous pouvez mettre en moi.

— Merci, señor, merci! mais il est encore une chose que je désirerais obtenir de vous?

— Laquelle? parlez, señorita, reprit-il, d'un ton de bonne humeur.

— Je désirerais connaître le nom de l'étranger qui doit bientôt arriver au camp, et qui, dites-vous, s'emploie si vivement à ma délivrance?

— Vous le voulez?

— Je vous en supplie, señor, nommez-moi cet homme, afin que je le joigne à Valentin Guillois et à Curumilla, dans toutes mes prières.

Et elle se pencha, haletante, vers Blue-Dewil.

— Eh bien, señorita, répondit Blue-Dewil, en appuyant sur chacune de ses paroles, soyez satisfaite : cet étranger, qui je l'espère, n'en est pas un pour vous, se nomme Octavio de Vargas!

La jeune fille bondit, effarée, hors de son hamac.

— Ah! je l'avais deviné! s'écria-t-elle, son visage transfiguré par le bonheur.

Elle tomba à genoux sur le sol, joignit les mains, et les yeux levés vers le ciel :

— Mon Dieu! mon Dieu! murmura-t-elle, d'une voix étouffée par l'émotion, vous ne m'avez donc pas abandonnée, vous voulez donc réellement me sauver, puisque vous me rendez de tels protecteurs! Oh! soyez béni, soyez béni, mon Dieu!

Doña Rosario se releva, en jetant un regard autour d'elle.

Elle cherchait Blue-Dewil.

Il avait disparu.

Le Pelon était debout et immobile devant la jeune fille, fixant sur elle un regard affectueux.

— Ah! te voilà, Leon? lui dit-elle, en souriant à travers ses larmes.

— Oui, señorita; excusez-moi de me présenter ainsi devant vous sans être appelé?

— Tu sais bien que ta présence me fait toujours plaisir; qu'as-tu à me dire, parle?

— Miss Harriett Dumbar, votre amie, se dirige de ce côté, señorita.

— Oh! tant mieux, elle a bien tardé aujourd'hui; je serai heureuse de la voir; j'ai tant de choses à lui apprendre. Merci, Leon, merci.

Le jeune homme salua et se retira.

Au même instant, miss Harriett Dumbar, la jeune fille qu'il avait annoncée, entra dans la tente.

Aussitôt qu'elle l'aperçut, doña Rosario poussa un cri de joie, et sans lui laisser le temps de prononcer une parole, elle se jeta à-demi évanouie dans ses bras.

— Mon Dieu! s'écria Miss Harriett avec effroi, qu'est-il donc arrivé à ma pauvre maîtresse, pour que je la trouve en cet état?

Mais la jeune fille se trompait, ce n'était pas la douleur, c'était la joie, qui en ce moment causait à doña

Rosario cette émotion sous laquelle elle paraissait sur le point de succomber.

Pendant ce temps, froid, calme, impassible, le chef provisoire du campement rejoignait d'un pas nonchalant les travailleurs, tout en fumant d'un air béat, dans une énorme pipe en écume de mer qu'il venait d'allumer.

Nul, dans le camp, ne soupçonna la longue et importante entrevue qu'il avait eue avec doña Rosario de Prebois-Crancé.

XIII

LA PEAU DE L'OURS

Après avoir quitté son campement, le capitaine Kild, au lieu de traverser le vallon dans sa longueur, ainsi que l'avait fait Lingot, appuya sur la droite, c'est-à-dire du côté de la forêt, et ne tarda pas à disparaître sous le couvert.

Le capitaine était loin de posséder l'habileté du Parisien à se servir des raquettes, planchettes longues de plus de vingt pouces et larges de douze, au centre desquelles ou place le pied, et que l'on attache au moyen de bandelettes autour de la jambe, comme le cothurne antique.

Ces raquettes, nom qui leur a été donné par les Canadiens, qui s'en servirent les premiers, sont très-commodes pour marcher sur la neige, mais exigent une longue pratique, qui faisait complétement défaut au capitaine.

Aussi, à peine eut-il atteint le couvert, qu'il se hâta de les ôter et de les jeter sur ses épaules.

D'ailleurs, elles lui devenaient presque inutiles, puisqu'il n'avait plus de terrain plat devant lui, et qu'il lui fallait au contraire monter les rampes assez raides, qui de tous les côtés entouraient le vallon, et sur lesquelles la neige avait eu peu de prise, et ne s'était, par conséquent, arrêtée qu'en petite quantité.

Si le capitaine glissait mal sur la neige, avec ses raquettes aux pieds, c'était, en revanche, un intrépide marcheur quand il foulait la terre ferme.

Cette fois, il suivait sans doute une direction, non pas pratiquement connue, peut-être, mais du moins mathématiquement calculée, car il marchait droit devant lui, de ce pas ferme et délibéré de l'homme qui sait parfaitement où il va.

Il marcha ainsi pendant environ deux heures, ce qui, à raison de six de nos kilomètres à l'heure, lui fit franchir une distance de près de trois lieues.

Il se trouva alors en vue du campement des aventuriers du capitaine Griffiths, dont il n'était plus éloigné que d'un demi-mille à peine.

La plaine était couverte de neige, mais tout au plus sur un pouce d'épaisseur, ce qui prouvait que le chasse-neige n'avait pas sévi dans cette direction et qu'à peine y avait-on ressenti très-légèrement les atteintes du terrible ouragan, qui avait dévasté les plateaux inférieurs des montagnes.

Au lieu de se rendre dans le camp, ainsi que tout autre à sa place n'aurait pas manqué de le faire, le capitaine Kild s'arrêta près d'un bouquet de pins, dont les longues branches, couvertes de givre, balayaient la neige sur un espace de vingt pieds environ, puis il abattit avec son bowie-knif une assez grande quantité de branches, qu'il tailla et coupa en morceaux assez menus, détacha de ses épaules un fagot de bois sec dont il s'était muni, en forma une espèce de bûcher en y joignant les branches qu'il avait abattues, alluma un morceau de bois d'*Ocote,* ou bois pourri, le plaça au centre du monceau de branches auxquelles le feu se communiqua en petillant ; la flamme grandit, se fit jour, et la fumée monta en tourbillons épais et grisâtres vers le ciel.

Le capitaine se trouvait avoir devant lui une fournaise sur laquelle on aurait fait cuire un bœuf et qui pouvait durer deux heures sans être alimentée.

Notre personnage fit une grimace de satisfaction en contemplant son œuvre, prit dans sa gibecière un carré de fourrure qu'il étendit à terre, s'assit dessus, le dos appuyé au tronc d'un énorme pin, et il alluma sa pipe et commença à fumer, aussi calme en apparence que s'il se fût trouvé dans un *bar-room* de n'importe quelle ville de l'Union.

Cependant les aventuriers ne dormaient pas dans leur camp, ils faisaient au contraire bonne garde.

Ce feu si singulièrement allumé presque à portée de fusil de leurs retranchements, fut aussitôt aperçu par les sentinelles qui trouvèrent assez étonnant qu'un voyageur se fût établi à une si courte distance au lieu de venir tout franchement demander au camp l'hospitalité qui ne lui aurait pas été refusée.

Le lieutenant Margottet fut informé de cet incident auquel lui non plus ne comprit rien.

Il recommanda aux sentinelles de ne pas perdre de vue ce voyageur excentrique, et résolut d'avertir sur-le-champ le capitaine de ce qui se passait.

A cet effet, après avoir légèrement frappé à la porte pour annoncer sa présence, le lieutenant pénétra dans la hutte où, depuis l'arrivée de l'étrangère, le capitaine s'était logé.

Le capitaine, penché sur une carte posée sur la table, marquait certains endroits de cette carte, qu'il étudiait attentivement, avec des épingles de différentes couleurs qu'il piquait, et souvent déplaçait comme s'il se fût trompé.

Au bruit fait par le lieutenant, il releva brusquement la tête.

— Ne puis-je donc demeurer un instant tranquille? dit-il d'un ton de mauvaise humeur; que me voulez-vous encore?

— Encore est un mot de reproche, capitaine, et voici la première fois que je vous dérange aujourd'hui.

— C'est vrai, mais d'autres l'ont fait avant toi, et ces allées et venues continuelles pour des riens commencent à m'impatienter.

— Si vous le désirez, je vais me retirer, fit l'autre tout interloqué.

— Belle avance maintenant! est-ce que tu deviens aussi bête que les autres?

— Mais, capitaine...

— C'est bon, dis-moi ce qui t'amène?

— Ma foi, je ne le sais pas.

— Comment, tu ne le sais pas? te moquerais-tu de moi, par hasard? le moment serait mal choisi...

— Dieu me garde de me moquer de vous, capitaine ! mais la chose est tellement singulière.

— Que me rabâches-tu là? de quelle chose parles-tu? voyons?

— Je parle de ce qui se passe.

— Il se passe donc quelque chose? allons, accouche ou crève?

— Oh! non, j'aime mieux m'en aller.

— Comment, tu aimes mieux t'en aller?

— Oui, car jamais vous ne m'avez traité de cette façon.

— C'est qu'aussi tu viens dans un moment!...

— Ce n'est pas moi qui l'ai choisi.

— C'est vrai; allons, j'ai tort : voici ma main, assieds-toi, prends un cigare, et qu'il ne soit plus question de toutes ces billevesées.

— A la bonne heure, ainsi, grommela le lieutenant en allumant son cigare.

— Alors tu ne m'en veux plus?

— Est-ce que je peux jamais vous en vouloir?

— Bien; et maintenant que cette grande querelle est apaisée, veux-tu me dire enfin ce qui t'amène?

— Tout de suite et ce ne sera pas long.

— Parle; je t'écoute.

— Un voyageur vient d'apparaître dans la vallée; ce voyageur, au lieu de se rendre au camp directement, les sentinelles l'ont vu s'arrêter sous un bouquet de pins, à portée de fusil de nos retranchements, s'y installer et allumer un grand feu.

— Qu'est-ce que tu me dis là? s'écria le capitaine en tressaillant.

— La vérité; du reste, il vous est facile de vous en assurer; prenez une longue-vue, placez-vous sur le seuil de la porte, et vous verrez notre gaillard aussi distinctement que si vous étiez près de lui.

— C'est étrange, murmura le capitaine; je ne l'attendais pas si tôt.

Il prit une longue-vue accrochée au mur, la mit au point, se plaça sur le seuil de la porte, et ainsi que le lui avait conseillé son lieutenant, il regarda.

— C'est bien lui, dit-il au bout d'un instant en repoussant avec la paume de la main les tubes dans la lunette; Margottet, ajouta-t-il en se tournant vers le lieutenant qui ne comprenait rien à la préoccupation de son chef, fais seller mon cheval, je vais aller voir quel est cet étrange personnage.

Cinq minutes plus tard, le cheval du capitaine piaffait devant la porte.

— Veille à ce que personne ne quitte le camp, dit le capitaine en sautant en selle, que dix hommes soient prêts à monter à cheval au premier signal : si je tire un coup de feu, c'est que j'aurai besoin d'eux; ils accourront à toute bride.

— Pourquoi ne pas prendre un ou deux hommes avec vous? ce serait plus prudent, il me semble?

— Allons donc ! fit-il en haussant les épaules, tu vois bien que l'étranger est seul, un homme en vaut un autre, que diable ! et d'ailleurs, je suis bien armé, qu'on ne vienne donc que si j'appelle.

— En ce cas, c'est moi qui conduirai les dix hommes.

— Soit ; tu les conduiras, mais pas avant mon signal.

— C'est entendu, capitaine.

Après cette dernière recommandation sur laquelle il appuya, le capitaine sortit du camp et se dirigea directement vers l'étranger dont les singulières allures donnaient lieu à de nombreux commentaires.

Lorsque Griffiths fut arrivé à portée de voix du capitaine Kild qui continuait à fumer avec un grand calme et le regardait s'approcher sans faire un mouvement, il s'arrêta et retirant un pistolet de sa ceinture :

— Qui vive ! cria-t-il.

— Ouvrier indigne, travaillant à la vigne du Seigneur, répondit Kild.

— Au nom de qui viens-tu ?

— Au nom de Joram Kimmel de la sainte cité de Saint-Louis du Missouri.

— Joram Kimmel est un digne adepte des saints du dernier jour, les abeilles travaillent pour lui ; est-ce à moi que tu es adressé ?

— Oui, si tu es celui que les Gentils nomment John Olivier Griffiths, et qu'ils ont fait un des principaux chefs des Bois-Brûlés de la Rivière-Rouge.

— Je suis en effet John Olivier Griffiths et tu es celui que j'attends, le marchand d'esclaves appelé Kild.

— Oui ; à quel signe te reconnaîtrai-je ?

— A une phrase dont je dirai le commencement et dont tu diras la fin.

— J'écoute.

— Lorsque Dieu appesantit sa main sur le méchant...

— Le sage s'humilie dans le sein du Seigneur, continua Kild en l'interrompant. Je te salue, étranger, et suis prêt à entendre ce que tu as à me dire.

Griffiths s'approcha alors, mit pied à terre, et après avoir repassé son pistolet à sa ceinture, il alla s'asseoir auprès du capitaine Kild.

— Je ne t'attendais pas aussi tôt, dit-il pour entamer la conversation.

— C'est vrai, je suis en avance de dix jours; les affaires qui me retenaient à Saint-Louis ont été terminées plus vite que je ne le croyais, et comme les instructions que j'avais reçues étaient précises, je me suis rendu directement auprès de toi.

— Es-tu donc le chef de ces émigrants campés à quelques milles d'ici ?

— Je suis en effet le chef de ceux qui passent pour tels.

— Vive Dieu ! si je l'avais su, je te serais venu en aide contre l'attaque des Indiens Corbeaux.

— Ce n'est donc pas toi qui es venu à mon secours? fit Kild avec surprise.

— Non, ma foi; je te prenais pour un de ces misérables émigrants allemands qui, depuis quelque temps, foisonnent dans ces parages ; je n'ai pas voulu intervenir; as-tu donc été secouru?

— Oui, et d'une façon miraculeuse : au moment où ces démons d'Indiens nous serraient de si près que nous nous sentions tous perdus, des gens que je ne connais pas sont intervenus et ont mis nos ennemis en fuite.

— Mais après le combat, tu les a vus?

— Non pas, ils ont disparu si prestement que je n'ai pu en apercevoir un seul.

— Tu as au moins cherché à découvrir qui ils sont?

— Oui, mais l'éclaireur que j'ai envoyé à leur recherche n'a quitté mon camp que ce matin et n'est pas encore de retour, de sorte que je ne sais rien; et toi, ne soupçonnes-tu personne?

— Peut-être, mais les chasseurs et les trappeurs sont nombreux dans les montagnes Rocheuses, je fraye peu avec eux. Ils ont l'air, je ne sais pourquoi, de se méfier de moi, il m'est donc impossible de rien affirmer ; mais je verrai, je chercherai, et si tu le désires?...

— C'est inutile, je saurai bien les découvrir moi-même ; d'ailleurs, s'ils sont partis si subitement, c'est sans doute qu'ils désirent rester inconnus; je ne vois pas trop la nécessité de me mettre à leur recherche; mais laissons cela et venons à nos affaires.

— Tu as raison; où en sommes-nous?

— J'ai de la marchandise de choix; mais elle est chère, mille dollars, l'un dans l'autre.

— Oui, je sais que tu ne donnes pas tes coquilles.

— J'ai de grands risques à courir; si j'étais découvert

dans les villes de l'Union, je serais pendu ; ici on me lyncherait sans pitié.

— Je sais tout cela, mais si tu continues, c'est que tu y trouves ton intérêt.

— Juste, fit l'autre avec un mauvais sourire; mais les affaires sont les affaires, je suppose.

— Ne suppose et ne calcule rien, interrompit Griffiths en riant; je ne suis pas un Yankee, moi.

— Oui, oui; je sais; tu es un Bois-Brûlé, un demi-Français de l'autre côté de la mer.

— Parlons comme des hommes; je ne te cache pas que je ne traite avec toi qu'à mon corps défendant, la nécessité m'y oblige, sans cela, mordieu ! au lieu de causer aussi amicalement que je le fais en ce moment avec toi, j'aurais pris d'autres mesures à ton égard; car il me répugne d'avoir affaire à un coquin de ton espèce.

— Merci de ta franchise, mon camarade; mais tu le sais, les injures n'avancent pas les affaires ; elles entrent au contraire en ligne de compte.

— Peu importe le prix ! la fin pour moi justifie les moyens peu honorables que l'on me force à employer. Donc je te répète que si je suis satisfait, je n'hésiterai pas à te payer les mille dollars par tête que tu demandes.

— C'est bien, voilà ce que j'appelle traiter carrément les affaires. J'ai avec moi seize femmes, ou plutôt seize jeunes filles, car la plus âgée n'a pas vingt ans, et la plus jeune en a au moins quinze. Toutes sont belles, toutes sont honnêtes ; cette honnêteté, je puis la garantir.

— Tu t'avances un peu, il me semble, fit en riant le capitaine Griffiths.

— Ces jeunes filles ont été enlevées à leurs familles avec le plus grand soin, reprit Kild, sans relever le sarcasme de son interlocuteur, et depuis placées sous une surveillance sévère qui n'a pas un instant été mise en défaut.

— Soit ; j'admets cela, après ?

— J'ai quatorze enfants, dont le plus jeune a neuf ans, et le plus âgé, treize ; tous sont en état de profiter de la saine doctrine, et de faire d'excellents prosélytes.

— Des enfants ! fit le capitaine en allongeant les lèvres, peuh !... ce n'est pas une bonne affaire ! on en a déjà beaucoup ; il faudra, pour que je les accepte, que tu me les donnes à un bon prix, sans quoi je te les laisserai pour compte, je t'en avertis.

— Je te les passe à deux cents dollars l'un dans l'autre, est-ce trop ?

— Je le crois bien ! je ne donnerai pas plus de soixante dollars, et encore, je considère cela presque comme de l'argent perdu.

— Oh ! oh ! tu es serré, mon camarade, il n'est guère facile de traiter avec toi.

— Je suis comme cela, fit le capitaine ; c'est à prendre ou à laisser.

— Allons, j'accepte, puisqu'il le faut, dit Kild, avec

un soupir qui sembla lui déchirer la poitrine ; c'est convenu. Nous disons donc....

— Pardon, reprit le capitaine, il faut avant tout que les femmes soient jolies, et que les enfants soient bien faits et solidement constitués, ou rien de fait.

— Bon, bon, fit Kild en grommelant, tu les examineras toi-même. Ainsi, nous disons : seize femmes à mille dollars, seize mille; quatorze enfants à soixante dollars, huit cent quarante ; ce qui nous forme un total de seize mille huit cent quarante dollars. Tu iras bien jusqu'à dix-sept mille, que diable !

— Non pas, compère, je retrancherai au contraire les quarante dollars, et, pour faire un compte rond, je n'en donnerai que seize mille huit cents.

— Est-ce que je me serais trompé sur votre compte ? dit Kild en grommelant.

— Comment cela?

— Oui, est-ce que, au lieu de traiter, ainsi que je le pensais, avec un Bois-brûlé, j'aurais eu affaire à un Juif?

Le jeune homme se mit à rire :

— Non, rassure-toi, fit-il, je suis excellent chrétien; mais, vois-tu, compère, quand on traite avec des coquins de ton espèce, il faut les tondre le plus près possible de la peau; c'est œuvre pie. Connais-tu le proverbe français?

— Qu'est-ce qu'il chante ton proverbe français ? fit l'autre d'un ton de mauvaise humeur.

— Allons, ne te fâche pas ; il chante quelque chose

de très-intéressant pour toi ; écoute plutôt, en voici la traduction littérale : Quand un voleur en vole un autre, le diable en rit ; comprends-tu ?

— Va te promener avec tes proverbes ! je ne suis pas venu ici pour écouter des sornettes. Si je refuse le marché que tu me proposes ?

— A ton aise, camarade, personne ne t'oblige à traiter ; seulement, tu sais, on *lynche* très-facilement au désert ; je dois t'avertir que je suis à peu près chargé de faire la police de cette partie des Montagnes Rocheuses.

— C'est bon, si quelque jour tu tombes sous ma coupe !...

— Oui, tu me tondras à ton tour, n'est-ce pas ? Eh bien, à ton aise ; ce ne sera, après tout, qu'un prêté pour un rendu. Voyons, est-ce marché fait, oui ou non ?

— Il le faut bien.

— Ainsi tu acceptes ?

— Oui, comme le condamné accepte la corde ; parce que je ne puis pas faire autrement.

— Quand me livreras-tu la marchandise ?

— Quand tu voudras ; plus tôt j'en serai débarrassé, mieux cela vaudra pour moi.

— Je comprends cela ; mais je dois te faire observer, compère, qu'il faut que tu patientes un peu.

— Pourquoi cela ?

— Tout simplement parce que je ne me soucie pas de prendre livraison au milieu des montagnes, de la marchandise que je t'achète. Elle est fragile, ajouta-t-il en riant; je ne veux pas qu'elle s'avarie entre mes mains, ainsi garde-la provisoirement; ou, pour parler plus clairement et sans ambages, arrange-toi de façon à me la conduire saine et sauve jusqu'à l'endroit où la rivière *Jourdan* quitte les montagnes et prend sa course vers le *lac Salé*.

— Mais c'est un voyage de près de six semaines qu'il me faut faire ?

— C'est à prendre ou à laisser, compère.

— Enfin, je ferai encore ce sacrifice ! tu ne me donnes pas un à-compte ?

— Non, mais je te donnerai un conseil, c'est de jouer franc jeu avec moi, sans quoi il t'en cuira; ainsi, compère, veille bien attentivement sur tes actions, je ne te dis que cela !

— C'est bien suffisant ! le diable soit de la malencontreuse idée que j'ai eue de venir jusqu'ici.

— Bah ! à quoi bon te chagriner ainsi ? Ne connais-tu pas cet autre proverbe espagnol, celui-ci : chose sans remède, mieux vaut l'oublier.

— Au diable ! tu sais autant de proverbes que Sancho Pança. Ainsi nous nous reverrons ?

— Je t'attendrai au *bayon* de l'Antilope, c'est là que nous terminerons définitivement notre marché ; au revoir, compère.

— Va au diable !

— Si je dois suivre ce chemin-là, dit Griffiths en riant, je suis certain de te rencontrer en route.

L'autre haussa les épaules et s'éloigna à grands pas tout en grommelant.

— Quelle effroyable canaille ! murmura le capitaine en le suivant du regard ; malheureusement, je suis contraint de feindre de traiter avec lui ; ah ! il y a de dures nécessités ! Enfin, à la grâce de Dieu !

Il sauta sur son cheval, et se dirigea au galop vers son camp, où nous le laisserons pour nous attacher aux pas du capitaine Kild.

L'honorable commerçant s'éloignait plus contrarié en apparence qu'il ne l'était en réalité.

En somme, il ne faisait pas une mauvaise affaire.

La marchandise qu'il cédait au chef des Bois-Brûlés, marchandise de contrebande s'il en fut jamais, ne lui avait pour ainsi dire coûté que la peine de la prendre ; car on ne peut compter comme dépense quelques dollars donnés aux gens qui avaient volé les enfants, et les sommes, un peu plus fortes peut-être, mais encore assez minimes, payées à ceux qui avaient enlevé les jeunes filles, lorsque lui-même n'avait pu le faire.

Ce trafic honteux, que l'on ne saurait trop flétrir, a pris une très-grande extension, depuis quelques années surtout, c'est-à-dire depuis l'invention du mormonisme, non-seulement en Amérique, mais encore en Europe ; car les saints du dernier jour ont organisé la traite des blanches sur une immense échelle ; ils ont des agents dans toutes les contrées du monde, agents d'autant plus faciles à trouver, en Europe surtout, que depuis un temps immémorial, certaines gens ont la spécialité, soit par violence, soit par des promesses illusoires, d'enlever des jeunes filles pauvres et belles et de les expédier dans tout l'Orient, pour recruter les harems des riches musulmans.

Ce fait est de notoriété publique depuis longtemps ; mais toujours les gouvernements, soit par faiblesse, soit par impuissance ou par indifférence, ont fermé les yeux et ont laissé faire.

Mais revenons au digne capitaine Kild.

Il enrageait, non d'avoir fait un marché moins avantageux qu'il ne l'aurait voulu, mais de s'être trouvé en présence d'un acheteur plus madré que lui-même, qui de plus avait la force en mains, et pouvait ainsi le faire passer par toutes les conditions qu'il lui plairait de lui imposer. Tout en marchant d'un bon pas vers son campement, le capitaine était si absorbé par ses idées de rapine, qu'il ne prenait pas garde à la route qu'il suivait.

Il marchait depuis plus d'une heure, lorsqu'en levant les yeux par hasard, il reconnut qu'il s'était égaré.

Il s'arrêta, lâcha le plus magnifique juron qui jamais soit sorti d'une bouche américaine, et explora attentivement du regard l'endroit où il se trouvait, pour essayer de se reconnaître.

Malgré le froid et le mauvais temps, ce n'était pas la perspective de passer une nuit à la belle étoile qui contrarierait si fort le capitaine Kild; mais, ainsi qu'il l'avait dit à John Griffiths, il s'était astreint à une minutieuse surveillance, qui risquait beaucoup d'être mise en défaut s'il demeurait cinq ou six heures de plus loin de ses hommes.

Seule, sa main de fer pouvait contenir ces bandits dans le devoir, et encore n'y réussissait-il pas toujours.

Le ciel commençait à s'obscurcir, les objets éloignés se confondaient déjà en masses compactes presque indistinctes.

La nuit n'allait pas tarder à tomber.

Le capitaine s'orienta.

Bien qu'il ne fût pas un coureur des bois émérite, il avait fait plusieurs voyages dans les prairies du grand Ouest, et avait acquis ainsi une certaine connaissance du désert.

Cette expérience lui servit beaucoup en ce moment.

Elle lui permit, après trois quarts d'heure de recherches, il est vrai, de retrouver la bonne direction.

Il poussa un soupir de satisfaction, et allongea le pas pour rattraper le temps perdu.

Depuis une demi-heure déjà, il marchait et calculait qu'il ne lui fallait plus que le même temps à peu près pour atteindre son campement, quand certaines empreintes tracées dans la neige frappèrent tout à coup son regard.

Il n'y avait pas le plus léger doute à conserver sur la nature de ces larges marques, c'étaient celles laissées par les griffes d'un ours gris ; cet ours semblait suivre le même chemin que le capitaine, et ce qui était plus inquiétant encore, il était facile de reconnaître que l'individu en question n'était pas l'*ursus americanus* ou ours noir, lequel est assez pacifique de sa nature, et plus friand du miel des abeilles que de la chair de l'homme, mais au contraire, un de ceux nommés *grizzly-bear*, ou ours gris, l'*ursus ferox* des naturalistes, l'animal le plus féroce et le plus redoutable de ces contrées.

Cela donna fort à réfléchir au capitaine.

Il y avait de quoi ; et un homme plus brave encore que pouvait l'être maître Kild, n'aurait pas, sans un certain tressaillement d'effroi, pressenti une rencontre avec un pareil adversaire.

L'ours gris, qu'il ne faut pas confondre avec l'ours blanc des mers polaires, est comme lui amphibie ; il se plaît autant dans l'eau que sur la terre.

Lorsqu'il atteint tout son développement, sa taille, depuis le bout du museau jusqu'à l'extrémité de la queue, est d'environ trois mètres ; son poil est d'un blanc jaunâtre, parfois tirant sur le brun ; il a le museau allongé, la tête large de seize pouces environ ; la mâchoire armée de dents très-fortes ; mais sa puissance réside surtout dans les griffes formidables dont ses pattes sont armées, griffes tranchantes comme des rasoirs et qui, chez l'animal adulte, atteignent souvent jusqu'à sept pouces de longueur.

L'ours gris se nourrit principalement de racines, qu'il déterre avec ses griffes ; mais il est très-gourmand des cadavres d'animaux qu'il rencontre. Il est le seul animal qui, de propos délibéré et sans y avoir été provoqué, attaque l'homme, pour lequel il éprouve une haine implacable, et qu'il combat avec une férocité sans exemple, n'importe où il le rencontre, dans l'eau comme comme sur terre.

Le grizzly-bear ne quitte pas les régions froides ou tempérées ; les voyageurs, et il y en a beaucoup, qui prétendent l'avoir rencontré sous les latitudes chaudes de l'Amérique, ou se trompent sciemment, ou, sous l'influence de la peur qui grossit les objets, ont cru voir le terrible grizzly-bear, là où il n'y avait que de paisibles ours bruns.

Le capitaine Kild n'était pas un poltron, tant s'en faut ; mais il n'était pas doué d'une audace extraordinaire ; il possédait cette dose de bravoure, mêlée de prudence, suffisante aux gens qui font un dangereux métier et qui leur permet d'envisager le péril froidement, lorsqu'il se présente devant eux.

La première émotion passée, il secoua les oreilles comme un chien mouillé, et tout en grommelant à part lui :

— Diable d'animal ! qu'avait-il besoin de venir se promener par ici ! comme si la place manquait pour aller tout autre part ! Il visita soigneusement son fusil, glissa dans le canon une seconde balle, enveloppée dans un morceau de peau graissée, et continua à s'avancer.

Mais, maintenant, il marchait avec la plus grande précaution ; il ne faisait point un pas avant de s'être assuré que rien de suspect ne se trouvait dans l'espace qu'embrassait son rayon visuel.

Il était surtout pour lui, de la plus haute importance de ne pas se laisser surprendre par son redoutable ennemi.

Il parcourut ainsi environ cinq cents mètres.

Il avait presque atteint la limite du couvert, et n'allait pas tarder à émerger dans la vallée, lorsqu'un grognement sourd et prolongé, qui se fit entendre à une légère distance de lui, fit courir un frisson glacé dans ses veines.

Le capitaine s'arrêta, pencha le haut du corps en avant, allongea la tête et regarda.

Pour déboucher dans la plaine, il lui fallait franchir une espèce de *cañon* étroit, profondément encaissé entre deux talus presque à pic, long d'une vingtaine de pas et dont la largeur moyenne ne dépassait pas deux mètres.

Le capitaine aperçut à un tiers environ de la longueur du cañon, couché nonchalamment sur la neige, un magnifique ours gris, en train de se pourlécher les pattes de devant et de se lisser le poil.

L'animal avait relevé la tête, dressé les oreilles, et semblait, non pas écouter, mais flairer l'air autour de lui.

Évidemment, son odorat subtil avait été saisi par quelque émanation inconnue, et par conséquent inquiétante.

Mais, ce qui surprit le capitaine, c'est que l'ours ne paraissait pas l'avoir éventé et ne semblait en aucune façon s'occuper de lui.

— Béni soit le vent qui souffle en ce moment! grommela Kild; voilà un animal qui ne se doute pas encore que je suis si près de lui; ce gaillard-là a une magnifique fourrure, cela fera parfaitement mon affaire; attends un peu, compère, je vais régler ton compte.

Tout en parlant ainsi il épaula son rifle, visa avec soin, et lâcha la détente.

Une effroyable détonation se fit entendre.

Le rifle, mal chargé sans doute, avait éclaté entre les mains du capitaine, et le contre-coup avait jeté celui-ci tout de son long sur la neige, mais sans qu'il fût autrement blessé.

L'ours, surpris par cette attaque subite, s'était levé, et, après avoir poussé un grognement de colère, s'était élancé vers le malheureux chasseur.

Celui-ci, que la frayeur aiguillonnait, s'était relevé en hâte, et avait commencé, avec une agilité dont certes, en toute autre circonstance, il aurait été incapable, une course affolée dans la forêt, afin d'échapper, s'il était possible, à son redoutable ennemi.

Mais, si désespérés que fussent ses efforts, il était peu probable qu'ils fussent couronnés de succès.

L'ours gris, sous son apparence lourde et massive, détalait à la suite de son agresseur avec une rapidité qui devait bientôt mettre fin à sa poursuite en faisant tomber l'infortuné capitaine sous ses griffes.

Celui-ci, que la perte de son rifle privait de tous moyens de défense, ne se faisait aucune illusion sur le sort qui l'attendait, bien qu'il essayât de retarder le moment fatal en continuant sa course précipitée.

Malheureusement, le capitaine était à bout de forces.

Dans sa jeunesse, il n'avait jamais été un coureur bien agile ; maintenant l'âge commençait à alourdir ses membres ; de plus, les vêtements qu'il portait n'étaient pas favorables pour fournir une longue course.

L'ours se rapprochait de plus en plus ; la distance diminuait avec une rapidité effrayante entre lui et le capitaine.

Celui-ci n'osait tourner la tête ; mais, pour nous servir de l'expression consacrée par les lois de la vénerie, il sentait son ennemi lui souffler au poil.

En effet, dix pas au plus séparaient l'homme de l'animal.

Les cheveux du capitaine se hérissaient, une sueur froide inondait son visage ; il se sentait perdu sans ressource et sans secours possible.

Deux ou trois minutes encore, cinq au plus, et c'en était fait de lui.

L'ours s'était dressé sur ses pieds de derrière.

Tout à coup, au moment où le capitaine essayait de se rappeler une prière quelconque, afin de recommander, tant bien que mal, son âme à Dieu, une main le saisit brusquement par le collet de son vêtement et lui imprima une violente secousse, en même temps qu'une voix stridente criait en espagnol à son oreille :

— Couchez-vous, rayo de dios ! couchez-vous, que je puisse tirer !

Suivant l'impulsion qui lui était donnée, le capitaine fit trois ou quatre pas en trébuchant comme un homme ivre, et alla s'étendre tout de son long au pied d'un rocher.

Au même instant, une détonation se fit entendre, suivie d'un rugissement terrible.

Le capitaine incrusta sa tête dans la neige ; il se crut mort.

Deux ou trois minutes s'écoulèrent ainsi sans qu'il bougeât.

Soudain, un si vigoureux coup de crosse lui fut administré sur le bas des reins, que le capitaine bondit sur lui-même, et cela de telle sorte, qu'il se trouva étendu non plus sur le ventre, mais sur le dos.

— Eh ! qu'est-ce que c'est que cela ? cria-t-il en lançant autour de lui des regards effarés.

— Allons, allons ! dit une voix joyeuse, puisque vous parlez, c'est qu'il y a du remède ; vous êtes encore vivant !

— Je n'en suis pas bien sûr, grommela le capitaine en se mettant sur son séant, tout en se frottant les reins et regardant avec surprise l'individu qui se tenait devant lui.

Celui-ci était un beau jeune homme de vingt-six à vingt-sept ans, au front large, aux traits intelligents et à la physionomie spirituelle, empreinte en ce moment d'une expression légèrement railleuse.

Il portait le costume pittoresque adopté par les chasseurs du désert, et riait tout en regardant le capitaine et rechargeant son rifle.

— Et l'ours, demanda le capitaine Kild, où est-il?

— Il est ici, tout près de vous; tenez, reprit le chasseur.

— Hein? fit l'autre en tressaillant.

— Rassurez-vous, señor, si vous êtes vivant, un peu grâce à moi, dit le jeune homme en riant; quant à lui, le pauvre diable, il est parfaitement mort.

— Vous en êtes sûr?

— Caraï! il ferait beau voir que je l'eusse manqué! Sachez, étranger, que Benito Ramirez n'a pas besoin de deux coups pour tuer un ours; un seul lui suffit.

— Eh quoi, señor, s'écria le capitaine en se levant vivement, vous seriez le fameux Benito Ramirez, celui dont l'adresse miraculeuse est devenue proverbiale dans les prairies?

— J'ignore, répondit le jeune homme avec insouciance, ce qu'il plaît à mes compagnons les chasseurs de raconter sur mon compte; mais je vous répète encore une fois, étranger, que je suis Benito Ramirez, et que je n'en connais pas d'autre.

— Oui, cela doit être; vous seul pouviez me sauver la vie.

Le capitaine s'approcha avec précaution de l'ours, qui gisait, les quatre pattes en l'air, au milieu du sentier.

— Oh! approchez sans crainte, dit gaiement le chasseur; il est bien mort; il a reçu une balle dans l'œil droit. Vous comprenez que je n'ai pas voulu endommager cette magnifique fourrure, qui vaut quatre-vingts dollars.

— C'est prodigieux ! s'écria le capitaine; un pareil sang-froid dans une circonstance aussi terrible dépasse tout ce qu'on pourrait croire.

— Parlez pour vous, cher señor; si quelqu'un était dans une passe difficile, ce n'était pas moi. Voilà trois jours que je suis sur la piste de cet ours.

Il s'agenouilla alors et tira de sa ceinture un couteau à lame large et effilée.

— Que faites-vous donc? demanda le capitaine.

— Vous le voyez, je me prépare à lui enlever la peau ; je ne me soucie pas que, cette nuit, les fauves, attirés par l'odeur, me la détériorent.

— Ne vous donnez pas cette peine, lui dit le capitaine en lui frappant amicalement sur l'épaule; nous ne sommes qu'à un quart de mille de mon campement tout au plus ; rendons-nous-y de compagnie. J'enverrai des hommes prendre cet ours. Vous pourrez, là-bas, le dépouiller tout à votre aise; sa chair nous fournira un délicieux régal.

— Je ne me soucie guère d'aller à votre campement. Je suis accoutumé à coucher où je me trouve. Je ne crains pas les rhumatismes.

— C'est possible ; mais je vous dois la vie; je ne souffrirai pas que nous nous séparions ainsi; j'ai contracté envers vous une dette que je veux payer.

— Bah ! à quoi bon? Ce que j'ai fait aujourd'hui pour vous, vous le ferez demain pour un autre.

— Je ne crois pas; mais vous saurez qu'un service oblige autant celui qui le rend que celui qui le reçoit.

J'insiste donc pour que vous me suiviez au campement.

— Vous y tenez absolument? dit le jeune homme avec une expression singulière.

— Oui, certes; il nous faut faire plus ample connaissance.

— A votre aise; seulement, je vous ferai observer que ce n'est pas moi qui ai voulu vous suivre, et que, si je suis avec vous, c'est vous qui m'y obligez.

— Pourquoi me dites-vous cela?

— Eh! mon Dieu! on ne sait ni qui vit, ni qui meurt; personne ne peut prévoir ce qui arrivera demain. Nous sommes amis en ce moment; peut-être serons-nous ennemis dans quelques heures. Je tiens à constater que la situation dans laquelle nous nous trouvons vis-à-vis l'un de l'autre peut changer du tout au tout, si nous demeurons plus longtemps ensemble; et, si cela arrive, ce sera votre faute, et non la mienne.

— Allons donc, vous plaisantez! N'êtes-vous pas mon sauveur?

— C'est vrai. Ainsi vous voulez toujours que je vous accompagne?

— Plus que jamais.

— Alors, à la grâce de Dieu! Montrez-moi le chemin; je vous suis.

Et ils se mirent en route.

XIV

BENITO RAMIREZ LE CHASSEUR

Il était près de sept heures du soir lorsque le capitaine Kild et celui qu'il nommait si emphatiquement son sauveur atteignirent le campement.

Le temps s'était mis au froid ; il gelait fort.

La nuit était claire, sereine ; le ciel, sans nuages, était semé à profusion d'étoiles brillantes.

Blue-Dewil se préparait à envoyer quelques hommes à la recherche du capitaine, au moment même où celui-ci franchissait les palissades et pénétrait dans le camp avec son nouvel ami.

Le capitaine fut chaleureusement accueilli par ses engagés ; non pas que ceux-ci l'aimassent, mais parce que, semblables en ceci aux marins naviguant sur des mers inconnues, ils se seraient trouvés fort embarrassés si leur chef eût disparu.

Après avoir remercié ses compagnons de leur chaude réception, le capitaine s'informa de ce qui s'était passé pendant son absence et ordonna à Blue-Dewil, en lui indiquant mystérieusement l'endroit, d'envoyer Lingot et trois ou quatre hommes chercher l'ours gris tué par Ramirez.

— Lingot n'est pas encore rentré, dit Blue-Dewil.

— Comment, si tard! exclama le capitaine ; ce n'est pourtant pas une heure convenable pour errer dans le désert. Lui serait-il arrivé quelque chose ? Voilà qui m'inquiète ! Que le Chacal prenne six hommes avec lui ; qu'ils aillent en toute hâte enlever le corps de l'ours gris ; puis, quand ils l'auront ramené au campement, ils se mettront à la recherche de Lingot.

Cet ordre fut immédiatement exécuté.

Le capitaine demeura à l'entrée du camp jusqu'à ce qu'il eût vu partir les hommes.

— Je suis rompu de fatigue, dit-il à Blue-Dewil ; je rentre chez moi. Prenez la surveillance du camp. S'il se passait quelque chose d'extraordinaire, vous me préviendriez aussitôt.

— C'est entendu, dit Blue-Dewil.

— Suivez-moi, dit alors le capitaine à Benito Ramirez.

Celui-ci s'inclina sans répondre, et tous deux se dirigèrent vers la tente, où déjà, plusieurs fois, nous avons introduit le lecteur.

La table était mise dans le premier compartiment. Le capitaine fit ajouter un couvert, invita son convive à s'asseoir ; puis, lorsque les mets eurent été disposés, il ordonna au nègre Samson de prévenir la señora.

A peine cinq minutes s'étaient-elles écoulées, que le rideau servant de portière fut soulevé et doña Rosario parut.

La jeune fille s'avança lentement, les yeux baissés ; elle était pâle et semblait préoccupée.

Tout à coup, son regard tomba sur l'étranger.

Une rougeur fébrile envahit son visage ; ses lèvres s'entr'ouvrirent, mais aucun son ne sortit de sa bouche.

Cette émotion n'eut que la durée d'un éclair ; la jeune fille se remit aussitôt et s'assit, entre les deux hommes, sur un siége préparé pour elle.

De son côté, Benito Ramirez, à la brusque apparition de la jeune fille, avait subitement rougi, puis pâli, ses sourcils s'étaient froncés à se joindre, et un brûlant éclair avait jailli de ses yeux.

Mais lui aussi avait su dompter son émotion et rendre à ses traits leur apparence habituelle.

Si le capitaine Kild, d'ordinaire si clairvoyant, n'avait pas été en ce moment absorbé par le soin qu'il prenait de couper des tranches excessivement minces dans un énorme jambon d'ours, certes, la façon dont les jeunes gens s'étaient regardés et l'expression de leurs visages lui auraient donné beaucoup à réfléchir ; mais, heureusement pour eux et malheureusement pour lui, ce double jeu de physionomie lui échappa complétement.

— Je vous demande pardon, *Niña*, dit-il en espagnol, d'une voix qu'il essayait de rendre affectueuse, je vous demande pardon de ne pas vous avoir prévenue de la présence d'un étranger à notre table.

— Vous êtes le maître, señor, et, par conséquent, libre d'agir à votre guise, répondit la jeune fille avec indifférence.

— Permettez, permettez, Niña ; je ne veux pas que cet étranger prenne mauvaise opinion de moi et puisse supposer que j'agis envers vous comme un tyran.

— Cher señor, dit Benito Ramirez en jouant nonchalamment avec son couteau, j'ai pour coutume invariable de ne jamais rien supposer à propos de choses qui ne me regardent pas. Chacun a assez de ses affaires sans s'occuper de celles des autres. Vous agissez avec la señora, qui sans doute est votre fille, comme il vous plaît d'agir ; je n'ai rien à voir là-dedans.

— Pardon, señor don Benito, reprit le capitaine d'une voix pateline. La señora n'est pas ma fille ; à peine ai-je l'honneur d'être son parent très-éloigné. Je suis son tuteur, rien de plus. J'essaye, autant que cela dépend de moi, de la rendre heureuse en la satisfaisant en toutes choses.

A cette affirmation peut-être un peu hasardée, par une coïncidence étrange, un sourire railleur erra sur les lèvres de doña Rosario et sur celles de Benito Ramirez.

Le capitaine n'en continua pas moins imperturbablement, en faisant passer le plat au chasseur :

— Je disais donc, *querida niña*, que si je me suis permis de faire assister, sans vous avoir prévenue, un étranger à notre repas du soir, c'est que cet étranger, que je connais depuis deux heures à peine, m'a rendu un de ces services dont on ne saurait jamais s'acquitter. En un mot, il m'a sauvé la vie.

— Il a fait acte de galant homme, répondit la jeune fille, qui mangeait ou plutôt picorait du bout des lèvres.

— Le fait est, dit en riant le chasseur, que, sans me vanter, cher señor, il était temps, je crois, que j'intervinsse dans votre conversation avec l'ours gris, sans cela les affaires menaçaient de tourner mal pour vous.

— Brooou! fit le capitaine, je frémis rien que d'y penser! Ne me rappelez pas cet affreux moment, j'en ai encore la chair de poule.

— Oui, oui, vous ne brilliez pas, qu'en dites-vous?

— Ce *caballero* vous a-t-il réellement sauvé d'un ours gris? demanda-t-elle, en paraissant pour la première fois s'intéresser à la conversation.

— S'il m'a sauvé! s'écria le capitaine, c'est-à-dire que sans lui j'étais tout simplement dévoré par cet affreux animal; aussi, ajouta-t-il avec un beau mouvement tragi-comique, touchez là, don Benito Ramirez; entre nous désormais c'est à la vie, à la mort! Je ne sais pas faire de phrases, moi, mais j'ai la mémoire longue pour le bien comme pour le mal, et, foi d'honnête homme, demandez-moi ce que vous voudrez, fût-ce la moitié de ma fortune, je la partagerais sans regret avec vous.

— Bon, je prends note de vos paroles, señor capitaine, reprit en riant le chasseur, faites-y bien attention; ni moi non plus, je n'oublie jamais, et lorsque l'on me fait une offre, assez habituellement je la rappelle aux gens; aussi, bien que je refuse quant à présent, il est très-probable qu'un jour ou l'autre je vous rappellerai vos paroles et vous mettrai en demeure d'exécuter votre promesse : on ne sait pas ce qui peut arriver, il est bon de prendre ses précautions d'avance.

— Avec moi, ce n'est pas nécessaire, fit le capitaine assez froidement, nous devons le constater, vous me trouverez toujours prêt à tenir la parole que je vous ai donnée.

— Bien, bien, je n'insisterai donc pas. Ah ça! capitaine, que diable faites-vous dans ces contrées perdues? Vous ne venez pas, je suppose, trafiquer avec les Indiens? Il n'y en a pas; les rares Peaux-Rouges que l'on rencontre ne sont que des chasseurs; ce n'est pas avec eux que vous pouvez faire de grandes affaires.

— C'est vrai; aussi je n'essaye pas de trafiquer, je passe, voilà tout.

— Vous passez? où allez-vous donc? Je vous demande pardon. Si ma question vous semble indiscrète, vous êtes libre de n'y pas répondre.

— Mais non, je ne la trouve nullement indiscrète, señor, et la preuve c'est que je ne fais aucune difficulté pour y répondre. Oh! moi, grâce à Dieu! je n'ai aucune raison pour cacher ce que je fais; je me rends en Californie.

— En Californie! s'écria l'autre avec une surprise admirablement jouée, vous plaisantez sans doute?

— Moi? pas le moins du monde; je vous assure que je vais en Californie.

— S'il en est ainsi, cher señor, il est de mon devoir de vous avertir qu'en ce moment vous lui tournez complétement le dos. Je vous dirai même que si vous continuez seulement pendant trois semaines encore à suivre le même chemin, vous arriverez non pas en Californie, mais à Vancouver, ce qui, je vous en avertis, n'est pas du tout la même chose. J'ajouterai même qu'il me semble assez extraordinaire que vous ayez obligé la señora à vous accompagner dans un voyage non-seulement aussi fatigant, mais encore aussi périlleux que celui-ci.

— Mon Dieu! ce que vous dites peut être vrai, señor; mais il faut que je vous avertisse tout d'abord que je n'ai nullement obligé la señora à m'accompagner; c'est elle, au contraire, la chère enfant, qui a voulu absolument me suivre.

— Ah! s'il en est ainsi, exclama le chasseur avec un sourire sardonique, je ne puis que m'incliner. Du reste, une telle détermination ne m'étonne pas de la part de la señora; les femmes sont presque toujours je ne dirai pas plus braves, mais plus dévouées que nous ne le sommes nous-mêmes.

— Pardon, señor, dit la jeune fille en le regardant, pardon si je me permets d'intervenir dans votre conversation sans y être conviée; mais il est un fait que je dois rectifier, señor don Benito, c'est ainsi je crois qu'on vous nomme, caballero?

— Oui, señora, Benito Ramirez.

— Eh bien! señor don Benito Ramirez, je ne mérite

18

en aucune façon les éloges que vous m'adressez. Le señor Kild ment, et il le sait fort bien, lorsqu'il vous affirme, ainsi qu'il vient de le faire, que j'ai voulu l'accompagner dans son voyage. Si vous me voyez ici, señor, c'est malgré moi, contre ma volonté ; c'est parce que j'ai été odieusement enlevée à ma famille et livrée aux mains de cet homme qui prend devant vous un masque hypocrite qui ne saurait cacher l'infamie de sa conduite ; je suis non pas sa pupille, mais son esclave.

— Señora ! s'écria le capitaine avec violence.

— Oserez-vous me démentir ? reprit-elle avec énergie en le regardant en face ; il faut que la vérité soit connue enfin ! que l'on sache de quoi vous êtes capable ! et quelle est ma position près de vous. Vous avez voulu qu'un étranger assiste à notre repas, j'en bénis le ciel ! Vous avez trop compté, señor, sur ma longanimité et sur le mépris que vous m'inspirez, lorsque vous avez eu l'audace ou plutôt le cynisme de prononcer les paroles que vous avez dites. Je ne pousserai pas la faiblesse jusqu'à prendre l'apparence d'être votre complice. Señor Ramirez, continua-t-elle en se tournant brusquement vers le chasseur, cet homme a menti, il m'a lâchement enlevée pour je ne sais quelle somme, et son intention est de me livrer et de me vendre à des misérables qui, si lâches qu'ils soient, le seront moins qu'il ne l'est lui-même.

— Señorita, dit le capitaine d'une voix sombre, je ne saurais souffrir de vous entendre davantage parler ainsi que vous le faites ; prenez garde.

— Un instant, señor, dit froidement Ramirez, vos querelles de ménage ne me regardent pas; je n'ai aucunement l'intention d'intervenir; seulement, j'ai l'honneur de vous faire observer que votre conduite n'est pas celle d'un caballero, vous vous permettez de menacer une femme devant moi, je ne le souffrirai pas.

— Mais, caballero, si...

— Il n'y a ni si ni mais qui tienne, señor, c'est toujours une lâcheté de menacer une femme qui ne peut se défendre. C'est vous qui m'avez amené ici, tant pis pour vous! Je vous avertis une fois pour toutes que tant que je resterai dans votre camp vous traiterez cette señora avec tous les égards dus à son sexe et à son âge, ou sinon je vous prendrai à partie, moi, et *rayo de Dios!* je vous jure que vous ne vous retirerez pas aussi facilement de mes griffes que je vous ai sauvé de celles de l'ours gris, il y a deux heures.

— Mon Dieu! señor, reprit le capitaine d'une voix pateline, tout en se mordant les lèvres jusqu'au sang, croyez bien que je regrette profondément ce qui s'est passé. Voici la première fois qu'une telle discussion a lieu; il ne tiendra pas à moi que ce soit la dernière. Je conviens que je me suis laissé emporter plus loin que je n'aurais voulu; pour vous prouver combien je regrette ce qui s'est passé entre la señora et moi, je prie la señorita de l'oublier comme je le fais moi-même et de ne pas m'en garder rancune.

La jeune fille haussa les épaules en détournant la tête avec dédain.

— Voici qui est mieux, reprit le chasseur; dès que vous vous excusez, je n'ai plus rien à dire.

— Oui, je le répète, je suis désespéré de tout cela; mais revenons, je vous prie, à ce que vous me disiez tout à l'heure.

—Veuillez me remettre sur la voie; cette discussion m'a complétement fait perdre de vue le sujet que nous traitions.

— Vous me disiez, señor, que si je m'obstinais à suivre le chemin dans lequel je me suis engagé, non-seulement je n'arriverais pas en Californie, mais que j'arriverais inévitablement à Vancouver; êtes-vous bien sûr de cela?

— Vive Dios! si j'en suis sûr; ma vie tout entière s'est écoulée dans ces parages.

— Diable! voilà qui est très-malheureux pour moi! Je n'ai absolument rien à faire à Vancouver, qui est un pays perdu.

— Alors, changez de route et rabattez-vous sur la Californie.

— Changer de route, eh mais! señor, cela est très-facile à dire; mais, pour changer de route, il faut connaître celle qu'il convient de suivre, et, d'après ce que vous me dites, je me vois contraint d'avouer que je me suis complétement perdu.

— Bon! Est-ce que l'on se perd jamais quand on a l'habitude du désert.

— Hum! plus souvent que vous ne le supposez. Voyons, señor, êtes-vous homme à me rendre un service?

— Il s'agit de savoir lequel.

— Diable! fit le capitaine avec un sourire amer, il paraît que vous n'aimez pas à vous compromettre, señor?

— Dame! j'avoue que j'essaye du moins à me compromettre le moins possible.

— C'est agir prudemment.

— Voyons, de quoi s'agit-il?

— Une question d'abord?

— Laquelle?

— Avez-vous quelques raisons sérieuses pour vouloir rester dans ce pays?

— J'en avais une à mon arrivée; mais maintenant je n'ai plus qu'un désir, m'en éloigner le plus tôt possible.

— Alors, cela tombe à merveille.

— Comment cela?

— Oui, nous nous en irons de compagnie.

— Comment l'entendez-vous?

— Vous voulez quitter ce pays, moi je ne veux plus y rester; eh bien! nous partirons ensemble.

— Ah! pardon, ceci est une autre affaire.

— Pourquoi donc?

— Pour deux raisons : la première, c'est que j'adore voyager seul; la deuxième, c'est que lorsque je voyage en compagnie, je tiens avant tout à n'avoir pour associés que des gens qui me plaisent.

— Bon! le compliment n'est pas long, je vous en remercie; ainsi, je ne vous plais pas, moi?

— Je ne dis pas cela.

— Cependant, il me semble...

— Vous m'avez mal compris ou vous voulez me mal comprendre, capitaine Kild.

— Eh bien! expliquons-nous, je ne demande pas mieux, moi.

Le chasseur pencha le corps en avant, appuya les coudes sur la table et reprit en fixant un regard narquois sur le capitaine :

— Cher señor, bien que je sois Mexicain, j'ai trop fréquenté les Yankees pour ignorer et surtout ne pas appliquer leur fameux proverbe : *times is money*, vous me comprenez sans doute?

— Parfaitement. Allez...

— Or, les affaires sont les affaires ; donner son temps pour rien est le fait d'un imbécile. Je suis avant tout chasseur, c'est-à-dire marchand de fourrures; nous sommes en ce moment dans la saison la plus favorable pour mon commerce. Si ma chasse habituelle ne me fait pas défaut, je puis en moins d'un mois réaliser d'énormes bénéfices; une peau d'ours gris se vend quatre-vingts dollars haut la main ; si je mets mon fusil en bandoulière pour vous servir de guide, je perds ma saison, et adieu mes bénéfices. Je vous parle franchement, parce que je ne veux pas que vous attribuiez mon refus à des motifs futiles et sans importance; il s'agit de bien s'entendre.

— Je vous remercie de cette franchise, cher señor; elle me plaît beaucoup plus que toutes les raisons que vous pourriez me donner et qui ne seraient pas véritables. Je vois avec plaisir qu'il ne s'agit entre nous que d'une question d'argent.

— Permettez, señor, il y en a une autre encore ; je ne sais si vous vous êtes aperçu que j'aime avant tout ma liberté ; je ne puis accepter aucune espèce de sujétion. En admettant que nous tombions d'accord sur le prix, il y aurait encore à régler entre nous une question importante. Cette question, la voici : si je vous sers de guide, je ne veux être astreint à vous rendre aucun compte de ma conduite, être entièrement libre d'agir à ma guise, de vous conduire par tels chemins qui me conviendront, sans que vous puissiez en rien modifier mon itinéraire ; en un mot, je veux être absolument libre ; pouvoir, par exemple, lorsque je vous aurai indiqué votre direction, m'absenter pendant un jour, deux et même trois, si cela me convient, sans avoir aucune explication à vous donner sur les motifs de ma longue absence ; à ces conditions seulement, je consentirai à vous servir de guide, si nous tombons d'accord sur le prix, bien entendu ; et cela tout simplement parce que vous ayant sauvé la vie, je ne veux pas laisser mon œuvre incomplète, et avoir à me reprocher plus tard, en heurtant du pied votre cadavre dans la savane, de vous avoir laissé périr misérablement quand je pouvais vous sauver ; c'est oui ou non, réfléchissez.

— Vos conditions sont dures, señor Ramirez.

— J'en conviens ; mais vous pouvez les refuser, répondit-il en riant.

— Eh bien ! j'imiterai votre franchise ; je suis entouré

de bandits sans foi ni loi, qui ne valent pas la corde avec laquelle on les pendra, et auxquels je me fie comme à la peste. Dans les circonstances difficiles où je me trouve, si je me mets entre leurs mains, je suis un homme perdu. Il y en a déjà deux ce matin qui m'ont extorqué une somme considérable; je ne me soucie pas de m'exposer à ce que cela m'arrive de nouveau. Vous me paraissez un honnête homme, don Benito, vous m'avez rendu un immense service; je crois pouvoir me fier à vous. Si dures que soient ces conditions, je les accepte. Voyons maintenant la question d'argent; comme je désire surtout éviter toute discussion, je vais vous dire mon prix, je crois qu'il vous conviendra. Je vous donnerai mille piastres, cinq cents comptant et cinq cents lorsque nous serons arrivés à la rivière Jourdan. Que pensez-vous de cela? ce prix vous convient-il?

Le chasseur sembla réfléchir pendant quelques instants.

— Eh bien, soit, dit-il enfin, j'accepte; quant aux cinq cents dollars comptant, gardez-les, vous me remettrez la somme entière quand nous nous séparerons : mon argent est mieux dans vos mains que dans les miennes; ici je n'en ai que faire, il me surchargerait inutilement.

— C'est donc convenu et marché fait?

— Oui, quand partez-vous?

— Demain au lever du soleil.

— Alors à demain, dit le chasseur en se levant et prenant son fusil.

— Comment, vous partez? dit le capitaine Kild.
— A l'instant.
— Mais où irez-vous si tard?
— Déjà des questions ! fit le chasseur avec ironie, cela me regarde.
— C'est juste; à demain donc.

Le chasseur sortit, accompagné par le capitaine, qui le conduisit jusqu'à l'entrée des retranchements.

— Mon Dieu ! murmura la jeune fille quand elle fut seule, est-ce que le bonheur commencerait à me sourire? Oh ! je ne sais comment j'ai pu cacher mon émotion lorsque je l'ai vu paraître. Mon Dieu ! mon Dieu ! ne nous abandonnez pas ; faites qu'il réussisse !

Sans attendre le retour du capitaine, elle se leva et se retira dans un compartiment intérieur de la tente.

Après avoir pris congé du chasseur, le capitaine retourna à pas lents vers la tente; à moitié chemin il rencontra Blue-Dewil qui se promenait de long en large d'un air préoccupé.

— Eh bien, lui demanda-t-il, quoi de nouveau?
— Rien encore, répondit Blue-Dewil d'un ton bourru.
— Quoi, nos hommes ne sont pas encore rentrés?
— C'est selon comme vous l'entendez. Ils ont rapporté le corps de l'ours gris, et, selon vos ordres, sont aussitôt repartis pour se mettre à la recherche de ce misérable Lingot! By God ! ce serait un bonheur pour nous qu'il eût roulé au fond de quelque fondrière !

— Eh ! eh ! fit le capitaine en riant, vous n'aimez pas ce pauvre Lingot, mon cher.

— Je n'en fais pas mystère.

— Je ne l'aime pas plus que vous; il a une face de traître qui n'annonce rien de bon. Mais il n'y a pas à s'inquiéter, il reviendra; nous serions trop heureux de le perdre.

En ce moment on vit luire des torches dans la plaine.

— Eh! tenez, voici nos hommes qui l'ont sans doute retrouvé et qui reviennent.

Tous deux s'approchèrent du retranchement et regardèrent au dehors; mais les torches étaient trop éloignées pour qu'il fût possible de rien distinguer.

— Pourquoi diable nos gens marchent-ils si lentement? dit le capitaine au bout d'un instant, ils ont l'air, Dieu me pardonne, de suivre un enterrement.

— Qui sait? fit Blue-Dewil, peut-être ont-ils eu maille à partir avec quelques-uns de ces démons indiens qui rôdent sans cesse dans la plaine.

— Allons donc! pendant la nuit? Si c'était le matin, encore, passe! mais à cette heure et par un temps aussi clair, ce n'est pas admissible; du reste, nous saurons bientôt à quoi nous en tenir.

Une demi-heure s'écoula avant qu'il fût possible de distinguer les gens qui s'avançaient. Leur marche était excessivement lente.

Enfin, ces individus, qui n'étaient autres que les chasseurs envoyés à la découverte, firent leur entrée dans le camp.

Quatre d'entre eux portaient sur leurs épaules un

brancard où apparaissait une forme indécise qui semblait être celle d'un homme.

— Qu'y a-t-il donc? demanda le capitaine, qui ne put pas plus longtemps modérer son impatience.

— Vous allez le voir ; répondit le Chacal d'une voix sombre.

— Avez-vous retrouvé Lingot?

— Oui, oui, capitaine, nous l'avons retrouvé; mais dans quel état!

— Que voulez-vous dire? Est-il blessé?

— Un peu de patience, by God! vous en saurez bientôt plus que vous ne voudrez.

Les hommes qui portaient le brancard le posèrent doucement à terre près d'un feu de veille.

— Prenez donc garde, sacrés maladroits! s'écria Lingot en écartant les couvertures jetées sur lui, voulez-vous achever de me briser les os?

— Eh! notre ami, dit le capitaine, que vous arrive-t-il donc?

— En voilà une bête de question, par exemple! si vous me demandiez ce qui m'est arrivé, encore? je comprendrais cela!

— Hum! il paraît que l'accident dont tu as été victime, mon pauvre garçon, t'a rendu moins endurant encore que de coutume.

— Vous appelez cela un accident, vous, capitaine? Eh bien, je vous remercie ; vous êtes bien aimable. Quel fichu accident!

— Voyons, qu'est-ce que tu as enfin? parle ou crève;

que nous sachions au moins à quoi nous en tenir?

— Ce que j'ai ?.... mais minute ; donnez-moi d'abord une goutte de rhum.

— Comment, malheureux ! dans l'état où tu es, tu veux boire des liqueurs fortes?

— Êtes-vous bête, capitaine ! est-ce que vous savez dans quel état je suis, puisque je ne vous l'ai pas dit? mais j'étrangle de soif et si on ne me donne pas à boire, je ne dirai rien.

— Tiens, bois, et crèves-en, dit le capitaine en détachant sa gourde et la lui présentant.

Lingot s'empara de la gourde en riant, la porta à ses lèvres, et, sans prendre respiration, avala une énorme rasade.

— Là ! fit-il avec un sourire de satisfaction en rendant la gourde au capitaine; cela m'a fait du bien, je me sens mieux ; c'est drôle comme mon tempérament exige les liqueurs ! merci, capitaine.

— Eh maintenant, parleras-tu, animal? reprit Kild.

— Tant que vous voudrez.

— Eh bien, va ! qu'est-ce que tu as d'abord?

— Une balle dans le bras droit ; une autre qui m'a chatouillé les côtes, un coup de crosse dans les reins, et des contusions par tout le corps, pour avoir descendu, en roulant comme une boule, dans un précipice d'au moins soixante pieds. Il faut que j'aie l'âme joliment chevillée dans le corps tout de même, pour avoir supporté tout cela, sans en crever comme un chien ; mais c'est égal, il peut être tranquille, je la lui revaudrai.

— A qui?

— A celui qui me l'a fait, donc! croyez-vous que ce soit moi qui me suis amusé à m'arranger comme ça?

— Tu sais que si tu continues à aller ainsi à bâtons rompus, nous n'y comprendrons rien?

— Au fait, vous avez raison, capitaine. Eh bien, écoutez! voici la chose en deux mots: vous m'avez envoyé cette après-midi à la découverte, n'est-ce pas?

— Oui, après?

— Eh bien, j'y suis allé. J'ai parcouru tous les environs à au moins trois lieues à la ronde sans réussir à tomber sur une piste; partout la neige était lisse comme une glace, pas l'ombre d'une empreinte, on aurait dit que, depuis un mois, pas un chat n'était venu traîner ses pattes de ce côté; ennuyé de ne rien voir, notez qu'il était près de cinq heures du soir, et qu'il faisait déjà nuit, je me préparais à regagner le campement au plus vite, car je commençais à avoir une faim de loup; lorsque tout à coup, j'entends du bruit dans un buisson, à une dizaine de pas de moi, et une voix qui me crie d'un ton de menace : Qui vive!

— C'était un homme? dit le capitaine.

— A moins que ce ne fût un chien caniche! dit le Parisien en lui riant au nez; vous avez trouvé tout seul que c'était un homme; eh bien, vous êtes encore malin. — Bon, je fais à part moi, voilà un particulier avec lequel je vais pouvoir causer. — Ami! que je lui réponds. — Je ne suis pas l'ami d'un *Bribon* de ton espèce, dit la voix; il paraît que j'étais en pays de connaissance. File, et plus vite que ça, qu'on reprend. — Est-ce que le désert n'est pas à tout le monde? que je fais ; foi de Lingot! je ne me dérangerai pas pour toi ! et comme j'apercevais le bout de son fusil, je ne fais ni une, ni deux ; je le couche en joue. Mais si je le voyais, le particulier me voyait ; il m'envoie une balle sans plus de conversation, et m'abîme le bras; si bien que mon fusil tombe, je veux le ramasser et me précipiter sur ce gredin-là ; une autre balle m'arrive dans les côtes. Du coup me voilà les quatre fers en l'air; mon gaillard s'élance en criant : — Tu as ton compte, ce sera bientôt le tour des autres; ils ne perdront rien pour attendre.

— Comment, il a dit cela? fit Kild.

— Parfaitement; ce qui m'a fait supposer que vous ne ferez pas mal de vous méfier, capitaine; et qu'il n'y a pas loin d'ici des individus qui vous feront un mauvais parti si vous tombez sous leur coupe.

— Continue, dit le capitaine, dont les sourcils se froncèrent et qui devint subitement rêveur.

— Je disais donc que mon individu arrive sur moi, sans crier gare, me donne un coup de crosse dans les reins en criant : — Attrape encore cela, *picaro!* et comme j'essayais de tirer mon couteau, pour le saigner un peu, histoire de me revenger, il m'a donné un coup de talon sur la main, que pendant plus d'une demi-heure je n'ai pas pu la remuer, et lui continuait à m'invectiver en m'appelant : —Scélérat! voleur! assassin ! ton compte est bon ! Il me bourrait de coups de pied et de coups de poings en ajoutant : — Ce sera bientôt le tour des autres !

aucun de vous n'échappera! enfin toutes les horreurs des abominations, quoi! Je ne sais pas si c'est pour ça, ou pour les coups qu'il me donnait, mais j'ai fini par perdre connaissance. Alors qu'est-ce qu'il a fait? il m'a poussé à coups de pied jusqu'au bord de la pente et puis, v'lan! il m'a fait rouler au fond du ravin ; c'est là que les camarades m'ont ramassé ne pouvant plus remuer ni pied, ni patte — sans vous commander, capitaine, si vous pouviez me donner encore un peu de rhum, je sens que cela me ferait du bien.

Le capitaine lui tendit la gourde, que Lingot lui rendit après avoir bu.

— Ainsi, dit Kild, tu n'as pu remplir la mission que je t'avais donnée, et retrouver les traces des hommes qui sont venus si à propos à notre secours lors de l'attaque des indiens ?

— Comment diable, capitaine, voulez-vous que j'aie pu retrouver des traces quelconques de qui que ce soit? J'étais dans un joli état, vraiment, pour faire des découvertes; et à moins que l'homme qui m'a si brusquement attaqué, ne fasse partie de ceux que nous cherchons, je ne sais pas trop....

— Ce n'est pas probable, dit le capitaine en hochant pensivement la tête.

— Qui sait? fit le Parisien toujours gouailleur ; cependant je dois avouer que, pour un ami, il m'a traité un peu rudement. Cristi! il n'y allait pas de main morte!

— Tout cela est étrange !

— Oui, ou tout au moins bien singulier.

— Mais enfin, cet homme à qui tu as eu affaire, le reconnaîtrais-tu ?

— Voilà le chiendent, fit le Parisien; pour le reconnaître, faudrait l'avoir vu.

— Comment, il faudrait l'avoir vu ! mais il me semble que vous avez été assez près l'un de l'autre pour vous dévisager.

— D'abord je vous ai déjà dit qu'il faisait nuit; ensuite le gaillard a sauté sur moi comme un dogue, à l'improviste; enfin il était coiffé d'un énorme chapeau dont les ailes lui cachaient toute la figure; ni vu ni connu, je n'ai même pas aperçu le bout de son nez; mais n'importe, si jamais je l'entends parler, je ne m'y tromperai pas; le son de sa voix m'est resté dans les oreilles.

— Tu n'as plus rien à dire?

— Non, il me semble qu'en voilà assez comme cela?

— Eh bien, maintenant, laisse-toi panser.

— Comme vous voudrez.

Le fait est que le pauvre diable était dans un état pitoyable; il n'avait pas sur tout le corps une place grande comme un dollar, qui ne fût pas horriblement contusionnée et meurtrie.

Le pansement fut long; Lingot le supporta avec cette insouciance railleuse qui faisait le fond de son caractère. Par un hasard, qui tenait du miracle, il n'avait rien de cassé; la première balle lui avait traversé les chairs du bras, sans toucher les os; la seconde, glissant sur les côtes, n'avait pas pénétré dans le corps; le reste n'était que des coups et des contusions reçus dans sa chute, et comme il le dit lui-même, en gouaillant, à ceux qui s'extasiaient de ne pas le voir plus malade après une pareille aventure :

— Mes enfants, quand on est destiné à être pendu, on ne peut pas se noyer.

Une demi-heure plus tard, il était à peu près ivre et dormait à poings fermés.

Le capitaine Kild rentra tout pensif sous sa tente, après avoir recommandé à Blue-Dewil la plus grande vigilance pendant la nuit.

Cet homme, qui depuis tant d'années s'était mis en lutte contre la société, et s'était joué comme à plaisir de toutes les lois divines et humaines, sentait l'horizon se rétrécir autour de lui; un pressentiment qu'il ne pouvait chasser lui disait que l'heure du châtiment, d'un châtiment terrible, approchait.

Pendant toute la nuit, il marcha sombre et agité dans sa tente sans prendre un instant de repos, et roulant dans sa tête les projets les plus fous et les plus inexécutables.

Cinq minutes avant le lever du soleil, le rideau de la tente fut soulevé et un homme entra.

Le capitaine poussa un cri de joie en le reconnaissant.

Cet homme était Benito Ramirez le chasseur.

FIN DU VOLADERO

TABLE

    I. — Paysages de la rivière du Vent. 1
   II. — Le Gambucino. 23
  III. — Fin du récit du Gambucino. 46
  IV. — Le défilé. 70
   V. — Les Bois-Brulés. 93
  VI. — La contre-embuscade. 118
 VII. — Litle Rock. 141
VIII. — Première journée de Valentin à New-Orléans. . 163
  IX. — Ce que c'était que Master John Estor. 187
   X. — Où Valentin croit tenir le commencement de la piste. 212
  XI. — Où le lecteur fait connaissance de Blue-Dewil. . . 238
 XII. — Où Master Blue-Dewil se dessine carrément. . . 263
XIII. — La peau de l'Ours. 285
XIV. — Benito Ramirez, le chasseur. 311

FIN DE LA TABLE

F. Aureau. — Imprimerie de Lagny

www.ingramcontent.com/pod-product-compliance
Lightning Source LLC
Chambersburg PA
CBHW060638170426
43199CB00012B/1595